教育部人文社会科学研究规划基金项目
"基于先秦道家思想的儿童自然教育研究"
（项目编号：21YJA880048）成果

儿童自然教育理论与实践

■ 牛翠平　著

ERTONG ZIRAN

JIAOYU

LILUN YU SHIJIAN

WUHAN UNIVERSITY PRESS
武汉大学出版社

图书在版编目(CIP)数据

儿童自然教育理论与实践/牛翠平著.—武汉:武汉大学出版社,
2023.1(2023.11重印)
ISBN 978-7-307-23371-3

Ⅰ.儿⋯　Ⅱ.牛⋯　Ⅲ.自然教育—学前教育—教学参考资料
Ⅳ.G613.3

中国版本图书馆 CIP 数据核字(2022)第 190087 号

责任编辑:谢群英　　责任校对:鄢春梅　　版式设计:马　佳

出版发行:**武汉大学出版社**　　(430072　武昌　珞珈山)
　　　　(电子邮箱:cbs22@whu.edu.cn　网址:www.wdp.com.cn)
印刷:武汉邮科印务有限公司
开本:720×1000　1/16　印张:19.5　字数:290 千字　　插页:1
版次:2023 年 1 月第 1 版　　2023 年 11 月第 2 次印刷
ISBN 978-7-307-23371-3　　定价:79.00 元

前　言

　　童年自由自在的生活让我坚信大自然与儿童天然存在着某种联系，只要有合适的土壤，他们就能茁壮成长。探寻儿童的精神世界，找寻适合儿童身上内蕴胚芽发展的土壤，成了笔者从事儿童教育工作的一种执念。《儿童自然教育理论与实践》一书是笔者对儿童一颗饱满的"种子"，寄托着笔者对儿童自然教育的蓝图设想。

一、理解儿童教育的自然内涵，需要回归到"自然"的原初含义

　　自然究竟是什么含义，如何理解儿童的自然，如何遵循儿童的自然天性是本书探讨的一个重要内容。理解儿童教育的自然内涵，需要回归到"自然"的原初含义，如果遗失了自然原初的生长意味，在教育中人的本性与大自然就会被割裂开来，自然界也就成为与人对立的需要认识、改造、统治的客观对象，而忽略了人与自然的本然一体性，漠视了自然本体所具有的勃勃生机可能给予我们的更为丰富深刻的教育意义。中国道家提出"道法自然"，不仅言明得"道"的方法，而且也暗含悟"道"的场域。人需要回归自然寻求"永恒"，教育作为人的"工程"当然也要从自然中寻求本真意义，而不是沦为功利主义、片面知识论的工具。

　　"自然"是"自己如此""自然而然""本来如此"的样子，是万物存在的最佳状态。儿童是充满生命活力，诗意地栖居于大地的"游戏者"，当儿童在大自然情境中时，儿童是以"万物有灵"的方式与自然万物互动，以游戏的方式感悟自然万物的生生不息。因此，审美的、游戏的状态是儿童"本来如此"的状态，是儿童的"自然"。自然教育不破坏儿童的自然状态，就

要保护儿童审美的、游戏的、感官探索的自然本能。让儿童置身于大自然情境中充分展示自己的本然状态，舒张自己的自然本性。

二、儿童需要自然，儿童具有自然属性，大自然具有儿童属性

印度诗人泰戈尔说，"儿童天生渴望接近大自然。家长们扭曲了他们的心灵，使他们成为精神囚徒，精神残废"。如果说大自然是原始人的活动场所，那么这一活动场所相对于漫长的人类发展史而言是属于童年场域，具有儿童属性的。荒野神秘的大自然之所以吸引着儿童，是因为那里有儿童沉积在内心深处的精神家园。大自然是鲜活、生动、流动不居的，充满生命性的大自然具有生长化育的功能，让儿童回归大自然，是让儿童回归其生命成长的源头。但是，现代城市让孩子远离了自然，现代教育让孩子隔绝了自然。美国生态诗人温德尔·贝里说，"我们的孩子再不能格物致知，了解自然这部巨著，再不能从我们这个四季流转的星球获得创造力；他们不知道水来自何方又流向何处。我们人类不再以欢庆的形式礼拜自然"。儿童与自然的隔绝既是城市化进程导致的弊端，也是儿童教育中非自然性的表现。蒙台梭利认为"儿童不仅肉体生命需要大自然的力量，而且精神生命也需要使心灵与天地万物接触"。让儿童走进自然，让儿童教育回归自然，在思维和美的源泉，体验、感悟、创造，这是符合儿童自然性的教育应有的状态。

三、儿童自然教育不是科学教育，应该是审美教育

自然教育是儿童享受自然、感悟自然、师法自然的过程，这个过程是审美的、游戏的，充满生命意蕴的。儿童对自然的认识不是简单的科学方式，而是游戏的、美学的、诗性的。优美的大自然是构筑儿童真正生命力的场域，童年期自然的美景和难忘的情绪情感记忆将成为儿童未来创造力迸发的"酵母"。儿童自然教育的目的不是要让儿童去认识自然、改造自然、掌握自然知识，儿童置身于自然情境中与具有生命气息的自然万物游戏互动，这是一个感觉锐化的过程，是想象力、情感、诗性思维得以自然

张扬的过程，其目的是让儿童内在的灵动、蓬勃的生命得以不断丰富、提升、趋于完善，这也是最自然的一个审美过程。

儿童对大自然的感受是审美的直觉表现，儿童审美是天性审美、本能审美，不是成人的那种意识审美。当儿童面对自然的时候，他不像成人那样是认识自然、改造自然的思维模式。儿童看到河，想到的不是从河里能捞到多少鱼，可以卖多少钱，他想着是光着脚下河去戏水，想着鱼儿的家在哪里？鱼儿怎么会在水里游来游去？水里会不会有美人鱼？儿童看到花，他首先会被花的外形美吸引，想要做的是摸一摸、闻一闻，想知道的是花里面会不会有花仙子？然后会进一步想了解这是什么花？但是他不会想花瓣、花蕊、花茎是哪个部分？不会想是名贵的牡丹还是有凌寒独自开放的梅花？儿童更多是以游戏的、审美的、诗性的方式面对自然，儿童与自然相处的方式从一开始就不是主客二元式的认识、改造的方式，而是相互交融、万物一体的共生模式，这是符合生态审美特点的。

儿童对自然的审美类似于原始人的思维模式，儿童不靠推理去亲近自然，他们凭借生而有之的强烈感官系统和生动的想象能力和自然对话交流，儿童不用像成人那样刻意追求，他们天然地就能与自然环境形成一种虚静无为、纯朴自由的精神状态，成人所追求的那种"物我同一"的审美境界在儿童身上却本能地具有了，因为儿童的泛灵性思维模式让他们更容易达到物我不分的境界。太阳钻到了云朵里，儿童说"调皮的太阳弟弟在和云朵姐姐捉迷藏"，雨水溅到池塘里，儿童说"下雨天池塘很开心，笑出了好多酒窝"。与原始人相似，儿童面对大自然的时候，也总是以诗性的方式来感受和表达审美情感。经常在自然美景中漫游的孩子，其语言表达总是充满了艺术表现力。在儿童浪漫诗性的审美表现中，我们往往看到了童心的清新、可爱、活泼自由，这种稚拙的美也是儿童审美创造中最为可贵的价值。

四、儿童自然教育应激发儿童的"自然"力量

儿童自然教育应"以自然为境""以自然为师""以自然为旨"。儿童自

然教育不是产生有限性知识的教育模式，而是能通往具有无限性精神世界的教育，是人之所以需要教育的本源。自然教育不是将人生成千篇一律的机器，而是保证个体生命活泼气象的过程。对儿童的自然教育是一个引发儿童自主绽放的过程。儿童自然教育不是认识自然界的动植物和保护生态环境的科学教育，自然教育的过程是以儿童为中心的生成性教育，而不是以认识外在自然世界为目标的知识性教育。

当儿童置身于自然情境中时，儿童的活动不是预先安排亦步亦趋的知识教育模式，而是儿童与环境、与同伴、与周围一切生命不断互动生成个性化、高质量有效经验的过程。自然环境是丰富的、变化的、复杂的，儿童在这一情境中"自主化生"的过程必然是不确定的、不可预见的，也是复杂的、动态的。在儿童自然教育的实践中存在的侧重自然知识灌输，设定固定活动目标和活动过程的所谓自然体验活动课程，都不能算是真正意义上的儿童自然教育。儿童自然教育不是自然科学教育，儿童自然教育是儿童天性自然生发的过程；儿童自然教育是儿童精神世界丰满的过程；儿童自然教育是儿童与自然"生生"互动的过程。

五、游戏是儿童自然教育的灵魂

游戏是儿童的"自然"状态，儿童需要游戏。人类在创造文明和文化的同时，也创造了丰富多彩的游戏，游戏作为"闲暇生活"和劳动（工作）一起构成了人类日常生活的基本内容。根据胡伊青加的研究，"文明是在游戏中作为游戏而产生和发展起来的"。更进一步说"真正的文明离开游戏乃是不可能的。在某种意义上，文明将总是根据某些规则来游戏，而真正的文明将总是需要公平游戏的。欺骗或破坏游戏就是摧毁文明本身"。也就是说，人类文明、文化的传承应该通过游戏，而不是其他方式。柏拉图认为游戏源于一切幼仔（动物和人的）要跳跃的需要。从希腊语中教育一词的词源来看，希腊文（paideia）本属于游戏（paidia），词根是儿童（pais），可见儿童、游戏与教育在词源学上是融合不分的。儿童正是通过游戏建构自己的精神世界，游戏引领儿童成为"精神世界丰满"的人。正如席勒所说，"游戏不只是娱乐或玩耍，而是人类自由本性和完整人格充分展现的途径和证明，游戏意味着'人的诞生''人性的复归'"以及"只有当人游戏时，他才是完全的人"，这样游戏的本质才贴近儿童的"自然"状态。

游戏的本质在于"以自身为目的"或超越外在的"功利性"目的。儿童游戏不是为了获得额外的奖励，游戏是儿童生而具有，不教而会的本能。泰戈尔在他的诗集中这样描写儿童，"我们一醒来就玩，一直玩到白昼的尽头。我们和金色的黎明玩，我们和银色的月亮玩"。"在无边的世界的海滨，孩子们欢呼跳跃地聚会着。他们用沙子盖起房屋，用空贝壳来游戏。他们把枯叶编成小船，微笑着把它们飘浮在深远的海上。孩子在世界的海滨做着游戏。"在泰戈尔的笔下，儿童在世间游戏着，游戏是他们生存的基本状态。在游戏中儿童展现出"自己如此""自然而然""本来如此"的最佳状态，在游戏中儿童拥有"自主化生""生长"的力量，"游戏让幼儿从体验的意义上成为真正完整的、自由的人"。

"小朋友们，咱们走吧，上学校去。是的，我们就是上学校去。我们的学校就在蓝天底下，在绿草地上，在大梨树下，在葡萄园里，在牧场上。咱们把皮鞋就脱在这儿，还是像你们平常那样光着脚走。我们要从这儿看蓝天、果园、村子和太阳。"每次读到苏霍姆林斯基的这段话，我就激动不已。什么样的环境是适合儿童自然本性的？什么样的教育是遵循儿童自然的？我们真该向苏霍姆林斯基学习，到大自然中去，办蓝天下的学校！书稿中的大量游戏和自然美食都来源笔者童年的深刻记忆和成年后带孩子们所进行的一些自然实践活动，摘榆钱、制作槐花不烂子，很多都是北方饮食中的一些做法，也深刻印在了我童年的记忆中，童年的自然体验成了我长大后宝贵的精神财富。

我希望这本书不仅仅是一本学术著作，同时也是一本充满温度的自然生活游记。

作　者

2022 年 7 月

目　录

人法地、地法天、天法道、道法自然。

——老子

第一章　儿童自然教育概述

第一节　儿童自然教育的内涵诠释

一、自然的含义

自然是一个古老的哲学范畴，"自然"是什么？不同视角、不同语境，不同学科的视界中自然有不同的内涵。了解儿童自然教育的含义，必须首先搞清楚自然的内涵，关于自然的概念中外学者从不同视角进行了研究。

（一）哲学视角下的自然

1. 中国哲学语境下的自然内涵

"自然"是中国道家哲学思想中的一个核心命题，老子首创的"自然"概念，在先秦和秦汉通过《庄子》《荀子》《韩非子》《吕氏春秋》《淮南子》等而得到扩展，魏晋玄学、汉唐道教、佛学和宋明理学使之变得更加复杂和丰富。"从它最初指万物的'自成'和'自己造就'，到指万物的'本性''性情'再到指'道''佛'的本性；从它指'莫为''非造作'到指普遍的'法则'再到准则和境界；从它指宇宙的本体到指万物和物理世界的现实实体，它具有多种多样的含义和特性。"①

---

① 王中江. 中国的"自然"——它的一些涵义和特性[A]. 老子学集刊第二辑[C]. 北京：中国社会科学出版社，2018：1.

（1）自然指"自己如此""本来如此"的状态

道家学派的创始人老子在中国哲学史上第一次提出"自然"的概念，在《老子》一书中，自然一词共出现 5 处，其基本意思即"自己如此""本来如此"。如"成事遂功，而百姓曰我自然也"。"是故圣人能辅万物之自然，而弗能为"。"道之尊，德之贵，夫莫之命而常自然"。这里的"自然"指称"事物的'自己如此''自我造就'，这也是这个词在古代中国哲学中的主要意义"。①

《庄子》一书中提及自然共 8 处，庄子对自然的概念与老子基本一致，在庄子的哲学里，"自然"是一种原初状态，是不待造作的真实状态。他进一步丰富了"自然"概念的意义。其一，庄子以"以道观之""无情""无容私"等赋予了"自然"这一状态的具体内容；其二，庄子还指出阻碍"自然"状态之呈现的因素。如"师之成心""彼是之争"等；其三，庄子还认为，由个体以及君王之"自然"可达到"无不然""无不是""天下治"的局面。

老庄认为自然是指万物的"原真状态"，老子讲"自然"，是为了明道。在老子哲学中，"自然"是从属于"道"的，"无为"是从属于"自然"的。老子要人通过"无为"而达到"自然"，通过"自然"而接近"道"，由"无为"而自然，由"自然"而与"道"同在。庄子讲"自然"，也是为了明"道"。但庄子讲"道"、讲"自然"，都是为了将"道"、将"自然"与人的生活状态联系起来，是要让人明白人的本然，明白本来的生活状态到底如何。②

自老庄之后《荀子》《韩非子》《吕氏春秋》《淮南子》，及至汉唐、宋明清时期的哲学家都保留了自然"自己如此""本来如此"这一含义。

（2）自然指万物固有的本性

有学者(王中江、郭佳鹏，2018)认为《老子》一书中几乎不言"性""情"，《庄子》中的《庄子·德充符》和《庄子·渔父》《秋水》等篇中都有对

---

① 王中江."道"与事物的"自然"：老子"道法自然"实义考证[A]. 老子学集刊第三辑[C]. 北京：中国社会科学出版社，2019：145.

② 罗安宪. 存在、状态与"自然"[A]. 王中江. 老子学集刊第二辑[C]. 北京：中国社会科学出版社，2008：34.

自然本性的探讨。"礼者，世俗之所为也；真者，所以受于天也，自然不可易也。故圣人法天贵真，不拘于俗。"（《庄子·渔父》）"以这样的纯真之天德为人的'自然'，就是说它是人固有的'本然''本性'，人们不要去改变它和损害它。""以'自然'为人的'本性'这种用法，在《列子》《韩非子》《吕氏春秋》《淮南子》中都能看到。"①

将自然赋予"天性""天情"的讨论在《荀子》中也出现有两处。《荀子》不仅借用了《老子》中自然为"自己如此"的含义，而且用"自然"来辨析"性"这个概念，赋予自然万物本性的含义。《荀子·正名》中提到"散名之在人者：生之所以然者谓之性。性之和所生、精合感应、不事而自然谓之性"。《荀子·性恶》中又言"若夫目好色，耳好听，口好味，心好利，骨体肌理好愉佚，是皆生于人之情性者也，感而自然，不待事而后生者也"。"《荀子》中的两处自然都用于辨析'性'这个概念。"②

王弼将"自然"与"性"关联起来，直言"以自然为性"。在王弼这里，"自然"具有本体意义的"本性"之谓，是先验层面的"性"。如"在方而法方，在圆而法圆，于自然无所违也"。③"自然"是某物得以为某物而非他物的本质属性。

在郭象对"自然"的注释中，他用"性"来解释"自然"，其主要意思是指个体各自所有的特性。"人安能故有此自然哉？自然耳，故曰性。"（《山木》注）"夫率自然之性，游无迹之涂者，放形骸于天地之间。"（《知北游》注）

（3）自然指本体

自然在老庄思想中主要指万物的存在状态，并没有本体论的意义。后续的研究中自然衍生出了本体的含义。《太平经·以乐却灾法》篇说："夫

---

① 王中江. 中国的"自然"——它的一些涵义和特性[A]. 老子学集刊第二辑[C]. 北京：中国社会科学出版社，2008：9.

② 周耿.《荀子》的"天"与"自然"思想[A]. 王中江. 老子学集刊第二辑[C]. 北京：中国社会科学出版社，2018：49.

③ 王弼释，楼宇烈校对. 王弼集校释[M]. 北京：中华书局，2018：77.

乐于道何为者也？乐乃可和合阴阳，凡事默作也，使人得道本页。故元气乐即生大昌，自然乐则物强。"①这里的"自然"有学者认为其"界于'元气'和'天'之间，带有某种根本性实体的意义"。② 有学者认为嵇康、阮籍的"自然"概念中含有"本体"之意。"当嵇、阮抛开名教而追求'自然'时，这个'自然'就是本体，是他们最高最后的哲学目标和原则"③。

（4）自然指自然物、自然界

中国古代在使用"自然"一词时更多是"自然而然""本来如此"的含义，自然的实体义"自然界"在中国古代使用不多，但有学者认为三国时魏国文学家、思想家阮籍在"自然者无外，故天地名焉"这一句中所用的"自然"就有了自然界的含义。阮籍赋予"自然"即"天地总名"的含义，自然成了一个天地集合的总称号。陶渊明的诗词"久在樊笼里，复得返自然"的"自然"也被部分学者解释为自然世界。清末之后，随着东西方自然概念的融合，"自然"作为大自然、自然界、自然物的含义成为人们主要使用的概念之一。

2. 西方哲学语境下的自然内涵

古希腊爱奥尼亚哲学家们对 physis（自然）进行了较多的探索，"physis"的词根是 phuein，意思是"生成"，基本含义主要有：生发、生长，"与人造物相对"；作为永存不灭的"第一质"和"基本质"，有着自主化生的力量；宇宙间唯一自身能动的力量。"自然总是指内于这些事物之中，使得它们像它们所表现的那样表现某种东西。"④早期的爱奥尼亚哲学家很可能认为世界是从内部有序发展的，某种程度上是一个活生生的存在，因此原始物质虽然模糊，但被视为活动的源泉。"在早期古希腊思想家那里，

---

① 王明编. 太平经合校[M]. 北京：中华书局，2014：13.

② 王中江. 中国的"自然"——它的一些涵义和特性[A]. 王中江. 老子学集刊第二辑[C]. 北京：中国社会科学出版社，2008：15.

③ 康中乾. 魏晋玄学[M]. 北京：人民出版社，2008：144.

④ ［英］柯林武德. 自然的观念[M]. 吴国盛，译. 北京：北京大学出版社，2006：52-54.

physis 首先意味着一个万物发生和生长的过程，由此引申出万物的起始和事物的始基，最后是事物的一种组织原则、结构的意思。"①可见，自然的原初含义中具有生命的意蕴。自然最重要的是带来生命，而不是带来疾病和死亡。

亚里士多德将自然作为物质宇宙中的真正原则和解释的真正来源，他把古希腊时期的"自然"含义概括为以下 6 种：生长物的生长；生长物的种子；自然物的运动根源；质料；自然物的本质；任何事物的本质。②

古罗马哲学家西塞罗在古希腊自然概念的基础上引入了自然和文化之间的古典对立，认为自然第一种是没有人类影响的初始状态，第二种是与人类社会的占有相对应的状态。③

在中世纪末期，"自然"作为一个创造过程的意义不再是一个改变过程的概念，而是上帝作为静态世界唯一创造者的属性（Simberloff，2014）。然而，在希腊和罗马的世界观中，甚至神都是自然的一部分，在一神教的背景下，神超越自然，人也是如此，因为他是按照神的形象被创造的（卡利科特和艾姆斯，1989）。因为上帝不再存在于自然界，而是存在于自然界之外。自然不再被视为神圣的，而是被视为给予人类的原材料，以便他们"使地球充满并成为地球的主人；成为地球上一切生物的统治者；它们将成为你的食物"。④

近代哲学家们重新关注自然，巴鲁赫·德·斯宾诺莎将自然提高到了神的高度，认为"自然是通过自身而不是通过任何他物被认识的。它包含无限多的属性，其中每一个属性都是自类无限和自类完满的。存在属于它

---

① 张汝伦. 什么是"自然"？［J］. 哲学研究，2011(4)：84.

② 郑开. 自然与 Physis：比较哲学的视野［J］. 人文杂志，2019(8)：3.

③ Frédéric Ducarme, Denis Couvet. What does "nature" mean. PALGRAVE COMMUNICATIONS｜（2020）6：14｜https：//doi. org/10. 1057/s41599-020-0390-y｜www. nature. com/palcomms.

④ Frédéric Ducarme, Denis Couvet. What does "nature" mean. PALGRAVE COMMUNICATIONS（2020）6：14｜https：//doi. org/10. 1057/s41599-020-0390-y｜www. nature. com/palcomms.

的本质，因此，在它之外没有另外的本质或存在，所以，自然恰好符合无上荣耀和神圣的神的本质"。① 怀特海认为自然不仅是有机体而且还是过程，这个过程是一个循环有节奏变化的创造性过程，西方持有机论自然观的哲学家们普遍认为自然和生命不可分离。

杜威重构了"自然"概念，认为人的行为总会对环境产生一定的影响，而环境也会因人的不同行为而产生相应的反应。杜威从辩证的视角出发把"自然"理解为有机体与环境相互作用的产物——经验。"自然"属于有机体主动适应和改造外部环境的过程中产生的具有"连续性"的经验。这种自然观是一种整体的、动态的自然观。它超越了二元论思维方式，在批判内在自然观和外在自然观的同时，基于"互动性"和"连续性"原则，重建了"自然"的概念，弥合了自然界共同秩序和人的天性之间的鸿沟。另外，杜威认为自然一词具有美学的特别意义。自然"包含了事物的整体组织的意思——其中具有想象性和情感性的'宇宙'一词的力量。在经验中，人的关系、体制和传统，与物质世界一样，是我们在它们之中，并通过它们而生活的自然的一部分"。②

海德格尔认为自然"说的是自身绽开（例如，玫瑰花开放），说的是揭开自身的开展，说的是在如此展开中进入现象，保持并停留于现象中"③。海德格尔认为通过诗与思的基本经验理解 physis，从而 logos（逻各斯）与 physis 得以打通，那么 physis 就不只是简单地对象化的客体，也只有这样 physis 才是具有哲学意味的词语，也只有这样解读的 physis 才有作为哲学这一伟大事物开端的可能。海德格尔关于 physis 这个西方哲学的基本词语的探讨主要集中在《路标》中写得一篇论文"论 physis 的本质和概念"。海德

① 杨通进. 整合与超越：走向非人类中心主义的环境伦理学[A]. 环境伦理学进展[C]. 北京：社会科学文献出版社，1999：15.

② [美]约翰·杜威. 艺术即经验[M]. 高建平，译. 北京：商务印书馆，2005：370.

③ [德]海德格尔. 形而上学导论[M]. 熊伟、王庆节，译. 北京：商务印书馆，2014：16.

格尔认为希腊文 physis 的本义被后来形而上学历史曲解了，使其失去了本来的光辉。自然不只是"本质"的一种，这个词具有隐蔽的力量，有最高根据的意义。海德格尔认为"无论人们把何种负荷力强加给'自然'一词，这个词总是包含着一种对于存在者整体的解释"①。在海德格尔语境中，自然就是存在。我国学者包国光依据海德格尔的"论 physis 的本质和概念"一文，将海德格尔提出的 physis 概念总结为以下几点："physis 是对运动状态的起始占有、physis 是形式、physis 作为 genesis（产生）。最后他总结出 physis 有两个意思，一个是对从自身而来运动事物的运动状态的起始占有，二是把 physis 理解为运动。"②

美国自然派诗人加里·斯奈德认为"自然意为诞生、构造、事物的起源，自然是充满原始的、有力量的，意味着教诲与挑战"，是一种"甜蜜的野性"③。

综上所述，东西方哲学对自然的概念探究具有相通性。首先，东西方哲学视角中自然的概念很丰富，有多种解读。其次，两者都认为自然具有自主、运动、自发、本源等内涵。如中国哲学中自然的"自己如此""本来如此"的状态就与古希腊自然概念中的"万物发生和生长的过程""自主化生的力量"等含义相通。从中可见，哲学视角下"自然"是一个相当积极的词汇，是内在蕴含力量，能不靠外力就生发的东西，让人不自觉地联想到"源泉""运动"等词汇。后面词源学中的自然概念也进一步呼应了自然所具有的这种"自主生发"的内涵。

（二）语言学视角下的自然

首先"自然"可以从"自"与"然"来分别考察。"自"，《说文解字》言：

①　[德]海德格尔.路标[M].孙周兴，译.北京：商务印书馆，2013：277.
②　转引自谭佳远.论海德格尔的"自然"概念[D].贵州：贵州大学硕士学位论文，2016：14.
③　转引自[美]理查德·洛夫.林间最后的小孩——拯救自然缺失症儿童[M].自然之友、王西敏，译.北京：中国发展出版社，2017：7.

"自，鼻也，象鼻形。""自"的甲骨文是鼻子的象形，义谓人指着鼻子以自指。因此，"自"用作反身代词，表示自己。徐灏《说文解字注笺·自部》："人之自谓，或指其鼻，故有自己之称。""自"用作名词时，表示本始、起源。扬雄《方言·十三》："鼻，始也。兽之初生谓之鼻，人之初生谓之首。梁益之间谓鼻为初，或谓之祖。"①从用法上考察"自"，有学者借助语言学家乔姆斯基(A. N. Chomsky) 的管辖与约束理论，认为"自"属于照应词中反身代词一类，遵守第一约束原则。所谓照应语即指语言片段中照应先行词的语言成分。一般由人称代词和指示代词充当。"自"作宾语，表示某个行为作用于自身，如《史记·孙子吴起列传》的"彼必释赵而自救"，"自"作状语，强调某个行为是某人亲自做出，如《史记·淮南衡山列传》中的"上自将兵击灭布"。②

从字形可知，"然"是一个会意兼形声字，火为义符，肰(rán，指狗肉) 为义符兼声符，以"火烧狗肉"会"燃烧"之意。《说文解字》言："然，烧也。"《说文·火部》："烧也。从火，肰声。"在古代经典运用中，"然"有四种用法与表达方式：第一是肯定某一命题或陈述的真，"是这样"的意思。第二是作介词用，表转折，有"如此"之意；第三是用作形容词词尾，有"……的样子"。总之，"然"大抵是"如此""……的样子"这种意思。所训即其本义。"然"一方面引申出动词义，另一方面又假借为指示代词，而后以此为中心，分别朝着实词和虚词的方向发展。③ "然"是一个动态感很强的语词，它的本义燃烧、照耀和明白等动词含义随着词义的演化逐渐隐退，更多作为指代用法，用于抽象指代事物的某种状况，也用于判断，对事物的真实性或良善性进行肯定和认可。

学者们认为"自"和"然"合在一起作为一个词语使用最早出现在先秦时

---

① 转引自叶树勋，从"自""然"到"自然"——语文学视野下"自然"意义和特性的来源探寻[J]. 人文杂志，2020(02)：16-17.

② 转引自叶树勋，从"自""然"到"自然"——语文学视野下"自然"意义和特性的来源探寻[J]. 人文杂志，2020(02)：18.

③ 方有国. 先秦汉语实词语法化研究[M]. 成都：巴蜀书社，2015：397-409.

期，"自然"一词始见于《老子》。汉语中"自然"共表现为四种词性：形容词、名词、副词、连词。其中，连词出现较晚，大概在唐宋以后出现使用，而大量的使用则是在近代以后，在唐宋以前，"自然"主要包括形容词、名词、副词三种词性。"自然"作为一个语词所指向的情况是，事物活动乃"由其本性"，且是"自发"。这是"自然"的两层意思，为叙述方便，可以将二者分别称为事物的本原性和自发性。而它所指的这种状况，在成因上则包括外无他力和内无我意两个方面。一个纯粹的"自然"乃同时排除他力和我意的影响。形容词性的"自然"本是在描摹一个事物的活动状况，当它名词化以后，则直接指称那个本来被它描摹的状况。随着"自然"的名词化，它的意义开始走向抽象。名词性的"自然"不再指称活动的现象，而是表示事物内在的本性，事物活动的理则或是人的一种精神境界。①

《现代汉语词典》中关于自然的解释有三条：自然界；自由发展；理所当然。②

英文里的 nature（自然）一词（法文写法是 nature，德文写法是 natur）均来自拉丁文写法 natura，此拉丁文即是希腊文 φνσιs（拉丁文写法是 physis，phuein）的译名。无论是希腊文的写法或拉丁文的写法，关于 nature（physis，natura）一词，从其词源来看，均有起源或诞生之意。在古希腊，nature 是 phusis，词根源于生长、生产"growing, producing"。Phuein 来源印欧语系的词根 bheu，即英语动词 be 的最先表达形式。拉丁语是 natura，词根源于 nascor，意思是出生（to get born）。拉丁语 natura 的希腊语词根 gene-，也表示"使……出生""生长于"，具有生命的含义。表示自然事物的总和并不是"自然"一词在现代语言中的唯一意义，它的固有含义，即它指的不是一个集合（collection），而是一种原则（principle），是 principium，άρχη 或本原（source）。希腊语（Φύбιç）自然一词"意味着某种在一件事物之

---

① 叶树勋，从"自""然"到"自然"——语文学视野下"自然"意义和特性的来源探寻[J]. 人文杂志，2020(2).

② 中国社会科学院语言研究所词典编辑室. 现代汉语词典(第三版)[M]. 上海：商务印书馆，1996.

内或非常密切地属于它，作为其行为之根源的东西"。这是希腊语中运用最为广泛的主要意思，"但非常少见且相对较晚，它也具有自然事物的总和或汇集这第二种含义，即它开始或多或少地与 κόσμος（宇宙）'世界'一词同一"。①

由此可见，在中国古汉语中，自然具有一个基本的含义，即表示事物"由其本性而自发活动"的状况。在西方语言里，自然一词由最初的"生长、本原"之意逐渐拓展到包含"自然界、自然万物"在内的含义。

(三)生态学视角下的自然

生态学视角下的自然即人们对自然界的总称，这一概念又常常与"环境""生态"相关。不同流派生态学家对自然的认识是他们处理人与自然关系的理论基础。自然保护主义者力图使自然环境免受人类活动的侵扰，其目标是保护荒野原生的、未受破坏的状态。如约翰·缪尔(John Muir)就坚持为荒野的精神、审美价值以及其他生物的固有价值辩护。"自然保护主义者们把自然视为一种遗产，可以保护人类免受干扰，认为自然也是一套脆弱的平衡系统，需要保持平衡人类才能生存"②，对于进化生物学家来说，"大自然可以被视为一条小溪，更接近'生命核心的特定力量'"③，现代生态学家把自然看作许多科学对象的抽象网络。

尽管生态学家对自然的理解各有不同，但这个自然从根本上说是作为本原的自然，也即广义上的自然万物。大至宇宙，小至基本粒子，包括各类物质，也包括各种现象(如天气现象、灾害性地质现象等)，以及普遍意义上的生命，如动物、植物、微生物，但通常不包括人造物体及人类间的

---

① 郑开，自然与 Physis：比较哲学的视野[J]．人文杂志，2019(8)：3.

② Frédéric Ducarme, Denis Couvet. What does "nature" mean. PALGRAVE COMMUNICATIONS｜(2020) 6：5｜https：//doi. org/10. 1057/s41599-020-0390-y｜www. nature. com/palcomms.

③ Frédéric Ducarme, Denis Couvet. What does "nature" mean. PALGRAVE COMMUNICATIONS｜(2020) 6：5｜https：//doi. org/10. 1057/s41599-020-0390-y｜www. nature. com/palcomms.

相互作用。作为本原的自然孕育万物，因而相对于万物(包括人类)，自然具有先在性。作为环境的自然通常被表达为"自然环境"或"荒野"。自然环境通常是相对于人工环境而言，指未经过人的加工改造而天然存在的环境，包括野生动物、岩石、森林、沙滩及本质上未受人类介入的集合体。作为生态的自然指生物在一定的自然环境下生存和发展的状态，以及不同生物之间和与环境之间环环相扣的关系，也指生物的生理特性和生活习性。①

综上所述，自然的解读视角并不单一，而自然的含义也是多重性的。"自然"具有事物的本源、本来如此的状态、事物的本性、自发活动、非人为、自然界等多重含义。特别是自然概念中所具有的那种"自发自为""自主化生的力量""运动的源泉"等含义让我们领悟到自然所具有的那种勃勃生机，这也与它后续衍生出来的"自然界"这一概念息息相关，自然就是内在具有的"生发状态""生命""本源""盎然生机"，这也是万物的一种"本来状态""自在状态"。这样的内涵，让我们注意到"自然"所具有的"内在力量"，而不是靠外在输入的东西。这对我们后面要探讨研究的自然教育有着非常重要的意义。

二、儿童自然教育的含义

(一)中国自然教育观

1. 顺"自然"而为的教育主张

顺"自然"而为的教育主张来源于道家哲学对自然的理解。老子说："为学日益，为道日损，损之又损，以至于无为。无为而无不为，取天下常以无事，及其有事，不足以取天下。"②在老子看来，知识和学习都属于"人为"，多一分人为，也就少一分自然，若要求得自然，就必须不断地减

---

① 陈爱华. 多维探析"自然"概念[N]. 中国社会科学报，2021-7-29(第 008 版).
② 李存山注译. 老子[M]. 郑州：中州古籍出版社，2004：63.

少人为的作用，最后才能达到"无为"，也即达到自然。老子的"无为"的含义有两个：一是顺任事物之自然，二是排除不必要的作为或反对强作妄为。这两方面的含义是相通的、一致的，可见，老子的自然教育观的核心是"无为"。

庄子也认为教育要顺乎自然。他在《大宗师》里说："知天之所为，知人之所为者，至矣！知天之所为者，天而生也；知人之所为者，以其知之所知，以养其知之所不知，终其天年而不中道夭者，是知之盛也。"①同时在《大宗师》里面庄子提出"不以心捐道，不以人助天"的思想，告诫人们不要以人为来改变自然，其思想主张也是"无为"。

老庄的"自然无为"是强调任其自然，反对主观上的有所作为。而黄老之学对"自然无为"的理解则表现在一个"因"字上，司马谈在《论六家之要旨》中评价黄老之学时说它是"因时为业""因物与合""因循为用""因阴阳之大顺""因者君之纲也"。强调"无为"中"无不为"的一面，且要尊重自然规律，反对盲目行动，发挥人的主观能动作用的积极意义。南北朝时期的稽康嗜好老庄，崇尚自然，对违反自然的、人为地钳制人们思想的"名教"进行了猛烈抨击，提出了他的"任自然"的教育思想。稽康提倡根据万物（自然）的本性来进行教育，儿童教育应该顺应儿童的"自然"而为，而不能妄为。郭象提出了"任性""足性"的自然教育观点。所谓"任性""足性"，就是指教育要听任和充分发展人的"天然"的本性。

明代的教育家对儿童教育有着比前代更为深入的研究和精辟的见解，形成了较为完整的自然教育理论，而王阳明的贡献最为突出。王阳明认为，"大抵童子之情，乐嬉游而惮拘检，如草木之始萌芽，舒畅之则条达，摧挠之则衰萎"。②因此，他主张"今教童子，必使其趋向鼓舞，中心喜悦，则其进自不能已。譬之时雨春风，沾被卉木，莫不萌动发越，自然日长月化。若冰霜剥落，则生意萧索，只就枯槁矣"。③顺应本性（自然）的

---

① 方勇译注. 庄子[M]. 北京：中华书局，2015：26.
② 王守仁. 王阳明全集(卷二)[M]. 上海：大东书局，1935：57.
③ 王守仁. 王阳明全集(卷二)[M]. 上海：大东书局，1935：57.

教育必然能使儿童欢欣愉悦，生机勃发，形成生动活泼的性格，使儿童能够像春风滋润的草木一样，自然而然地生长发展。

李贽提倡教育中应"随其资性，一任其道"。明代的王守仁也提出儿童教育必须顺应儿童的天性。

中国古代哲学自然教育观中的核心观念是"无为""因循自然""自然天性""童心本位"，概言之，教育的最好方式就是不要破坏儿童的自然、本真状态，应当"无为"，如要"有为"也必须是"因循自然"，即顺应儿童自然天性而为，教育的目的也应是复归"童心"，复归儿童的"自然本真"状态，而不是教化和驯服。这些观点的现代教育价值体现在教育中的儿童视角或儿童立场。教育不是文化"化人"的过程，而是以儿童天性为根，引发儿童内在"自然"彰显的过程。

2. 亲近自然的教育主张

随着西方"大自然"这一自然概念的引入，以及对西方教育思想的学习。中国近代开始有教育家提出走进自然、亲近自然的教育主张。如民国时期的雷震清编写了《幼稚园的自然》一书，主张幼稚教育中要重视让幼儿亲近自然，并从花卉、蔬菜种植、动物饲养等方面介绍幼儿园开展自然教育的目的、方法，算是中国系统研究幼儿园自然教育的第一部专著。陈鹤琴提出"大自然、大社会皆是活教材"，认为儿童是在周围的环境中学习，应该以大自然、大社会为中心组织课程。主张"大社会""大自然"都是活材料，"活教材"并不是否定书本知识，而是强调儿童在自然、社会的接触中，在亲身观察和活动中获得经验和知识的重要性。他还主张应带领儿童多到户外活动。户外活动不仅可以使儿童在接触自然中学到各种经验，还可以使他们呼吸到新鲜空气，沐浴到充足的阳光，活跃儿童的精神，强健儿童的体魄，增加儿童的欢乐。

（二）西方自然教育观

1. 教育应效法"自然"

教育应效法"自然"，这里的自然是天性的意思。在西方教育史上，古希腊教育家亚里士多德首次提出教育应当"效法自然"，他指出："教育的目的及其作用犹如一般的艺术，原来就在效法自然，并对自然的任何缺漏加以殷勤的补缀而已。"①亚里士多德的自然教育思想要求遵循人的自然发展的顺序对儿童进行教育，他的自然主要指的是客观的自然，是自然界的发展规律，人从物质方面来说也是大自然的一分子，在成长过程中，有其自己的发展顺序和规律，我们在进行教育时就要遵循这个规律，才能取得好的结果。

捷克教育家夸美纽斯认为教育应适应自然的发展，算是自然教育的开创者。"自然"一词在夸美纽斯《大教学论》中共出现了 168 次。联系上下文，该词有时指称人的天性，有时也指称自然界(事物)。夸美纽斯大量引用鸟、花草树木、建筑等自然界事物的发展规律来阐明自己的教育观点。"树在幼小和柔软时，园丁并不用酒和牛奶去浇灌，而是用适合树的液汁即水去浇灌。""鸟不把蛋放在火里，使它赶快孵出，而是让它们在自然温度的作用下缓慢地发展。"②他提出顺应自然秩序设计教育制度、编排教育内容、运用教育艺术等教育主张。

卢梭堪称西方倡导自然教育的代表性人物，他在著作《爱弥儿》中开篇就说："出自造物主之手的东西，都是好的，而一旦到了人手里，就全变坏了。"③卢梭用自然指称"人的天性"，他着重强调的是作为个体的人其内在天性的独特性。卢梭认为自然的教育就是"我们的才能和器官的内在发展"。同时"自然的教育是不能由我们决定的"，自然的教育是遵循人内在发展的自然法则，儿童的自然教育就是要遵循儿童的自然天性。他说"在万物的秩序中，人类有它的地位；在人生的秩序中，童年有它的地位。应当把成人看作成人，把孩子看作孩子。按照人的天性处理人的欲念，为了

①　滕大春. 外国教育通史[M]. 济南：山东教育出版社，1989：290.
②　[捷]夸美纽斯著. 大教学论·教学法解析[M]. 任钟印，译. 北京：人民教育出版社，2006：101，126.
③　卢梭. 爱弥儿[M]. 李平沤，译. 北京：商务印书馆，1978：5.

人的幸福，我们能做的事情就是这些"。①

瑞士著名教育家裴斯泰洛齐的教育思想受到了卢梭的影响，他说"什么是真正的教育呢？它就如同一位园丁的艺术，在他的照看下，百花齐放，万木争春。他对花木实际的生长没有任何作用，生长的要素寄存于树木之中，园丁种植浇水，但是上帝让其生长……教育家也同样如此。他不能给人任何一点力量，他既不能给人以生命，也不能让他呼吸，他仅仅能注意的是不让外来的暴力损害或打扰他，他要关照的是让发展沿着固有的规律前进"。裴斯泰洛齐认为教育应当模仿大自然，他认为大自然有它的特定规律与法则，他列举了大树树干的生长、果实的生长以及树根的生长规律，以此说明教育也应当效法自然按照一定的顺序进行。因此，裴斯泰洛奇也主张教育遵循儿童的自然天性。

福禄贝尔十分强调教育要适应自然的原则。只要多加注意和观察，孩子本身就会教会我们教育方法。到大自然去漫游，对孩子的教育意义非凡。"孩子喜欢爬进洞穴和深坑，在葱郁多荫的小树林里和幽暗的森林里漫游，这种倾向所具有的意义和对于他的发展的作用并非无足轻重……他在土堆里面建造一个地窖、一个洞穴，在土堆上面建造一个花园、一条长凳。在那里，树枝、木条和棒头被搭接起来构成一间小屋、一幢房子。"②这一切都是儿童按照自己的思想、精神和意图来构建的。儿童教育要走进自然，同时也要追随儿童的天性。他以修剪葡萄为例提出，如果园丁的工作违背植物的本性及其发展的正确道路，即使出于好心，也会损害葡萄的生长，降低它的产量。

第斯多惠受到卢梭和裴斯泰洛齐教育思想的影响，他说："人的天资是大自然(造物主)赐给人的……我认为人的天资是一个人本身能力和活动可能性的基础。也可以说天资是发展能力和力量的胚胎……天资本身既不

---

① 卢梭. 爱弥儿[M]. 李平沤，译. 北京：商务印书馆，1978：74.

② [德]福禄贝尔. 人的教育[M]. 孙祖复，译. 北京：人民教育出版社，2001：75-76.

能得到也不能失掉，不能接受也不能赠送。凡没有天资存在的地方，教育家也就无能为力。"①他将儿童的心理发展总结为三个阶段：第一阶段是感官性或直观阶段，主要是培养感觉；第二阶段是记忆阶段，主要发展记忆力，把通过感觉蓄积起来的丰富观念在记忆中巩固下来；第三阶段是理解阶段，也就是理智阶段，这一阶段孩子开始使用理智，所以教育也就着重于发展理性。他说："在大自然中只有逐渐地过渡，而没有绝对的界限。不论是在一个民族中还是在个人的培养中，三个发展阶段都是交叉进行的。"②

　　蒙台梭利主张儿童的身心发展应遵循自然的规律，"如同身体的发展一样，心理的发展仿佛也遵循着相同的大自然的创造规律"。③ "起指导作用的是大自然，万物皆须依赖和听从她的指令"④。儿童的发展不仅遵循着自然的时间点，同时在发展的过程中需要在环境中的活动。比如，当儿童走路的器官成熟时，就必须要为儿童提供练习走路的环境。蒙台梭利认为"某一器官一旦发育完成，便要投入使用"。她进一步说"这种器官的工作就叫作'环境经验'……儿童只有靠环境经验才能得到充分的发育。我们称这种经验为'工作'"。因此，"儿童教育所要求的第一件事就是为儿童提供一个能够发挥大自然赐予的力量的环境"。⑤ 由此可见，"环境""工作"和"自然成熟"是蒙台梭利教育思想中的关键词。

　　2. 教育应在大自然中开展

　　这一自然教育观注重大自然的教育价值，往往又和上面提到的教育应

---

　　①　任钟印主编. 西方近代教育论著选[M]. 北京：人民教育出版社，2001：372.

　　②　[德]第斯多惠. 德国教师培养指南[M]. 袁一安，译. 北京：人民教育出版社，2001：94.

　　③　[意]玛丽亚·蒙台梭利著. 有吸收力的心理[M]. 江雪编译. 天津：天津人民出版社，2003：43.

　　④　[意]玛丽亚·蒙台梭利著. 有吸收力的心理[M]. 江雪编译. 天津：天津人民出版社，2003：77.

　　⑤　[意]玛丽亚·蒙台梭利著. 有吸收力的心理[M]. 江雪编译. 天津：天津人民出版社，2003：77-78.

遵循自然天性的主张融合一样。夸美纽斯说："人必须尽可能受到教导，通过学习天空、大地、橡树和山毛榉而不是通过学习书本变得聪明。"①他认为自然环境更利于儿童自然生长，建议学校应附属一个花园，让学生们时时进去散步、游戏，欣赏树木、花草、植物。当儿童还是两三岁的时候，夸美纽斯就主张家长要把美丽的天空、树木、花草和流水指给他们看，四岁以后"应时常带他们到果园、田地和河边，在那里任他们看动物、树木、植物、花草、流水、风车的转动以及其他相似的东西"。② 夸美纽斯反复提到要向自然学习，这个自然就是自然界的意思，他在《大教学论》讲到教和学的普遍要求时基本采用"自然怎么样——模仿——偏差——矫正"的推论格式阐述自己的观点。如夸美纽斯在阐述教学原则一的时候提出"自然遵循适当的时机。例如，一只鸟想繁衍它的物种，它并不在冬天开始，那时一切都冻僵了；也不在夏天开始，那时一切东西都热得焦干、枯萎了；……鸟儿是在春天开始，那时太阳重新给万物带来了生机和力量"。"模仿——同样，园丁小心地做不违反季节的事……谨慎的建筑师也必须选择适当的时机伐木、烧砖"，"偏差——直接与这个原理相反，学校犯了双重错误：(1)没有选择智力锻炼的适当时机；(2)功课没有加以正确区分……""矫正——所以，我们得出结论：(1)人的教育应当在人生的春天开始；(2)早晨的时间最适合于学习；(3)学习的一切学科要这样安排，使之适应学生的年龄。"③这样的论述格式反复出现在夸美纽斯的《大教学论》中，他从大自然中的万物是什么样子，人们是如何模仿大自然着笔，而后论述教育中存在的问题，提出矫正的原则。可见，向自然学习是夸美纽斯教育思想的基本主张。通过与小鸟、园丁类比，以及大量"合自然"和"不

---

① ［捷］夸美纽斯. 大教学论・教学法解析［M］. 任钟印，译. 北京：人民教育出版社，2006：139.

② ［捷］夸美纽斯著. 夸美纽斯教育论著选［M］. 任钟印，译. 北京：人民教育出版社，2006：38-39.

③ ［捷］夸美纽斯. 大教学论・教学法解析［M］. 任钟印，译. 北京：人民教育出版社，2006：93.

合自然"的现象举例，说明如何达到自然状态。

卢梭认为"人，作为自然界重要的一部分，其生理的结构和功能都是自然经过长期进化而予以馈赠的。因此，我们与大自然相处时，必须与它保持"零距离"状态，因为只有这样才可以无限接近人的生理的'自然状态'"。①卢梭认为"教育是随生命的开始而开始的，孩子在生下来的时候就已经是一个学生，不过他不是老师的学生，而是大自然的学生罢了"②，因此，卢梭通过爱弥儿这一假想的学生，阐述了自然的教育在12岁之前应该在大自然中进行，卢梭建议让儿童去乡村生活。"把你们的孩子送到乡村去，可以说，他们在那里自然地就能够使自己得到更生地，并且可以恢复他们在人口过多的地方的污浊空气中失去的精力……城市是坑陷人类的深渊，能够更新人类的，往往是乡村。"③所以，爱弥儿的教育大部分是在乡村完成的。卢梭说"人啊！模仿大自然的活动吧！大自然使一棵大树的种子首先生出几乎看不见的幼芽，然后，幼芽同样也是不知不觉地分阶段发展，每日每时地，首先长出最小的茎，后来长成树干，长出树枝，又长出末端细枝，细枝末梢挂满细嫩的叶子。用心思考大自然的这种活动——每个部分一生长出来，她是如何照料的，如何使之完善的，如何把每个新的部分与原有的持续生长的部分结合起来的"。④可见，卢梭自然教育中的"自然"既包含了大自然这一本体，又包含了人之天性这一内在自然。

霍尔认同卢梭关于儿童自然教育的相关理论，也提出自己对于童年期儿童自然教育的观点：首先，应该强调针对童年期儿童开设的幼儿园的自然性。霍尔认为，园林是适合儿童成长的理想环境，在园林这样的自然环境中进行教学，既能陶冶儿童性情，让他们感到自由快乐，还能进行植物

---

① ［法］卢梭. 爱弥儿［M］. 李平沤，译. 北京：商务印书馆，1978：24.
② ［法］卢梭. 爱弥儿［M］. 李平沤，译. 北京：商务印书馆，1978：74.
③ ［法］卢梭. 爱弥儿［M］. 李平沤，译. 北京：商务印书馆，1978：43.
④ 夏之莲等译. 裴斯泰洛齐教育论著选［M］. 北京：人民教育出版社，2001：78.

学、动物学等教学。其次，应注意课程的自然性。霍尔认为，自然园林环境中的一切事物，小路、苗圃、草地、小河、播种、发芽、施肥、嫁接、收割、降雨、干旱、下雪、结冰、花、鸟、虫、鱼等所有自然事物和自然活动都能建立自然性的课程。霍尔认为这些来自户外大自然的知识，不是仅从书上、画里才得到的，就是自然教育。霍尔对当时学校对于儿童自然教育的缺乏，就像是绑匪和强盗任意而为，并没有充分考虑到儿童的自然天性和特征，他认为"只有在自然的环境中，儿童才会释放本性真诚，我们才能真正了解儿童本身，才能更好地理解教育的概念"。①

福禄贝尔也主张在大自然中开展教育，他所说的 kindergarten，意思就是儿童的花园，他理想中的幼儿园就是一座花园。福禄贝尔说"漫游花园和田野、草地和森林的人啊，为何不打开你们的心扉去听听大自然以无声的语言教诲你们的一切"。② 他认为幼儿在大自然中的一切活动都是有意义的，"他看到一根树枝、一根稻草，费劲地把它拿过来，仿佛春天里幼鸟把它往鸟巢里拖一样"。"从屋顶上流下的强有力的雨点冲刷了从泥土和沙砾中露出来的圆滑而艳丽的小石子，而孩子注意一切的目光把它们作为用于未来建筑的砖头和建筑材料收集起来。难道这个孩子不是在为他未来生命的建筑、生命的大厦而搜集建筑材料吗？"③

蒙台梭利说，"人总还是属于自然，特别当他在孩童时期，更必须从自然中获取力量以发展其身心。我们与自然界有密切关系，对我们身体的成长甚至有物质的影响……我们在培养人适应这种社会生活的时候，在很大程度上忽略了他的生命初期是植物生物的有利因素。为缓和教育中的这种转变，必须把自然本身作为大部分教育工作，这好像不要突然强制把小孩从妈妈那里夺走送进学校一样"。④ 因此，她建议经常带儿童去大自然中

① 转引自周俊. 霍尔的儿童教育思想研究[D]. 长沙：湖南师范大学，2017：26.

② [德]福禄贝尔. 人的教育[M]. 孙祖复，译. 北京：人民教育出版社，2010：9.

③ [德]福禄贝尔. 人的教育[M]. 孙祖复，译. 北京：人民教育出版社，2010：49.

④ [意]玛丽亚·蒙台梭利著. 蒙台梭利幼儿教育科学方法[M]. 任代文，主译校. 北京：人民教育出版社，2006：159.

漫游，她认为儿童生来需要漫游，这是儿童的本能，儿童的漫游方式类似于首批人类在地球上的漫游方式。他们不停地游荡，只有遇到有用或有趣之物才停顿下来，比如一片可以拾木柴的森林，或饲料充足的开阔平原。儿童们就犹如他们一样，到处漫游和不断发现的本能是他们本性的一部分，同时也是其教育的组成部分。①

苏联著名教育家苏霍姆林斯基不仅主张教育应到大自然中去，而且在蓝天下的学校亲自去践行自然教育。"小朋友们，咱们走吧，上学校去。""是的，我们就是上学校去。我们的学校就在蓝天底下，在绿草地上，在大梨树下，在葡萄园里，在牧场上。咱们把皮鞋就脱在这儿，还是像你们平常那样光着脚走。""我们要从这儿看蓝天、果园、村子和太阳。"②苏霍姆林斯基认为大自然是健康的、思维的、美的活的源泉，他说："最初的一些思维课不应当在教室里，在黑板前上，而要到大自然中去上。"③他描述了孩子们在蓝天下的学校身体如何变得更强壮，思维想象力如何变得更敏锐，通过欣赏大自然和在大自然中活动，美的、善的种子又是如何在孩子们心中生根发芽。

美国理查德·洛克在《林间最后的小孩》中指出，如果让孩子渐渐远离山川、森林、溪流和原野，那么读死书、死读书不仅限制儿童思维的创造性发展，而且会引发"自然缺失症"。他认为"自然界中的体验很有可能有一种特殊的功效，在让孩子们提高注意力上尤其有效——这并不仅仅是因为自然很有趣。有意识的感官学习，特别是在自然中的感官发展体验，对儿童日后进行自我调适各种各样的学习有很大的益处"④。

---

① ［意］玛丽亚·蒙台梭利著. 蒙台梭利幼儿教育科学方法［M］. 任代文，主译校. 北京：人民教育出版社，2006：139.

② ［苏］B. A. 苏霍姆林斯基. 育人三部曲［M］. 北京：人民教育出版社，2003：30.

③ ［苏］B. A. 苏霍姆林斯基. 育人三部曲［M］. 北京：人民教育出版社，2003：49.

④ 理查德·洛夫（Richard Louv）. 林间最后的小孩：拯救自然缺失症儿童［M］. 自然之友、王西敏，译. 2017：65.

3. 互动的经验自然教育观

持有这种自然教育观的代表主要是杜威。如前所述，杜威在《经验与自然》中，把自己的哲学观称为经验的自然主义或自然主义的经验论。杜威批判主体与客体、心理世界与物理世界、经验与自然分裂为二的形而上学，他认为以经验的方法来认识和看待经验与自然的关系可以克服传统哲学的二元论，使哲学走向正确的轨道。杜威认为"经验是关于自然的，也是发生在自然以内的"。① "自然"属于有机体主动适应和改造外部环境的过程中产生的具有"连续性"的经验。这种互动视角下的自然教育观就是主张教育要创设有利于经验生长的情境，个体在与这一情境的互动下不断获得新的经验，教育就是经验的不断改组与改造。一个"自然"的教育过程，应该是受教育者与创设情境互动而实现经验不断改造的过程。这个过程通过受教育者在情境中不断试验、不断试错、不断修正已有经验，使教育过程与教育结果有机融合在一起。杜威的互动经验自然教育观中的核心观点可以概况为教育即"生活""生长""经验的不断改组"，以儿童为中心的互动自然教育观主张儿童"从做中学"、从活动中获得经验，而不是从教材或书本中获得知识。

(三)儿童自然教育的含义

1. 关注自然概念的多维性

纵观中外自然教育观，自然教育中对"大自然"和"自然天性"两方面的观照并行不悖。当然，这些自然教育观是基于"自然"这一概念中的两个主要含义。既然自然具有"本来状态""万物固有本性""自然界"等多重含义，那么，对儿童自然教育的概念界定就不能拘于单一维度，而应参透自然所具有的实体和虚体的核心内涵，应兼具"自然之境""自然而然""自然之道"的多重内涵。如果按照海德格尔的观点将"自然"认为是从自身绽放的

---

① John Deway. Experience and Nature [M]. London：George Allen & Unwin Ltd.，1929：4，49.

东西，那么自然教育就应该是创设有利于儿童自身绽放的环境，让儿童身上的自然在自然环境中绽放出来。

2. 理解自然的儿童和儿童的自然双重性

对儿童自然教育的理解不仅要考虑自然教育的维度，还要关注儿童这一主体的特殊性。马克思说"人直接是自然的存在物"，人来源大自然，本身就是大自然不可分割的一部分，自然是人类生命的摇篮。从进化史来看，人类作为自然界中的高级动物，其从母体中的胎儿到生命的初始经历了浓缩的生命进化史，也是自然进化的复演。因此，儿童是自然之子，"我们连同我们的肉、血和头脑都是属于自然界，存在于自然界的"①。儿童与生俱来的视觉和听觉器官身体的发展依赖于自然，不仅如此，儿童的精神发展也离不开自然，"人的肉体生活和精神生活是人自己，而'人是自然界的一部分'，所以精神生活和肉体生活一样是自然界的一部分"。"儿童是古代祖先在现代文明中的'遗留'、再生，是古代祖先在现代文明中的代表"②。

因此，儿童这一特殊主体，让儿童与自然的"本原状态""生发状态""大自然"等多维内涵紧密交织在一起，使得自然与儿童有了双向的趋同性。儿童的身体是属"自然"的，儿童的心理也是趋"自然"的。类似于蒙台梭利所说的生理胚胎和精神胚胎，二者的发展均离不开"自然"，这里的自然是不仅包括"自然界"和"自然天性"的一个多维度概念。正因为如此，基于大自然场域的儿童自然教育既是儿童的"本来状态"也是儿童的"天性"归属，既满足了儿童身体自然性发展的需求，也满足了儿童精神自然性发展的需求。

基于此，笔者认为，理解儿童自然教育要从"自然"的本质内涵入手，应考虑：不破坏儿童本来如此、自己如此的状态；顺从儿童固有的本性；激发儿童自主化生的力量；发挥大自然的儿童教育功能。儿童自然教育是指儿童在大自然情境下的各种活动总和，其目的是在遵循儿童自然天性的基础上，让儿童的"自然"与自然的"自然"在大自然这一特殊的场域中碰撞

---

① 曾永成. 文艺的绿色之思：文艺生态学引论[M]. 北京：人民文学出版社，2000：5.

② 刘晓东. 儿童精神哲学[M]. 南京：南京师范大学出版社，1999：384.

融合，强健儿童的体魄，激发儿童求真、向善、尚美的本能，从而成长为具有独立、自由精神、丰满生命和健康人格的个体。

第二节 儿童教育回归自然的教育意蕴

一、"以自然为旨"：自然作为儿童教育的目的

儿童自然教育的目的是回归自然，这是儿童教育的本来样态。人类有亲自然的本能，更何况"自然之子"的儿童。同时，大自然的丰富性、复杂性、可变性蕴藏着丰富的教育价值。教育要回归到儿童本来的样子，回归儿童的自然之态，而不是让儿童及早成为成人之态，失去自然童心之根。这似乎是反教育和反文化的，事实上，这是成人文化向儿童文化的回归，是基于儿童立场的教育之本真。儿童教育在回归自然中恰恰滋养了儿童的生长之根，让儿童的感性直觉思维得以充分发展，从而避免将儿童理性思维的发展陷入"空中楼阁"的危险。中国现代教育改革与发展的主题是确立"育人为本"的教育本质观，叶澜认为"教育是直面人的生命、通过人的生命、为了人的生命质量的提高而进行的社会活动"；鲁洁认为"教育是人之自我建构的实践活动"。① 教育的对象是活生生的个体的人，教育的目的是培养具有丰富多彩生命特征的不同个体。儿童教育回归自然是让儿童保有"本来如此"状态的过程，是让儿童丰富多彩鲜活生命成长的过程。

同时，回归自然是儿童教育的动能、源泉。诚如上文所说，"自然"的原初含义是"自己如此、本来如此、自主化生"，同样这种自然状态又是天地万物的本然状态。老子的"自然"总是在"道"与道创造的"万物"的关系中去说的，他将"自然"界定为万物自发性的活动方式、状态或结果。海德格尔说"自然是从自身绽放的东西"，自然教育就是儿童自身绽放的过程。自然赋予儿童源源不断的"自主化生的力量"，让儿童的教育充满了勃勃生

---

① 冯建军. 回归本真[M]. 北京：中国人民大学出版社，2019：83.

机、充盈着由内而外的自然生发的力量，焕发出生命自主生长的光芒，这难道不是儿童教育本该有的状态吗？

二、"以自然为师"：自然作为儿童教育的方法

"以自然为师"即"师法自然"，师法自然能"自主化生"的奥秘，体悟自然所蕴含的万物之"道"。"师法自然"是中国古代先哲们的常用方法，老子说"上善若水。水善利万物而不争，处众人之所恶，故几于道"(《道德经》第八章)，老子从"水"中体悟"道"，甚至直言"道法自然"。老子又言"功成事遂，百姓皆谓我自然"，指出"无为"是达自然的方法。庄子云：鹪鹩巢于深林，不过一枝；鼹鼠饮河不过满腹，这些动物的智慧启迪人们从效法天地智慧中得道。《周易》中讲"仰则观象于天，俯则观法于地，观鸟兽之文，与地之宜，近取诸身，远取诸物，于是始作八卦，以通神明之德，以类万物之清"。(《周易·系辞下》)这是古人向自然问道的方法。

在儿童教育中"以自然为师"需要遵循儿童的自然、遵循教育的自然、遵循自然的自然。

遵循儿童的自然就是遵循儿童身心发展的自然规律、遵循儿童精神发展的自然规律。儿童的身心发展均需要得到大自然的滋养，这是儿童的"自然"之一。儿童的思维具有原始思维的特点，动作直觉是思维的主要方式，感官是自然赋予儿童期认识周围世界的秘密武器。遵循儿童的自然就是要正视儿童与自然的"本原状态""生发状态"。

遵循教育的自然就是遵循教育传承文化的自然规律。"教育的天职就是传递文化，让文化在个体身上成活。"①教育的文化传承不是单方面发生的，而是教育者与被教育者之间的双向互动，是"一个生命摇动另一个生命"的过程。同时，教育对文化的传承是以敬畏自然(天性)为前提的。"文化需要检视，但天性不容检视，天性是一种自然存在，它不能改良"②。因

---

① 刘晓东. 儿童文化与儿童教育[M]. 北京：教育科学出版社，2006：227.
② 刘晓东. 儿童文化与儿童教育[M]. 北京：教育科学出版社，2006：228.

此，儿童自然教育要观照儿童文化，不是成人文化向儿童文化的灌输，而是在教育中要传承合乎儿童自然天性的文化。

遵循自然的自然就是遵循自然场域中一切生命的自在规律。真实的自然是一个自含精神性的具有生命力的世界，自然万物所具有的"自主化生"的生命力造就了自然的"生生不息"，也成为自然所具有的独特性。教育要让儿童走进这活的生命源头，才能以最有利于生命存在的方式保持生命的持续存在和活泼气象。同时，大自然赋予不同生物神奇的力量，如，为了让鱼能在水里浮上沉下，大自然设计了鱼鳔，让鱼通过鱼鳔的收缩和膨胀调节身体的密度，从而可以在水中自由沉浮。儿童在与大自然不同生物互动游戏的过程中不仅能学会尊重大自然这一场域中一切生命的自在规律，而且能在自然万物中寻求真理、体悟生命的真谛。

三、"以自然为境"：自然作为儿童教育的场域

儿童自然教育应"以自然为境"。"以自然为境"是指儿童自然教育的场域应在大自然中展开，与其他环境相比，自然环境有独特的优势，更受人们欢迎。这不仅因为"在人类进化的基因中有一种和自然的天然连接感，当人类在自然中的时候总会有一种归属感和潜意识的愉悦感"。① 而且因为自然环境具有与其他环境所不同的特点，所以自然环境具有复杂性和多样性、丰富性和变化性、宽广性和自由性、神秘性和生命性等特点，这些特点使自然环境更容易诱发儿童探索的动机，更具有儿童教育的优势。大自然的儿童教育价值体现在大自然与儿童健康、认知、社会性和情绪情感发展的多个方面，比如，在自然环境中的奔跑或攀爬将有助于加强儿童的体能锻炼；儿童通过多种感觉(视、听、嗅、触、味)以及不同感觉之间的相互影响、相互作用与自然万物进行互动游戏，这将有助于儿童感知觉、想象力和解决问题能力的发展。自然作为万物生长之地，具有生生不息的创

---

① ［英］克莱尔·沃登. 自然幼儿园与森林学校——探索自然主义的学习方式［M］. 汪文汶、霍小雨，译. 北京：教育科学出版社，2020：48.

造力，这种创造力不仅来源生物性的生长化育，而且存在于自然之"道"中，即万物"自我造就""自发状态"中体现出的"真"，儿童在自然场域的游戏、活动就是求真、向善、达美的过程，这也是教育的本真目的。

第三节　儿童自然教育的实践逻辑

一、发挥大自然的儿童教育功能

教育回归自然是基于自然的儿童和儿童的自然双重性思考，儿童的身体是属于"自然"的，儿童的心理也是趋"自然"的。同时，大自然是鲜活、生动、流动不居的，充满生命性的大自然具有生长化育的功能，让儿童回归大自然，是让儿童回归到了其生命成长的源头。因此，儿童教育要回归自然应"以自然为境"，让儿童走进自然，发挥大自然的儿童教育功能。

(一)走进能产生"超验感觉"的自然环境

儿童在自然教育中能否获得"超验感觉"与"诱人的自然环境""心醉神迷的地方""自由""环境中鲜活的生命"有紧密的关系。能产生"超验感觉"的自然可以是令人震撼的美景，也可以是儿童在童年期经常能自由出没的身边自然美景。碧波粼粼的大海、一望无垠的草原、巍峨雄壮的高山、气势磅礴的瀑布，大自然中总有一些美景是一下子就能给人视觉冲击的，视觉的震撼往往给人一种内心强烈的喜悦感。还有一些在儿童眼中的自然秘密基地，这些地方可能不一定有引人入胜的景色，也许只是杂草丛生的一些看似荒野的地方，或附近公园中一处隐秘的空地，或乡下后院果树下的一处角落。这些自然环境的共同之处在于给儿童内心或强烈震撼、或悠闲平静，有一种与自然相融的亲近感和自由畅快的感觉，这类型自然环境绝不是旅游景点，不是人山人海的那种嘈杂之地，而是静谧幽静可以让儿童静静聆听、慢慢触摸、细细品味、充分享受与自然亲密交流的快乐。步行穿过树林到达河流、躺在草丛观察被晨光照亮的露珠、钻在灌木丛中与小伙伴捉迷藏、爬在树上偷采野果擦破了皮，这些童年的自然体验让儿童时刻感受到周围世界的鲜活性。

(二)走进原生态充满野趣的自然环境

原生态充满野趣的自然虽然有潜在的危险因素，但是适当的风险恰恰是培养儿童应对能力的需要。而充满野趣的环境孩子才能有更多的与环境互动的机会。大小不同的树木、高低不平的土坡、任意生长的杂草、凌乱散落的石头、随意倒下的林间枯木，看上去破烂不堪的木屋或土洞，这样的自然充满了原始的味道，贴近于儿童内心深处的自然天性。因为儿童喜欢的是充满神秘氛围，可以充分体验的环境，带点野性的环境对于儿童来说更有趣味性。相比而言，西方国家的森林和公园往往人工改造痕迹少，那种充满野性的荒野式环境更加贴近儿童的自然天性。而中国园林式的自然环境注重山水亭台楼阁、花草树木的精致设计，体现文人墨客的意趣，具有浓厚的艺术感，但从儿童亲近自然的视角来看，园林式自然环境虽可以让儿童有美感体验，但是无法让儿童与自然充分互动，缺乏童趣和体验感。

(三)创设满足儿童审美、游戏需求的微自然环境

研究表明影响环境美感的三个要素包括形式、色彩和质感，不同自然材料的形式、色彩、质感组合方式会产生不同的感官刺激和美感效应。比如，植物种类的分布要考虑它们的形态、色彩、质感以及在不同天气下的变化特征。大的树木枝叶的四季形态变化不同，如与光线的结合会产生不同的光影效果；同一颜色的植物进行浓淡明暗的相互配合，呈现渐变的色彩，给人以调和韵律之感；不同植物的相邻色组合，如红与橙，黄与绿，或相间色进行组合容易达到协调、柔和的气质。自然环境创设时不单单为了美观，还要便于幼儿游戏的开展。研究表明，幼儿偏爱攀爬颜色明亮的落叶树、落叶松树和枝杈分散的低矮灌木。种植松散的灌木植被和树木将有利于幼儿跑动，同时为幼儿进行想象游戏和建造游戏提供了有利的条件

和丰富的天然材料。在地形地貌上，要多创设变化的场地，充满神秘感的山洞、缓急相间的山坡和起伏变化的丘陵等，这样的地貌更有利于激发儿童游戏的兴趣。同时利用不同自然物形成游戏迷宫效应，不同形状和大小各异的石块，创设可以安全攀爬的矮树木、流动的溪水和沙地、起伏的地形来支持孩子们自由地挖掘、玩水、沙子等游戏行为。

二、不破坏儿童的"自然"状态

"自然"是"自己如此""自然而然""本来如此"的样子，是万物存在的最佳状态。儿童是充满生命活力，诗意地栖居于大地的"游戏者"，当儿童在大自然情境中时，儿童是以"万物有灵"的方式与自然万物互动，以游戏的方式感悟自然万物的生生不息。因此，审美的、游戏的状态是儿童"本来如此"的状态，是儿童的"自然"。自然教育不破坏儿童的自然状态，就要保护儿童审美的、游戏的、感官探索的自然本能。让儿童置身于大自然情境中充分展示自己的本然状态，舒张自己的自然本性。因此，儿童自然教育的实践体系应以自然游戏为基本活动，兼容感官教育、生命教育和审美教育，在这一体系中游戏作为核心与感官教育、审美教育、生命教育相互渗透，感官教育同时提高了儿童的审美感受力和对不同生命体的敏感性，是审美教育和生命教育的助推器，而审美教育进一步为个体生命的完善丰满奠定了基础。三者围绕游戏形成了一个如图1-1所示的环状自然教育实践体系。

图 1-1　自然教育实践体系

　　游戏是儿童的自然天性，是儿童不需要给予外力强迫就具有的"自生"力量，是儿童生来如此的自然的"自己如此"状态，因此，游戏具有儿童教育的自然性特征。同时，自然环境的特性也赋予了儿童游戏的自然性特征。自然环境具有多样性、不确定性、丰富性、鲜活性、审美性、复杂性、变化性……自然环境的这些特性赋予了自然环境更好的教育价值，也让儿童在自然环境中更容易开展各种形式的游戏，而儿童在大自然中自由自在的游戏状态正是儿童应有的自然状态，也是儿童教育的本源状态。儿童在大自然中游戏让儿童的自然性与自然的自然性相互融合了，不仅如此，儿童的发展也自然地融入了儿童的游戏中。"思想、词语、歌曲、感情，以及身体的摆动，儿童全部经验中这些不同的因素或形式编织在一起。在儿童本能性游戏热烈进行时，所有这些因素都可以找到。"①游戏状态就是儿童的自然状态，游戏就是自然赋予儿童发展的本能武器，游戏也是儿童自然教育的灵魂。

　　儿童期薄弱的理性思维和发达的感性思维是儿童发展过程中的自然规律，感官是儿童生长天然拥有的强大武器。在理性思维不发达的儿童期，首先要让儿童在大自然中锐化其视觉、听觉、嗅觉、触觉、味觉等多通道感官，通过感官教育提高儿童对周围世界的敏锐感受力。感官的发展又与自然游戏相融合，在儿童与自然万物游戏的过程中得以锐化。感官在自然场域中的锤炼和锐化，不是浪费时间和不务正业，而是"磨刀不误砍柴工"的前奏，是夯实儿童理性思维大厦的奠基过程。

　　自然环境的多变性、不确定性和鲜活性让自然在生机勃勃中也隐藏着潜在的危险。儿童自然教育在自然场景中开展，必然需要开展急救、紧急避险、野外生存方法与自我生命保护紧密相关的课程。同时，天地万物不同生命的特点为生命教育的开展提供了活的源泉，儿童在亲近自然的过程中也会了解到不同生命的生存习性与特点，学会与自然万物的和谐相处之

---

　　①　[挪威]让-罗尔·布约克沃尔德. 本能的缪斯[M]. 王毅等，译. 上海：上海人民出版社，1997：28.

道，感悟到自然万物的生命运动变化，从而感受生命的生长内驱力。自然教育的过程也是儿童认识生命、敬畏生命、热爱生命的过程，更是儿童张扬自我生命个性、凸显自我生命灵性的过程，这个过程就是生命教育开展的过程，而生命正是教育的逻辑起点。

三、激发儿童的"自然"力量

回归自然的教育不是产生有限性知识的教育模式，而是能通往具有无限性精神世界的教育，是人之所以需要教育的本源。儿童自然教育不是自然科学教育，儿童自然教育是儿童天性自然生发的过程；儿童自然教育是儿童精神世界丰满的过程；儿童自然教育是儿童与自然"生生"互动的过程。

因此，儿童自然教育的目的不是要让儿童去认识自然、改造自然、掌握自然知识，固然，在儿童与自然的互动中儿童会了解自然生物的特性，也会参与种植养殖活动，但这不是自然教育的根本目的。儿童置身于自然情景中与具有生命气息的自然万物游戏互动，这是一个感觉锐化的过程，是想象力、情感、诗性思维得以自然张扬的过程，其目的是让儿童内在的灵动、蓬勃生命得以不断丰富、提升，不断趋于完善。儿童自然教育需要关照儿童的个体生命，唤醒儿童自身的感受力，丰富儿童的自然体验和情感体验，教师以追随、辅助、积极回应的方式让儿童在自由游戏探索中茁壮成长。正如老子在《道德经》中所说的"我无为，而民自化，我好静，而民自正，我无欲，而民自朴"，当教师能做到睁大眼睛而"无为"，管住嘴巴而"好静"，智慧辅助而"无欲"，则儿童"自主化生"的自然力量就能持久激发而勃勃生长！

教育是随生命的开始而开始的，孩子在生下来的时候就已经是一个学生，不过他不是老师的学生，而是大自然的学生罢了。

——卢梭

第二章　儿童自然教育的理论基础

第一节　儿童自然教育的哲学基础

一、道家自然哲学思想

(一)"自然"的丰富内涵是逐渐生成的

"自然"是中国道家哲学思想中的一个核心命题，老子首创的"自然"概念，在先秦和秦汉通过《庄子》《荀子》《韩非子》《吕氏春秋》《淮南子》等而得到扩展，魏晋玄学、汉唐道教、佛学和宋明理学使之变得更加复杂和丰富。

早期的道家思想以老庄为代表，虽然"自然"一词在老庄著作中出现的次数不多(《老子》中共出现5次，《庄子》中共出现7次)，但老子和庄子关于"自然"的探讨奠定了道家形而上学的基础，为自然的哲学含义打下了基础。在老庄思想中，"自然"主要指"自己如此""自然而然""本来如此"等万物存在的最佳状态。"'自然'是'自己而然'，是'自生'；既不是'他生'，也不是'我生'。'他生'即是因外在力量而生，'我生'即是因内在力量而生。'自然'既没有外在的力量，也没有内在的力量；既没有外在的强迫，也没有内在的压力，所以是'天然'。"①如《老子》中的"功成事遂，百

---

① 罗安宪. 存在、状态与"自然"——论庄子哲学中的"自然"[A]. 老子学集刊第二辑[C]. 北京：中国社会科学出版社，2018：32.

姓皆谓我自然""希言，自然""辅万物之自然而不敢为"；《庄子·应帝王》中"游心于淡，合气于漠，顺物自然，而无容私焉，而天下治矣"。刘笑敢认为"自然强调生存个体或行动主体的存在与发展的动因的内在性，与此同时，必然地要强调外在作用和影响的间接性"。① 可见，"自然"在产生之初是一个蕴含勃勃生机，充满自主性、自发生成力量的概念。

黄老道家进一步发展了老庄的自然思想，探讨自然的实际应用，提出"因自然"的处事原则和方法。《慎子》中提出"守成理，因自然"，因是运用自然的一种方法。"从黄老道家常用的'因循''因任''因天道''因天时''因人情''因性任物''因自然''因天地之常'等表述来看，'因'在黄老道家的理论体系中具有哲学方法论的意义和地位。"②

汉代的《老子指归》中"自然"一词出现90次，其用法有"'自然'作为名词，指依照本性的存在状态，亦即'天然'或'天性'，与智巧人力相对；'自然'作为形容词，表示必然的或天然的，这是对事物存在原因的终极解释；'自然'作为名词，指天地万物共同所必须遵守的原则，这一原则的内容仍然是事物保持其本性的发展状态；'自然'作为动词，表示自己而然，指依照自身本性而存在"③。

王弼认为"自然"是一种"无称之言""穷极之辞"。"'自然'指具有无穷多样性的一切存在物。只不过由万物构成的世界如此丰富多彩，因此无法用有限的言词对其作出全面而具体的描述。"④"万物以自然为性，故可因而不可为也"⑤，王弼用"性"指万物自然而然的状态。郭象延续了老庄的自然概念，丰富了"自然"本来如此、自然而然的意思。用"自然"表示事物

---

① 刘笑敢. 老子古今[M]. 北京：中国社会科学出版社，2006：210-211.

② 白奚. 黄老道家的"自然"思想[A]. 老子学集刊第二辑[C]. 北京：中国社会科学出版社，2018：29.

③ 萧平.《老子指归》中的自然观念研究[A]. 老子学集刊第二辑[C]. 北京：中国社会科学出版社，2018：121-125.

④ 孟庆楠. 王弼政治哲学中的"自然"观念浅议[A]. 老子学集刊第二辑[C]. 北京：中国社会科学出版社，2018：183.

⑤ 王弼释，楼宇烈校对. 王弼集校释[M]. 北京：中华书局，2018：77.

本性的情形，"人安能故有此自然哉？自然耳，故曰性"。"性"是郭象哲学中很重要的一个概念，就其主要意义而言，所指的并非事物共有的普遍之性，而是个体各自所有的特性。"①

宋元道教老学"强调了道的核心意义，彰显出道的最高地位，而把自然看作道的属性或者本性"。② 道生育长养万物，但并不去宰割之，而是任万物各遂其性，自然发展。

阮籍用"自然"指称"至大无外的整体"，认为"天地万物俱在自然之中"③，为"自然"赋予了天地万物的实体含义。清末以后东西方"自然"概念逐渐融合，自然的实体概念"自然界"逐渐成为"自然"比较通用的概念。

"自然"概念在老子开创之初原本是指万物和人的自主性活动方式，是万物自己成就自己的状态。其后道家哲学继承并不断丰富"自然"的概念，让"自然"成为中国哲学的核心概念，扎根于中华文化的"自然"之树也越来越枝繁叶茂。"自然"概念的演变如图 2-1 所示。

(二)"道"是"自然"的实体

"道"和"自然"都是道家哲学中重要的概念，"道法自然"是老子思想体系的核心价值观念。学者们关于"道"与"自然"的论述颇多，基本认为"道"是自然的实体(本体)。金岳霖先生在其《论道》中，赋予中国思想中的"道"以实在的"基本原动力"，认"道"为一支配自然和人事的能动实体；冯友兰先生将"道"理解为"天地万物之所以生之总原理"；张岱年先生将老子的"道"规定为"非物质性的绝对"。王西平认为"道"是宇宙万物(包括人类社会)生成、演进的总根源、总根据。自然，是自然而然。自然而然，

① 叶树勋. 郭象"自然"观念的内涵及其相关问题[A]. 老子学集刊第二辑[C]. 北京：中国社会科学出版社，2018：209.

② 刘固盛. 宋元道教老学中的自然思想[A]. 老子学集刊第二辑[C]. 北京：中国社会科学出版社，2018：266.

③ 张岱年. 中国古典哲学概念范畴要论[M]. 北京：中华书局，2017：81.

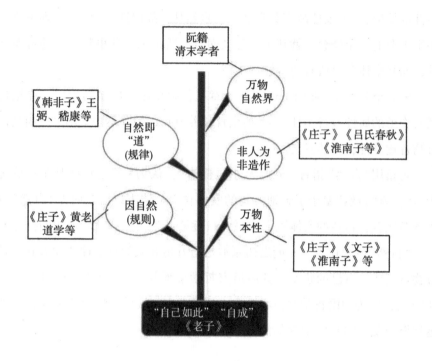

图 2-1 "自然"概念的发展演变

是道的属性、性能，是"道"生成、演化宇宙万物、人类社会的法则、规律。① 杨茂明反对将"道"看作无限的、普遍的"理性规定"，他认为"'道'不是统摄与支配世界万物由低级向高级、由自然必然向主体自由发展的能动自为的'普遍实体'，而是生而无意、自在本然的非目的的、无思维本质规定的自然性的'感性实体'"②。杨茂明认为中国哲学的"道"不同于西方哲学的"理性实体"，中国哲学的"道"是"实体化的感性自然物……自在本然的有限相对的存在"③。这种"自然之道"的观念"千百年来坚实地防止中

---

① 王西平. 论老子所说的"道法自然"[J]. 人文杂志，2020(4)：33.

② 杨茂明. 论"道"的自然性及其本质规定[J]. 北京师范大学学报(社会科学版)，2021(1)：102.

③ 杨茂明. 论"道"的自然性及其本质规定[J]. 北京师范大学学报(社会科学版)，2021(1)：103-104.

国人走向对概念理性的迷信和崇拜，有效地培养了中国人独到的富含自然主义情怀的'即器明道'的生活风格与人生境界"。①

（三）无为、辅是自然的方法论

《老子》第三十七章说"圣人之言云，我无为而民自化，我无事而民自富，我好静而民自正，我欲不欲而民自朴"。"自化""自富""自正""自朴"都是"自然"的表现形式。圣人采用"无为"的方法老百姓才能达到"自然"的状态。《老子》第五十七章又言"道常无为而无不为"，说"道"做了什么，它似乎什么都没有做；说它没有做什么，但它什么都做了。这种无为正是道家思想所主张的自然的方法。道家的至人、神人、圣人并不去创造什么、化育什么，而是随顺万物的固然。无为是因，自然是果，无为也是产生自然的方法。

道家从人随顺万物的本然来描述人的无为，从对道的持守和护卫来描述人任凭万物按其本然之性生灭变化的自然。道家的无为不是胡作非为，而是要有理性限度的为。北大简《老子》三十七章写道"化而欲作，吾将寘（镇）之以无洺（名）之朴"。因为"自化"即"自主的、自发的各种活动，会引出一些不好的事情发生（'欲作'）。这种场合，对于'侯王'而言就产生镇压（'镇'）的必要"。② 这种镇压使用的方法是"无洺（名）之朴"即道的方法。

道家理想的处世方式是"无为"和"辅"，让人如同水那样随顺无为于万物之自然。《庄子·马蹄》假借随顺于马之真性，阐述了老子的"辅万物之自然而不敢为"的思想。"马，蹄可以践霜雪，毛可以御风寒，龁草饮水，翘足而陆，此马之真性也。"但是伯乐却说自己善于管理马，"烧之，剔之，刻之，雒之，连之以羁，编之以皁栈，马之死者十二三矣"。庄子反

---

① 杨茂明. 论"道"的自然性及其本质规定[J]. 北京师范大学学报（社会科学版），2021（1）：104.

② 池田知久. 《老子》的形而上学与"自然"思想[A]. 曹峰，译. 老子学集刊第二辑[C]. 北京：中国社会科学出版社，2018：131.

对这种违背马的天性而管理马的方式，伯乐对马的做法不是随顺着马的自然本性，而是为了实现和贯彻人的愿望和目的，这样人与马就处在对立关系中。"五声不乱，孰应六律！夫残朴以为器，工匠之罪也；毁道德以为仁义，圣人之过也！"分解原木做成各种器皿，这是木工的罪过，毁弃人的自然本性以推行所谓仁义，这就是圣人的罪过！庄子提出"素朴而民性得矣"。能够像生绢和原木那样保持其自然的本色，人类的本能和天性就会完整地留传下来。这种"无为"和"辅"是通达自然的非常重要的方法，因为"自然"本身就是充满蓬勃生机的源动力，"自然"具有"自主生化"的能力，它不受外力所驱使而自发，如果施加外力反而将其自发之势破坏，不利于万物的生长。

（四）"本真之性"是最善、最美

道家倡导人们仿效天地万物的自然状态，把天地万物自然无为的运行作为自己的本真之性。《道德经》二十八章曰："知其雄，守其雌，为天下溪。为天下溪，常德不离。复归于婴儿。"老子认为含有深厚德行的人好比初生的婴儿，赤子之天真，一切出于自然，是老子道德的理想，也是最符合审美的要求。

《庄子·渔父》篇"真者，精诚之至也。不精不诚，不能动人。故强哭者，虽悲不哀；强怒者，虽严不威；强亲者，虽笑不和。真悲无声而哀，真怒未发而威，真亲未笑而和。真在内者，神动于外，是所以贵真也……礼者，世俗之所为也；真者，所以受于天也，自然不可易也。故圣人法天贵真，不拘于俗"。"法天贵真"即效法自然（天然），看重本真，代表了一种审美境界，代表了庄子对生命价值的一种假定。在"法天贵真"的审美境界中，人超越了功利，超越了世俗，甚至超越了生死。可以达到这种审美境界的代表就是顺应自然之通的理想化的道德主体——"真人""至人""神人""圣人"，他们进入这一审美境界的方式就是"游"。①

---

① 陈健. 庄子"法天贵真"思想及其美学意蕴研究[D]. 南京：南京大学，2011：2.

稽康用"自然之和"提出美育的最高境界,"自然之和"贯通天人,直达心性,外在事物的自然之和与个体内在性情的"自然之和"相互涵养,以致理想的"至德之世"。稽康以行动践行这一主张,"摒弃世俗名分而遵循自然情感,沉浸山水自然追寻逍遥的人生。这是一种崇高价值下的生存境界与诗意化的生活方式"。① "素朴""本真""天然"都是道家哲学思想中认为最美、最善的一种品性。

二、卢梭自然哲学思想

卢梭的自然哲学本体论建立在16、17世纪自然科学发展的基础上,他承认物质世界的客观存在,坚持唯物主义的观点,属于形而上学唯物主义或者说机械唯物主义的范畴。

(一)大自然的一切是人类的本原

在卢梭的哲学思想体系中,自然具有极高的价值。卢梭的自然思想深受古希腊自然主义哲学思想的影响。"最早的希腊哲学是自然主义的,注意自然;它大半是物活论的:认为自然能够活动有生命;它是本体论的:探索事物的本质;它主要是一元论的:试图用单一的原则来解释自然现象;它是独断的:天真地设想人的思想能够解决宇宙问题。"②卢梭认同这一思想,他通过对自然的观察和研究,提出大自然的一切是人类的本原,人是自然的产物,人的思维和行动不能违背自然,必须遵循自然的发展道路。"大自然不仅使我们的生理器官逐渐"成形",同时赐予了每个人某一特定的性向和爱好,从而更好地了解人类,并不是偶然的、随机的生成的,而是遵循着一定的轨迹和路线的。"③"人,作为自然界重要的一部分,

---

① 杨杰. 稽康"自然"观念的思想进路[A]. 老子学集刊第二辑[C]. 北京:中国社会科学出版社,2018:203.

② [美]梯利著,伍德增补. 西方哲学史[M] 葛力,译. 北京:商务印书馆,2015:8.

③ [法]卢梭. 论人与人之间不平等的起因和基础[M]. 李平沤,译. 北京:商务印书馆,2011:24.

其生理的结构和功能都是自然经过长期进化而予以馈赠的。因此，我们与大自然相处时，必须与它保持'零距离'状态，因为只有这样才可以无限接近人的生理的'自然状态'。据此可知，生活在古代的原始人远比现代生活在'舒适、安逸'环境中的人更能接近于人的心理原有的'自然状态'"①。由此可见，卢梭的自然观赋予了大自然对人类发展极高的价值。

卢梭主张人与自然亲密接触、和谐融合。在卢梭的文学作品中自然往往不是作为一个外在的对象，而是与人融合一体并赋有生命的。在《一个孤独的散步者的梦》中他说："对喜欢孤独和沉思的人来说，这里正是好地方，因为他喜欢陶醉于大自然的妩媚，喜欢在这除偶尔有几声莺啼和小鸟的鸣啭与从山巅奔腾直泻的哗哗水声以外，便无其他声音打扰他在寂静环境中的潜心沉思。"②卢梭自己便经常是在与自然寂静相对时陷入沉思，从而使自己陶醉于自然之中，故而消弭了人与自然间的阻隔和边界，达到了人与自然的和谐与融合。

（二）知识来源于实践

在认识论上，卢梭继承了洛克、孔狄亚克等人的经验论思想，承认物质世界的客观性，他的自然主义思想也可以说是自然主义感觉经验论，即客观物质世界是感觉的唯一对象，认识是人的感官对客观事物的反映，感觉是沟通认识主体和认识对象的枢纽。正因为感性认识是人的认识全过程的起点，因此必须注重经验，并在实践中获得理性认识。爱弥儿学习农业、土壤、物产和种植方法，是在亲自下田观察以及和农民一道操作中进行的：他采集植物和矿物标本，是在实地参观调查中进行的。他绝不关在房内死读书，而是走向实际搞研究。卢梭认为，应该让儿童直接面对自然这本书，根据亲身感受和直接观察来扩展知识范围。卢梭主张用实物教

---

① ［法］卢梭. 论人与人之间不平等的起因和基础［M］. 李平沤，译. 北京：商务印书馆，2011：24.

② ［法］卢梭. 卢梭全集（第3卷）：一个孤独的散步者的梦［M］. 李平沤，译. 北京：商务印书馆，2016：56.

学，学习地理就要从研究周围的地形开始；学习天文就"用太阳讲太阳"；学习物理就在儿童的游戏中进行。他说：世界以外无书籍，事实之外无教材。"以世界为唯一的书本，以事实为唯一的教学。"①所以，为了教地球自转和太阳公转的知识，他会在星空璀璨的夜晚带领爱弥儿去看星星。

(三)感官是人类生命初期认识世界的唯一工具

卢梭重视感官教育，认为感官是人类生命初期认识世界的唯一工具，在生命的初期必须首先训练人的感官。他认为"感觉教育的终极目的在于训练感官，培养儿童判断力和观察力。最初，儿童的思维活动完全依赖于其感官，作为教师必须做到'以世界为一本书，以事实为唯一的教训'。要让儿童去接触自然，获得所需知识，感官教育必须依赖于儿童的自由活动"。②卢梭重视儿童感官的发展，因为他认为感官是人类生命初期认识世界的唯一工具。"由于他的感觉是他的知识的原料，所以要按照适当的次序让他产生感觉……由于他只知道注意他的感觉，所以先给他清楚地指出这些感觉和造成这些感觉的事物之间的联系就够了。他什么东西都想去摸一摸，什么东西都想去弄一弄。他这样地动个不停，你绝不要去妨碍他，因为这可以使他获得十分需要的学习"。"在最初的思想的活动中，完全是以感觉为指导的。"③"花儿的香、叶儿的美、露珠的湿润，在草地上软绵绵地行走"④，所有这些都需要儿童的感官去感受，尤其是自然美，是不能通过教授的，必须通过感受。只有当这些感官得到充分的发展之后，记忆力、想象力的后续发展才会被激发得更好。卢梭在教育史上首次详细论述了如何训练儿童感官的问题。主张让儿童在日常生活和各种活动中，不断地锻炼和发展自己的感觉能力，通过观察获得直接经验，从而使其得到来自实物或自然的知识。

① ［法］卢梭. 爱弥儿［M］. 李平沤，译. 北京：商务印书馆，1978：217.
② ［法］卢梭. 爱弥儿［M］. 李平沤，译. 北京：商务印书馆，1978：32-33.
③ ［法］卢梭. 爱弥儿［M］. 李平沤，译. 北京：商务印书馆，1978：217.
④ ［法］卢梭. 爱弥儿［M］. 李平沤，译. 北京：商务印书馆，1978：218.

（四）人的自然本性是善良的

卢梭认为"人人禀赋善良的天性，若能顺从天性的发展，人类就可以进入黄金时代；无奈罪恶的社会扼杀了人的天性，邪恶便笼罩人间。他的理论是个人和社会都该'归于自然'，杜绝传统势力的侵蚀，从而复现人人自由平等的无压迫无暴政的尧日舜天"。① 卢梭把人类生活分为"自然状态"和"社会状态"，与此相适应，人也被划分为"自然人"和"人为的人"。自然人不受任何束缚和羁绊，为自己而活，并且能够独立于社会固定的职业与相应的社会地位，能较好地适应客观变化的需要。根据性善论观点卢梭塑造了爱弥儿这样一个假想的自由人，并且认为自然人也必然是自由人。卢梭在《爱弥儿》开篇就说"出自造物主之手的东西，都是好的，而一旦到了人的手里，就全变坏了。……偏见、权威、需要、先例以及压在我们身上的一切社会制度都将扼杀他的天性，而不会给他添加什么东西。他的天性将像一株偶然生长在大路上的树苗，让行人碰来撞去、东弯西扭，不久就弄死了"。"我们的种种智慧都是奴隶的偏见，我们的一切习惯都在奴役、折磨和遏制我们。"②人类生活在自身编织的牢笼里，浑然不知，更无从逃脱。人的自然本性是善良的、纯洁的，人生来是爱自由，具有爱心和同情心的，但是一旦到了社会环境，这些天性就被污染了，想要拯救糜烂的社会，就要使人性率性发展，去掉社会的摧残，回归自然。人类的天性和情感是衡量一切的标准，是一切行动的指南，尊重天性和感性生命的本真情感就能找到通往幸福的路径，而敏感的感官是丰富人的天性和情感的直接途径。

（五）自然教育与美育相通

卢梭不仅认同人的自然天性以及自然所具有的健康教育、科学教育、

① 藤大春. 外国近代教育史［M］. 北京：人民教育出版社，1989：80-81.
② ［法］卢梭. 爱弥儿［M］. 李平沤，译. 北京：商务印书馆，1978：1-2.

智力教育等方面的价值，而且卢梭把人与自然整体性融合的宇宙观念以及对自然的热爱贯彻在其美育思想之中，也可以说，卢梭对自然教育的论述就是对其美育思想的论述。曾繁仁说，"美育就是借助于美的形象的手段（自然美、社会美、艺术美）达到培养人的崇高情感的目的"。"现代性美育命题的提出：其宗旨是保持人的感性自发性，保护生命的活泼与原创力，维护人与自然之间天然的、肉体的联系；其本意是感性教育，就是在理性教育的同时，对人的感知、想象、情感、直觉乃至无意识等进行教育"。卢梭儿童美育思想的基本内容和现代美育思想是完全吻合的。卢梭尊重儿童善良的天性，主张利用自然的情感教育来塑造儿童的完善人格，促进儿童感性和理性的和谐统一发展。卢梭认为"自然"是完美人性的灵魂和基础。从卢梭对爱弥儿这一"自然人"的理想塑造以及对大自然的讴歌中可以看出卢梭自然主义哲学思想中无不闪耀着美育的思想火花。卢梭从"自然人"这个概念推论出理想、完美的人性和美好的社会制度的理论。他赋予爱弥儿真实纯净的心灵、美好平实的性格、自然质朴的情感，希望在大自然中将爱弥儿培养为一个具有自由本质、理性、完美人性的"自然人"。依照马克思的实践观点，美的和谐的自由本质，根源于人的巧谐、完满、自由的本质，从爱弥儿身上我们能看到和谐自由的本质，看到一个具备审美能力、充满自然情感的丰满的理想人格形象。"卢梭的理想、完美的人性就是内在自然情感为基础的全面发展。这种内在情感的全面发展，作为一种品质，它便是人的审美能力；作为实现了的情感状态，它则是人的灵与美的事物相结合产生的美感。它在人的行为中表现为对至高存在、永恒真理、世界秩序的爱，是与宗教相联系的；表现为对同类的爱，是与道德、伦理相联系的；表现为对日常生活的爱，它又是与人的自然感官享受相联系的，是一种感性的美。"①

---

① 徐程. 卢梭儿童美育思想及其当代价值研究 [D]. 南京：南京师范大学，2016，70.

三、席勒的人本主义哲学思想

约翰·克里斯托弗·弗里德里希·冯·席勒(Johann Christoph Friedrich von Schiller)(1759—1805)，通常被称为弗里德里希·席勒，德国18世纪著名诗人、作家、哲学家、历史学家和剧作家，德国启蒙文学的代表人物之一。席勒是早期实用主义的重要人物之一，在他提出的实用人本主义形而上学中，形而上学一改往日那种绝对、一元、普遍、僵化的面孔，呈现出来的是以伦理学为基础的形而上学，具有经验的直接性、实在的可塑性和多元性特点，其人本主义逻辑以个人的意志为前提，以人性关怀、人格自由为底色。席勒主张从直接的经验开始，席勒形而上学的核心是唯一的"实在"，"是个体的人在自身兴趣的引领下朝着至善的目标行动，人的行动构成了形而上学的核心"。①

(一)人本主义的真理观

席勒认为真理需要不断地验证，尤其是要运用到人的实践中去加以验证，他提出的真理观具有实践性特点。同时，真理的价值与人的目的有密切的关系，真理的真假是人对事物的估价或赋值，"在席勒看来，真理只不过是人在认识过程中所针对的善的结局。每一个陈述是对一个问题的回答，每一个探究起源一个问题。"②席勒用有用性作为衡量真理的标准之一，"真理依赖于实验而成为有用的，对任何人的目的都是重要的，但是最终为了我们整个生活的协调一致，它形成我们最终的渴望"。③ 席勒同时认为真理具有可塑性，因为真理不是先验的存在，它的形成与人的目的、兴

---

① 苗春荣. 席勒实用的人本主义哲学思想研究[D]. 哈尔滨：黑龙江大学，2017：78.

② 苗春荣. 席勒实用的人本主义哲学思想研究[D]. 哈尔滨：黑龙江大学，2017：106.

③ F. C. S. Schiller. Studies in Humanism[M]. London：Macmillan and Co. Ltd. Press，1912：153.

趣、渴望、满意度等有着密切的关系，所以这些因素不同也就决定了真理的不同内容。由此可见，"真理在席勒看来并不是一个高高在上的尊贵的不可一世的抽象物，而是生活中不断生长出来，在实践中不断接受检验的并更新修正自己的一种理论，它们的生效与否与人的满意不满意，高兴不高兴有着密切的关系；它们的生效与否与符合不符合人的目的与需求有着密切的关系"。① 席勒赋予真理以人性，以人为核心、本位来探讨真理的价值，这是真理人化的一个体现，也是席勒人本主义思想在真理观上的体现。

(二)游戏的美育观

席勒认为要使感性的人成为理性的人，除了首先使他成为审美的人以外，没有其他途径。席勒在《审美教育书简》中提出他著名的游戏美育观点"人应该同美仅仅进行游戏，人也应该仅仅同美进行游戏"。"只有当人是完整意义上的人时，他才游戏；而只有当人在游戏时，他才是完整的人。"②席勒提出三种冲动，即感性冲动、形式冲动和游戏冲动，其中游戏冲动是调和前两种冲动的。"感性冲动要从它的主体中排斥一切自我活动和自由，形式冲动要从它的主体中排斥一切依附性和受动。但是，排斥自由是物质的必然，排斥受动是精神的必然。因此，两个冲动都须强制人心，一个通过自然法则，一个通过精神法则。当两个冲动在游戏冲动中结合在一起时，游戏冲动就同时从精神方面和物质方面强制人心，而且因为游戏冲动扬弃了一切偶然性，因而也就扬弃了强制，使人在精神方面和物质方面都得到自由。"③因为游戏冲动能调和感性和理性，因此游戏是通达美和通达人性自由的途径。"游戏冲动的对象，用一种普遍的概括来表示，可以叫作活的形象；这个概念用以表示现象的一切审美特性，总而言之，

---

① 苗春荣. 席勒实用的人本主义哲学思想研究[D]. 哈尔滨：黑龙江大学，2017：113.

② [德]席勒. 审美教育书简[M]. 张玉能，译. 南京：译林出版社，2009：48.

③ [德]席勒. 审美教育书简[M]. 张玉能，译. 南京：译林出版社，2009：74.

用以表示在最广的意义上称为美的那种东西。要成为活的形象，就需要他的形象就是生命，而他的生命就是形象。在我们仅仅思考他的形象时，他的形象是无生命的，仅仅是纯粹的抽象；在我们仅仅感觉他的生命时，他的生命是无形象的，仅仅是纯粹的印象。"①在此，游戏与审美建立了联系，成为席勒游戏美育思想的基础，并依此构建了完美人性的全面、深刻、辩证的美育思想。

席勒游戏的美育观是建立在游戏是一种自由的生活态度和生命体验。游戏处于"需要与法则恰到好处的中间地带。所以它不仅摆脱了需要的强制，也摆脱了法则的强制"。② 他认为艺术家在创作艺术作品，欣赏者在欣赏艺术作品时，就如同游戏活动中的儿童一样，此时每个人都会创造出一个属于他自己的、自由的意象世界。游戏与审美活动的性质相同，它们都是超越了公益活动的自由活动。他指出，游戏的本质是审美的自由活动，只有在游戏中人才会成为真正完整的人。游戏虽然是自由活动，但前提为基本的物质生活资料的满足，如果能摆脱了物质上的匮乏而有了精力上的盈余，人就可能进入审美的游戏。

（三）美是构建完美人性的桥梁

席勒是从人性的异化问题出发考虑美学问题的，他极力反对用法国大革命式的暴力革命来改变当时的德国社会现实，力图用美和艺术及其审美教育在当时的德国恢复古代希腊的人性完整。席勒赞同卢梭所说的自然状态中的人是具有"完整的性格"的人，在遥远的古希腊，每个人几乎可以作为"完整的性格"的代表。他认为，在人的心灵深处，还存在某些阻碍人类接受真理和承认真理的东西，即自然的惰性和心灵的怯懦。席勒鼓励人类要敢于做贤明的人，要有勇气克服这些阻碍人类成为"完整的人"的障碍。最终，席勒找到了美的艺术，在他看来，美的艺术是"不受一切政治腐化

① ［德］席勒. 审美教育书简［M］. 张玉能，译. 南京：译林出版社，2009：45.
② ［德］席勒. 审美教育书简［M］. 张玉能，译. 南京：译林出版社，2009：46.

污染保持纯洁的源泉"。① 美与真正的人相关，是实现完满人性的必然条件。席勒认为唯有在艺术的领域，通过游戏性审美的介入，才能改变人的异化状态，弥合人性(感性与形式冲动)，把现代人从工具理性的牢笼中解救出来。这样一种乌托邦式的理论方案，或许并不能从根本上解决所有问题，但能帮助我们在日益物化的世界，反思人性，反思我们存在的意义，反思艺术教育。

美能把感性引向理性，原因在于"它为思维力创造了自由，使思维能力能按照它自己的法则来表现自己"②。美最重要的价值就在于让人自由，席勒说"美除了使人能够按照本性，从自己本身出发来创造他所愿望的东西——把自由完全归还给人，使人能够成为他所应该是的东西，此外，美无论什么也达不到了"。③ 但是心灵在审美状态下也不是脱离法则的任意自由，心灵从感觉过渡到思维要经过一个中间心境，在感性的自然状态和理性的道德状态中有一种自由心境的状态，席勒称之为"审美状态"，心灵在审美状态中虽然是自由的，并且是摆脱了一切强制的最高程度上自由的，但是，它绝不是脱离法则而毫无约束地活动。

(四) 自由是自然的作用

在席勒哲学思想中，人性、美、游戏、自由是非常重要的内容，尤其是自由，席勒认为要达到完美人性和理想社会离不开自由。在论述自由的时候，席勒认为审美状态和游戏状态都是自由的，同时，他又提出自由和自然并不是对立的，"自由本身是自然的一种作用，而不是人的作品"。④即使是人类最初生活在单纯的自然状态下，也是处于自由之中的，席勒在《散步》诗篇中开篇就描绘出了人们在纯自然的山坡旷野，遵守着自然的法则，过着恬静安稳的自由生活，人类生活的原初样貌纯然是一幅与自然融

---

①　[德]席勒. 审美教育书简[M]. 张玉能，译. 南京：译林出版社，2009：61.

②　[德]席勒. 审美教育书简[M]. 张玉能，译. 南京：译林出版社，2009：58.

③　[德]席勒. 审美教育书简[M]. 张玉能，译. 南京：译林出版社，2009：65.

④　[德]席勒. 审美教育书简[M]. 张玉能，译. 南京：译林出版社，2009：103.

为一体的美景。不管"自由"是否成为人们的明确自觉，人的生活不可能脱离自由。"人成其为人，正是因为他没有停滞在纯自然造成他的那种样子。借助理性，人类脱离了自然，虽不再受制于自然的任意专断，却也同时远离了自然的神圣。没有了自然的高贵声音的指引，人们很快被卷入虚无的深渊。城市的空心建筑成为禁锢人们的新的牢笼，原先由理性带来的与自然相对的自由力量把人变成奴隶的奴隶。"①当我们只从自然的对立面来理解自由的时候，我们就已经把自己置身于无可化解的对立之中。在《审美教育书简》第四封信的末尾，席勒描绘了人的两种对立状态：由感觉支配原则的野人和以原则摧毁感觉的蛮人。前者尊奉自然、忽视艺术，后者秉持理性、蔑视自然。野人和蛮人是感性和理性在人身上的极端体现形式。理性在扯断人与自然的纽带的同时也把人性的内在结合撕碎，而真正的自由是和自然相结合的。在《审美教育书简》的第七封信中，席勒把自由原则与自然的不安力量的结合视为自由对整体的背叛，把一致原则与自然的局限性的联系视为一致性法则对个体的暴政。因为没有处理好与自然的关系，我们不仅没有获得自由和独立，反而陷入更深的奴役。他说"自然在它的物质创造中给我们标明了人们在道德创造中所必须走的道路"。"时代的性格必须首先从它的深沉的屈辱中振作起来，一方面要摆脱自然的盲目暴力，另一方面要回归到自然的纯朴、真实和丰富，这是一项要用一个多世纪时间的任务"。② 席勒呼吁人们不要因为追求自由而远离自然或践踏自然，要回归自然，在自然中寻求自由，诗人在《散步》中最后呼唤"自然啊，我又投入你怀抱，靠在你心头！"③返回自然，我们方能与自己的本性步调一致。

四、杜威实用主义哲学思想

实用主义哲学的形成，有其深刻的思想渊源，可以追溯到古典西方哲

①　张轩辞. 席勒论自由、自然与人性的整全：从《散步》诗的解读出发[J]. 关东学刊，2021，44(2)：41.

②　[德]席勒. 审美教育书简[M]. 张玉能，译. 南京：译林出版社，2009：19-20

③　转引自张轩辞. 席勒论自由、自然与人性的整全：从《散步》诗的解读出发[J]. 关东学刊，2021，44(2)：44.

学中贝克莱、休谟和康德的经验主义。对实用主义发生直接影响的是孔德的实证主义，马赫的经验批判主义，叔本华的意志主义和柏格森的生命哲学。如果说实用主义强调经验行为中的经验理论主要来自实证主义和经验批判主义，那么，实用主义经验行为中的行为理论主要来自意志主义和生命哲学。实用主义哲学吸取了进化论、实验生理学和心理学的研究成果，核心概念即"效用"。它最先由皮尔斯（C. Perirce，1839—1914）提出，后经詹姆斯（W. James，1842—1910）予以发展。杜威是实用主义哲学的集大成者，并将其运用于教育当中。

（一）回归社会生活的哲学观

杜威反对二元论的思维哲学，认为传统哲学与人们生活疏远不合时宜，是自掘坟墓。他认为哲学必须回归社会生活，需要重视实验（实践）在认识过程中的重要性。杜威认为，作为理论的哲学必须对教育实践产生实际影响，这样才是真实的，人们应该树立这样一种哲学观，即"哲学问题在哪里产生、发展或被诠释，就在哪里思考它们；对哲学问题的认可或拒斥在哪里产生了实际影响，就在哪里思考它们"。哲学理论如果不能对日常生活产生影响，那它就是没有价值的。因此，杜威将哲学从纯粹的形而上学思辨、脱离生活实践的象牙塔中拉回到了"人间"。杜威的理念为"实验主义"（实用主义），实验或实用主义应面向具体生活和社会实际，以提出解决的哲学方法。杜威提倡将自然科学的实验方法应用到社会科学上，把注意力集中在行动的概念上，并研究人的问题，强调哲学实用性。他肯定了实践在认知中的重要地位，第一次从哲学的高度去阐释生活，并把生活提高到真理价值层面。他的观点使大众能够重新从哲学中寻找生活问题的答案，使哲学不再束之高阁，而是回到了大众的视野中。

（二）工具主义的真理观

所谓工具主义就是说，真理是人们为达到某种目的而使用的工具，其价值大小取决于其效果的大小。① 杜威延续了詹姆斯真理观的基本观点，认为真理并不固定，并不依附于某个具体对象，这种不固定就意味着真理是发展的。同时他发展了詹姆斯的真理观，在杜威所强调的真理观中总是包含一个行动或操作计划，真理的证实是由一项操作而产生的验证。杜威认为工具就是某种手段，其作用服从其目的。他说"观念、意义、概念、学说和体系……如果他们成功了，它们就是可靠、健全、有效、好的、真的。如果它们不能排除纷乱、免于谬误，而它们的作用反而导致增加混乱、疑惑和祸患，那么它们便是虚妄"。② 他认为哲学不应该只研究真理，而应该把精力更多地倾注于探寻研究的价值与研究的意义。真理的真实性并不是一种固有、静态的性质，而是一个不断发展的过程。

（三）自然主义的经验论

杜威在重建经验的传统观念的过程中，创办了"经验主义"和"实验主义"的理论，把自然、生命、生活和历史存在于一个统一的关系之中。在《经验与自然》中，杜威把自己的哲学观称为经验的自然主义或自然主义的经验论（又称自然主义的人文主义）。在西方哲学史上，由柏拉图开创经由笛卡儿系统化的主客分立的形而上学一直占统治地位。关于心灵与物质，物理世界和心理世界的二元论研究自从笛卡儿时代以来在哲学研究领域一直占据统治地位，成为西方传统哲学的思维模式。杜威继承了哲学史上经验论，从经验与自然相互统一的原理出发，批判主体与客体、心理世界与物理世界、经验与自然分裂为二的形而上学。不同于洛克等人把经验只看作人的一种认识形式或能力，杜威哲学思想中赋予了经验本体论的意义，他主张经验与自然是连续性统一整体。一方面"经验既是关于自然的，也是发生在自然以内的(experience is of as well as in nature)。被经验到的并

---

① ［美］约翰·杜威. 杜威五大讲演［M］. 胡适，译. 合肥：安徽教育出版社，1999：103.

② ［美］约翰·杜威. 实用主义［M］. 傅统先，译. 北京：商务印书馆，2015：248.

不是经验而是自然——岩石、树木、动物、疾病、健康、温度、电力……经验就是这样一类发生的事情，它深入自然而且通过它而无限制地扩张"。① 自然事物必须通过经验才被揭示出来，经验是揭露自然的真面目与秘密的手段，经验"是自然的显现"，通过经验的揭示，使自然更加丰富化。经验与自然是相互联系的统一整体，这就是经验的自然主义的实质。在杜威看来，只有以经验的方法来认识和看待经验与自然的关系，才能克服传统哲学的二元论，使哲学走向正确的轨道。"'经验'指开垦过的土地，种下的种子，收获的成果以及日夜、春秋、干湿、冷热等变化，这些为人们所观察、畏惧、渴望的东西；它也指这个种植和收割、工作和欣快、希望、畏惧、计划、求助于魔术或化学、垂头丧气或欢欣鼓舞的人"。② 可见，经验既指经验的对象，即客观的自然界事物又指经验的方式、过程和经验的人。

(四)主体与环境的互动经验观

经验是杜威哲学中的核心概念，杜威认为经验既是结果又是过程，经验的获得需要互动，也需要一定的环境。杜威重视有机体与环境之间的联系和互动，认为人与自然环境是相互联系相互适应的，这是天生的。他认为传统的研究完全把生命和自然分开，把心灵和有机的生命分开，这是不符合实际的。"有机体总是在一个自然的环境中存在着，而它和这个环境总是保持着某种相适应的联系：例如植物之对于空气、水分和太阳，以及动物之对于这些东西和植物。没有这些联系，动物就会死去。"③杜威认为的有机体行动是与环境互动紧密相关的一个过程，是不断建构其内部结构的行动。

---

① [美]约翰·杜威. 实用主义[M]. 傅统先，译. 北京：商务印书馆，2015：14-15.

② [美]约翰·杜威. 实用主义[M]. 傅统先，译. 北京：商务印书馆，2015：22.

③ [美]约翰·杜威. 实用主义[M]. 傅统先，译. 北京：商务印书馆，2015：273.

(五)艺术代表经验与自然的顶峰

杜威从艺术的角度讨论经验与自然的统一关系问题。他说:"艺术既代表经验的最高峰,也代表自然界的顶点。"①杜威反对希腊哲学家们把知识当作静观而不当作创作艺术,他主张把艺术和创造放在第一位,在这一前提下,他认为"科学就是艺术,艺术就是实践,而唯一值得划分的区别不是在实践和理论之间的区别,而是在两种实践的方式之间的区别"。自然的力量和自然的运行在艺术的经验里达到最完备、最高度的结合"艺术——这种活动的方式具有能为我们直接所享有的意义——乃是自然界完善发展的最高峰,而'科学',恰当地说,乃是一个婢女,领导着自然的事情走向这个愉快的途径。因此,使当前思想界感到苦恼的这种分裂,即把一切事物划分成为自然和经验,把经验划分成为实践和理论,艺术和科学,把艺术划分成为工艺和美术,卑贱的和自由的,等待,都会消逝了"。"因此,我们从其含蓄的意义方面来讲,把经验当作艺术,而把艺术当作不断地导向所完成和所享受的意义的自然的过程和自然的材料,在这个论点中就把以前所考虑过的一切论点都总结在内了。"②在杜威看来,以艺术形式表现出来的经验,是自然中必然与自由的相互联系统一的整体。自然的力量和自然的运行在艺术的经验里达到最完备、最高度的结合。

五、海德格尔存在主义哲学思想

"存在主义"哲学思潮产生于第一次世界大战以后的欧洲,当时,战争给人类带来的满目疮痍令人苦不堪言,战争也让人的在世生存变得虚无缥缈,人们普遍对于现世的生存产生怀疑,于是便开始探寻人在世生存的意义。尽管现代社会使人拥有了前所未有的权利、科技、文明,但同时,随

---

① [美]约翰·杜威. 实用主义[M]. 傅统先,译. 北京:商务印书馆,2015:347.

② [美]约翰·杜威. 实用主义[M]. 傅统先,译. 北京:商务印书馆,2015:348-349.

着工业文明的成熟和人的历史中非宗教阶段的到来，人认为自己是这个人类社会中的"外人"，易陷入异化之中。在人开始否定现世生存的背景下，人们急迫地想要寻求一种信仰和理论来化解自身的异化之感，存在主义由此而生。马丁·海德格尔（Martin Heidegger，1889—1976）通过对人之在世的生存状态、生存方式以及存在结构的深入剖析，破除传统哲学主客体对立的思维模式，建构自己的"此在"主体，是20世纪存在主义哲学的创始人和主要代表之一。

（一）关注以人为核心的此在世界

海德格尔意识到现代欧洲文明发展中的问题是理性主义的泛滥，生活世界已经遗失在晦涩的概念里，导致的结果之一就是对人性本身的忽视，无法在任何地方找到作为人的归属感，完全沦落为理性主义的一个贯彻和执行者。海德格尔继承了胡塞尔的现象学原则，并对存在问题持之以恒地进行研究，以其更加深厚的人道主义情怀，在形而上学的西方哲学中发展出以人为核心的此在世界，重新肯定了人与世界的关系以及人的根本地位。

海德格尔反对传统形而上学对世界的理解建立在一种主客体对立的基础上，他独辟蹊径，认为主客体之间的关系问题其实是个伪问题，是由于人们混淆了"存在"与"存在者"。"他在《存在与时间》中谈到，主客体问题来源于对存在的遗忘，存在被高度抽象化成了一个最普遍的概念，存在被当成一个在提问之前就自明的概念。"①因为人们把"存在者"当成"存在"，混淆了"存在"与"存在者"，海德格尔认为人与周围事物是共属一体的，不是一种主体认识客体的关系，而是主客体共生的，这就解决了主客体二元分裂的哲学问题，"人并不是通过分析物之后才获得了对物的把握，而是

---

① 邵长超. 从意识到存在——海德格尔对胡塞尔现象学的继承与超越[D]. 济南：山东师范大学，2014：26.

从一开始人与物就共在世界之中"。①

海德格尔提出了"在世界之中存在"作为此在的先天建构，此在不再是独立于世界的，而是与世界、与其他此在的共在，此在和其他存在者共同享有一个共同世界。海德格尔把"在之中"表示为"在——世界——之中"，把它们连接起来是为了强调此在与世界这种相融关系，并把它作为此在的先天建构，即此在在对世界有所认识之前，就已经与世界融为一体。只有此在的世界才真正有意义，他融身于他所生存的世界，在生存中领会、感受世界，展示世界的意义整体。海德格尔用"此在"这个范畴将"生命"与"人"理解为一种生存论意义上的存在。这种存在更多的是一种人主动地介入生存、体会生命、寻求并亲近存在的过程。

（二）区分存在的本真状态与非本真状态

在提出"存在"概念之后，海德格尔又将存在分为两种状态，即非本真状态与本真状态。非本真状态有两种极端的形式，一种是此在在他人之中失去自身，消匿于他人之中；另一种是越俎代庖，即从他人那里把操心的事情揽到自己身上，仿佛自己能代替他人，他人成了依赖者和被控制者。这种非本真状态下，"此在对自己的被抛状态一无所知，对自己的日常生活无所领会，当然也谈不上筹划，他就这样消散与日常生活中与他一起生活的他人之中"。② 这类似于当下我们常说的"内卷"状态，也与人云亦云、明哲保身、趋炎附势等词语关联。

本真状态下的此在能用心体会自己的存在，认真筹划自己的生存。"此在与他人、与自然不再是利用与被利用的关系，而是从这种关系中解脱，它让他人和存在物作为他们自己自由绽放，让它们成其所是，从而保

---

① 石玉. 海德格尔存在论与传统存在论的关系研究[D]. 哈尔滨：黑龙江大学，2018：19.

② 周洋. 论海德格尔"此在"与"共在"的关系[D]. 武汉：华中师范大学，2017：26.

持自我与他人之间的平衡状态，让此在真正回到它最本己的存在中去"①。在本真存在状态中，人们能够清楚地体认到"我之为我"，人们在自我的选择中实现自我，听从内心的声音，从自我出发进行考量，做出属于自我的决定，过自己想过的生活，与自己的喜怒哀乐作斗争，与自己的灵魂相伴、交谈，具体、深刻地体验自我的生命。这种本真状态下的此在具有独立思考能力，既不控制他人，也不被他人控制，能从自我的视角去决断，也能与万物平等相处。而在大多数时间里此在是处于非本真状态的，海德格尔说在世总是沉沦，"因而可以把此在的平均日常生活规定为沉沦着展开的、被筹划着的在世，这种在世为最本己的能在本身而寓'世'存在和供他人存在"②。

(三)重构人与世界的关系

老子在《道德经》中曾提出："故道大，天大，地大，人亦大。城中有四大，而人居其一焉。人法地，地法天，天法道，道法自然。"(《道德经》二十五章)把人和天地万物置于平等地位。海德格尔思想中也有与道家思想相通的表述，他把世界理解为天、地、神、终有一死者(人)的四重整体。在四重整体中，天空代表着敞开，它敞开了天空以下、大地以上的存在物的自由展开，在这种展开中四季自由更替、天气自然变幻；大地代表着庇护，是存在者存在其中的场所，它以锁闭的状态把河流与岩石蕴藏其中，并以此滋养植物与动物；神代表存在的澄明，它不是万能的造物者，而是一种隐而不显的发生，它与天地一起并让天空和大地在其身上映现而成其本质；终有一死者代表生命有限性的凡人，它们不同于自然界的动物，不是自然而然的消亡，而是有能力承担死亡。这种死亡并不是终结，而是一种可能性，海德格尔只是想用人类终有一死这样的可能性来警醒人

---

① 周洋. 论海德格尔"此在"与"共在"的关系[D]. 武汉：华中师范大学，2017：27.

② [德]马丁. 海德格尔. 存在与时间[M]. 陈嘉映、王庆节，译. 北京：三联书店，2012：220.

类要看空，要产生"向死而生"的意志。当意识到死亡终将把人类带入一种万事皆空的情境，人类就应该大彻大悟。因此，作为终有一死者的人类要"诗意地栖居"在世界，"栖居"就意味着人类要作为四重整体的庇护者而存在。"存在本身就是存在的存在，是作为澄明而存在，人并不是存在的主人，只是存在的看护者，仍按照存在的，只是去看护存在的真，这是海德格尔关于人的存在的生存。"①海德格尔这种对世界的划分方法，破除了"人类中心主义"，重构了人与世界的关系，打破了人类唯我独尊的局面，人不仅与世界万物平等，而且人还要肩负着庇护世界其他存在者的重任。

海德格尔以敏锐的眼光提前洞察了现代技术对自然的灾难，痛斥这样的"贫乏的黑夜"，他呼唤人类对故乡的回归，希望人能在诗意中还自由于万物，真正做到安居与和谐。我们是否把自然万物当成有生命、有情感的和我们平等的存在者，留给它们栖息之地，让他们自由驰骋。当今世界处于智能技术高度发达的世界，虚拟世界和现实世界的并存，元宇宙的出现，现代技术不仅对自然产生冲击，对人类本身的存在也产生了极大的影响。在技术狂欢的世界里如何实现人，也许海德格尔的思想会对我们有所启示。

第二节　儿童自然教育的人类学基础

人类学起源于地理大发现时代欧美学者对现代西方技术文明之外的社会的研究，这种社会被称为"野蛮的""原始的""部落的""传说的""有文字前的"社会。人类学家相对于其他学科的学者，是从更广阔的基础上来研究人类的行为，英国人类学家爱德华·伯内特·泰勒的《原始文化》，法国人类学家列维·布留尔的《原始思维》和列维·施特劳斯的《野性的思维》等著作对原始社会的文化和原始人类的行为和思维方式进行了深入研究，这

①　刘敬鲁. 现代人的无家可归——析海德格尔对现代人类历史的思考[J]. 中国人民大学学报，1997(4)：45-50.

些研究为我们揭示了人类发展早期所具有的独特的行为、思维、文化、社会组织等特点，而这些特点有助于我们进一步洞察人类个体发展早期阶段——童年以及童年时期的个体承载者，即儿童所具有的独特性。正如恩格斯所说："孩童的精神发展是我们的动物祖先至少是比较近的动物祖先的智力发展的一个缩影，只是这个缩影更加简略一些罢了。一切动物的一切有计划的行动，都不能在自然界上打下它们的意志的印记，这一点只有人才能做到。"①意大利哲学家维柯也把原始人类比作"人类的儿童"。同时，人类学所研究的早期人类所生活的环境是更加亲自然的，原始人类与大自然的融合交互性影响了他们的行为方式，"人类的儿童"与自然的交往和行为特点对我们研究儿童的"自然"和自然的"儿童"有重要的价值。

一、原始思维具有"具体性""整体性"特点

在《野性的思维》一书中，斯特劳斯用大量的事实证明了原始人这种认识的具体性首先表现在对具体事物的关心和分辨上。如，哈努诺人把当地鸟类分成七十五种，他们能辨别十几种蛇，六十多种鱼；尼格利托人能区分出不下十五种蝙蝠的生活习性；琉球群岛的一个种族的孩子们能认出哪块小木头是属于哪一棵树上的，而且通过观察木头和树皮的外表、气味、硬度和其他特征来确定那种树的性别……②如此的案例不胜枚举，从中看出原始人对周围事物具体特征的关心超乎现代人。同时，野性思维是一种整体化的思维，斯特劳斯用原始人在神话中总是将人的故事与动物和天体联系在一起为例来证明。他认为，这个例子即说明原始人因为动物物种具有可区分性和个别化，故用来区别人类，又说明了原始人是将自然与社会理解为一个有机整体的分类图式的。在原始人的思维过程中，万事都是互相联系的，分析和综合同时进行，整个"宇宙"都是一个连续体形式。

①　中共中央马克思恩格斯列宁斯大林编译局. 马克思恩格斯选集(第3卷)[M].北京：人民出版社，2012：517.

②　[法]列维-斯特劳斯. 野性的思维[M]. 李幼燕，译. 北京：商务印书馆，1997：7-8.

二、原始思维表现出万物有灵的互渗规律

泰勒在 1871 年发表了人类学科史上的划时代著作《原始文化》，提出了"万物有灵论"，认为万物有灵论是处在人类最低阶段部族的特点，是蒙昧人的哲学基础。他们会认为每一条河流、每一座山峰都是如同人一样会呼吸的生命体，每一种动物也是如此。他们会将山和水等自然万物视作自己的保护神。所谓"万物有灵论"，就是在一切生物身上，在一切自然现象中，如同在他们自己身上，在同伴们身上，在动物身上一样，统统见到了"灵魂""精灵""意向"，这是素朴的逻辑运算。原始人的这种思维是用"表象联想的各种规律、因果性原则的自然和必然的关联"。[①] 原始人往往把周围的事物感觉成"神秘的实在"，这种实在的一切不是受规律的支配，而是受神秘的联系和互渗的支配。"在自然界中变现出的神秘力量，大部分是弥漫性的同时又是人格化的。原始人从来不感到有在这两种表象形式之间作出选择的必要；他们甚至没有想到过这种必要。"[②]印第安契洛基族人相信鱼类生活与人类一样，有它们自己的村庄，有自己的水下道路。他们还认为人类的疾病是由于对猎人生气的动物所完成的神秘行动的结果。社会学派代表列维·布留尔在其《原始思维》一书中称原始思维与现代思维存在着质的差别，后者是逻辑思维，前者是"前逻辑思维"，倾向于认为世间万物存在着神秘的联系，即受到"互渗律"的影响。维科认为，这种万物有灵的思维特点是由于原始思维总是以形象作为思想认识的材料和手段，因此，这种思维的主体性、主观性很强，从而形成感性思维"以己度物"的特征。

万物有灵论对人类保护自然和自然正确相处有重要作用，我国许多少数民族地区就一直沿袭着这种与自然相处的方式，如哈尼族把自己住房周围的树林叫作神树，藏族人在自然保护中也有把动植物看作有生命的东

---

① ［法］列维-布留尔. 原始思维［M］. 丁由，译. 北京：商务印书馆，2007：11.
② ［法］列维-布留尔. 原始思维［M］. 丁由，译. 北京：商务印书馆，2007：330.

西。在藏族古老的苯波教眼里，现实世界的万事万物中都居住着某种用肉眼看不见的灵魂或幽灵。卡西尔认为原始智力区别于我们的智力之处不是智力的逻辑而是一种强烈的情感，原始人并不像我们所认为的缺少根据经验来对事物进行区分的能力。"他深深地相信，有一种基本的不可磨灭的生命一体化沟通了多种多样形形色色的个别生命形式。原始人并不认为自己处在自然等级中一个独一无二的特权地位上。"①

三、原始思维有其存在的独特价值

法国著名的社会人类学家、哲学家列维-斯特劳斯在《野性的思维》中提出原始人的思维具有"具体性""整体性"特点，但是这种特征并不意味着野性思维的幼稚，只是他们采取了不同的符号体系和思维方式，"未开化人的具体性思维与开化人的抽象性思维不是分属'原始'与'现代'或'初级'与'高级'这两种等级不同的思维方式，而是人类历史上始终存在的两种互相平行发展、各司不同文化职能、互相补充互相渗透的思维方式"。而且这种野性思维至今具有强大的生命力，"人类艺术活动与科学活动分别与这两种思维方式相符，正如植物有'野生'和'园植'两大类一样，思维方式也可分为'野性的'（或'野生的'）和'文明的'两大类"②。《野性的思维》中提到柯威拉印第安人能熟知南加利福尼亚一块沙漠地区里60多种可食用植物和28种具有麻醉、姓冯或医疗效用的植物。据记载，合皮印第安人知道350种植物，那伐鹤人知道500多种植物，这些资料表明，原始人的思维有其独特的优势部分是现代人所无法比拟的。

科学思维之前的原始思维并不是可有可无的，"那些一开始就被宣称为科学所专有的性质，正是那些并不属于现实经验，并似乎始终与事件无

---

① [德]恩斯特·卡西尔. 人论[M]. 上海：上海译文出版社，1985：105.
② [法]列维-斯特劳斯. 野性的思维[M]. 李幼燕，译. 北京：商务印书馆，1997：5.

关和在事件之外的性质"。① 比如，原始人所具有的神话思想是适合人类科学思维进一步发展的基础，原始人喜欢的神话和仪式的主要价值就在于把那些曾经适用于某一类型的发现的观察与反省的方式，一直保存下来，为人类科学思维的发展奠定基础。原始人的思维方式特别是细腻的观察方式值得现代人借鉴，是与科学（理性）思维互补的。

　　人类学、文化民族学和哲学家们认为人类思维的发展遵循低级向高级发展的规律，在人类思维发展的早期，思维的特点主要表现为动作思维、具体形象思维和泛灵论思想。"动作思维是指人在与环境相互作用过程中，以人的具体操作、动作为轴心的思维活动过程，它是一种低级形态的思维，而这种思维在原始人类中表现得非常突出。"②比如，原始人尽管画不出河流和航线的示意图，却能够在划船的过程中知道河流的具体航线变化，操纵船只顺利航行。动作思维在人类思维的发展进程中具有重要的意义。它使各种顺应环境的动作（操作）在人的生存活动中固定下来，为高级水平思维的产生和发展提供了基础。考古学、文化人类学、心理学的研究都表明，原始人的具体形象思维能力要比抽象逻辑思维能力强得多。原始人创造了丰富的、形象生动逼真的艺术作品，包括音乐、舞蹈、绘画、雕刻、装饰品以及神话，现存的较原始的少数民族普遍能歌善舞，以致现代艺术家们都惊叹不已。

四、早期人类对自然有独特的研究

　　原始人对周围生物环境的高度熟悉、热心关切，以及关于它的精确知识，往往使调查者们感到惊异。原始人对自然有着特殊的研究，或者说天然地与自然相连接。新墨西哥的特瓦印第安人"注意到细微的区别……他们给该地区的每一种针叶树都取了一个名字，尽管各种树木之间的区别微

---

① ［法］列维-斯特劳斯. 野性的思维［M］. 李幼燕，译. 北京：商务印书馆，1997：28.

② 周建达. 关于原始思维发展的几个问题［J］. 北京师范大学学报（社会科学版），1994：23-24.

不可辨。普通的白人则不能区分它们"。原始人这种灵敏细致的观察能力与他们和周围自然环境的密切交往有很大的关系。一个非洲部落的土著人认为收集丰富多彩的植物标本是非常自然的事情，"对他们来说植物的重要性和亲切性不亚于人……这里每个男人、女人和儿童都毫不含糊地认识数百种植物"①。比如，西伯利亚各族人对那些用于医疗目的的天然产物都有精确的定义，并给它们规定了各种特殊的用途，这说明他们细心灵巧、体察入微，"伊捷尔缅人和雅库特人用吞食蜘蛛和白虫来治疗不育；奥塞梯人用黑甲虫油治疗恐水症"；布里亚特人把熊的各个部位都细致区分出其医用效果，如"熊肉有七种不同的医疗用途，熊血的用途有 5 种，熊脂肪的用途有 9 种，熊脑的用途有 12 种，熊胆的用途有 17 种，熊皮的用途有 2 种"。② 原始人对自然的研究可谓是精细到每一个部分。

早期人类在与自然的长期相处中不仅把自然融入自己的生活中，把自然万物当作自己的朋友或亲人，而且在长期的自然环境中形成了通过直觉感知、感官体验和细腻观察等与自然相处的方法。比如，土著人的分类法类似于动植物学的分类法，具有丰富准确的观察能力，这是因为他们长期不断地努力，勤于运用一切感官和聪明敏慧。原始初民的生活时期被视作人类发展的婴孩或儿童阶段在这个历史时期先民们贴近自然大地生活栖居如同小孩对母亲的亲近依赖，更能触碰到大地母亲的命脉从而获得他们虽不能做出科学解释的真理体悟，精灵说即为一例。原始初民的智力水平和经验知识是差强于现代人的，然而这反而助益于他们的直觉感知和感应体验。

五、儿童思维与原始思维是互通的

儿童的思维具有原始思维的特点，原始人和儿童一样具有"万物有灵

---

① ［法］列维-斯特劳斯. 野性的思维［M］. 李幼燕，译. 北京：商务印书馆，1997：9-10.
② ［法］列维-斯特劳斯. 野性的思维［M］. 李幼燕，译. 北京：商务印书馆，1997：12-13.

论"。原始人大量使用表象来理解周围的万物，儿童也是如此，在儿童思维发展的初期也不是依靠逻辑思维来进行推理，而是通过直觉和表象，这在皮亚杰对儿童认知研究的结论中早有论证。这种相通性我们可以理解为，人类思维的发展在种族进化的维度上离不开原始思维的发展阶段，从原始思维发展到现代思维，从某种意义上讲，原始思维的充分发展为现代思维奠定了基础。对于儿童也是，就个体在发生学和生物学意义上来讲，儿童思维的发展必须经过直觉思维阶段，甚至可以说，直觉思维的充分发展将有利于儿童抽象逻辑思维的后续发展。因此，我们不能忽略儿童早期对事物认识中的神秘性、拟人性、想象性等特点。不仅不能忽视，恰恰相反，我们要为儿童的原始思维提供充分的滋养环境。原始人的"原逻辑的思维"，这种思维不是反逻辑的，也不是非逻辑的，它主要是服从于"互渗律"。因此，原始人往往会赋予客观事物以生命，喜欢用精灵来解释一些逻辑推理超过自己认知范围的东西。比如，我们身体的消化系统是如何消化食物的，幼儿更能接受肚子里有个小精灵在工作这样的解释，比如《肚子里有个火车站》，绘本里就用了肚子里的小精灵是如何合作将食物运送到肚子里的火车站。正因为如此，神话故事、童话故事深受幼儿喜欢，因为这些故事中蕴藏着类似于原始人"集体表象"的思维模式，这种思维方式更贴近幼儿的认知方式。

"原始思维是人类童年时期的思维，儿童思维是通过浓缩的方式，在个体中再现的原始思维。种族的发展沉淀为个体的发展，历史的进化演变保存于个体发生发展之中。因此，从进化论的角度看，正像胎儿的胚胎发育是从原生物到人类的历史重演一样，儿童思维从某种意义上讲是原始思维的历史重演。"①德国动物学家、进化论者恩斯特·海克尔认为："个体的发生就是那种系发生的短暂而迅速的历史重演。"②霍尔认为游戏实际是对祖先生活的回忆，过去或称人类历史是解开所有游戏活动的钥匙，游戏

---

① 周建达. 关于原始思维发展的几个问题[J]. 北京师范大学学报(社会科学版)，1994：25.

② [德]恩斯特·海克尔. 宇宙之谜[M]. 上海：上海人民出版社，1974：76.

是早期种族活动的遗迹。他认为儿童时期的发展过程包括动物阶段、原始阶段、游牧阶段、农业家族制阶段、部落阶段。在儿童身上可以找到与每一阶段相对应的游戏行为表现。例如，爬树、荡秋千是处于动物阶段的人类祖先的行为；用铲子铲东西的游戏是处于农业家族阶段的人类祖先的行为。

第三节　儿童自然教育的生态学基础

生态学、生态伦理学的观点对自然教育的发展有一定的推动作用。从人类中心主义的转向、对人与自然共生共存关系的研究、对自然界内在价值体系的研究等观点，让我们以崭新的视角重新认识自然。

一、反对"人类中心主义"，主张敬畏一切生命

19 世纪以来，全球日益严重的环境问题引起了人们的关注，随着生态环境的恶化，生态学家们提出重新建构人与自然的关系。法国学者施韦兹提出了"敬畏生命"的伦理思想，认为人类应该向尊重自己的生命一样去敬畏所有的自然生命体。美国学者莱奥波尔德则提出了"大地伦理"的思想，认为人类应该与自然界存在一种伦理关系。德国著名的哲学家阿尔伯特·史怀泽主张人类应该保持对一切生物的生命敬畏的态度。"人类只有学会了尊重非人类的生命形式，才能尊重人类自身的生命形式。对一切生命都采取负责的态度，其结果也是对人类自身生命的负责。人类与自然界的一切生物共同享有着自然资源，敬畏与我们共同生存的生物的生命，就是在为人类的生命能得到更好更长远的发展而努力，更是为了人类自身与生态环境和谐共处而努力。"[1]生态学家们意识到尊重生态系统的循环规律，尊重生命，尊重并热爱大自然对人类社会发展有着重要的意义。如，美国著

---

[1]　高冠楠. 论《寂静的春天》中的生态哲学思想[D]. 大连：大连理工大学，2013：12.

名生物学家、生态文学家卡逊提出反对"人类中心主义"，她认为自然的历史是人类与周围环境共同的历史，无论是人类抑或是在大自然中生长的各种生物，都在自然的庇佑下成长并且形成了自然的习性。在梭罗支持的自然观中，自然界的万物都是有生命的，他更提出了人是自然的一部分，因此人应该回归自然，而不是对抗、征服、控制自然。罗尔斯顿指出，在调节人与自然的关系中，人们可以建构价值准则，但是这种价值准则的建立必须遵从生态规律。

二、倡导人与自然和谐共处

产生于 20 世纪的生态整体主义更加关注生态共同体的利益。其主旨就是将生态系统看作一个有机整体，人类行为要以生态整体利益为出发点，保障生态系统完整、平衡、有序、和谐地持久发展下去，即强调人与自然的和谐共处原则。人是庞大生态系统中的一员，在维持生态系统的整体性中起着至关重要的作用，人类的行为与自然平衡密切相关。因此，人类一定要懂得尊重自然和保护自然。长期以来，人类习惯了以征服自然的态度面对自然，人类已然忘却了生命的力量，更加忘却了对生命应有的敬畏之情。只有尊重每一个自然界中存在的生命，尊重每一个物种，并且与之和谐共处，才能彰显出人类与自然之间相互平等、相互依存的意义。"梭罗提出人作为主体与自然界的万物处于相同的地位，都从属于整个自然界，因此人类没有权利去征服、改造、破坏自然，反而应该与自然万物维持稳定的关系，只有这样才能保证人类的稳定发展。"①梭罗在《瓦尔登湖》里表述了这样的观点："人和大自然属于同一个统一体，大自然是上帝赐予人类的财富，人不应该人为地改变物种；人的生活应该是自然而宁静的，但这种理想生活有赖于人与自然的亲近与和谐。在梭罗笔下，瓦尔登湖是一个活生生的社会，各种动物是它的常住居民：冬去春来树木枯荣，这是生

① 曾释纬.亨利·戴维·梭罗生态哲学思想研究[D].湘潭：湘潭大学，2015：21.

命的循环，是生态自然环境充满活力的象征。梭罗并非以主客体的观念去认识自然万物，在梭罗看来，不仅人与人之间生来平等，人与动物、植物以及世界万物的地位都是平等的。"①因此，在环保主义者的积极推动下，人们开始重新审视人与自然的关系问题，亲近大自然并与之融为一体的观点也愈加受到人们的关注。很多大学开设了环境教育专业，借助教育手段以提高人们对环境的了解和对环境问题的认识。

三、肯定自然的内在价值

理论界在对自然的内在价值的共识性结论则是：自然的内在价值是指与人的需要无关的自然价值，是无须由人来决定的自然价值。罗尔斯顿认为"整个自然的世界都是那样——森林和土壤、阳光和雨水、河流和山峰、循环的四季、野生花草和野生动物——所有这些从来就存在的自然事物，支撑着其他一切……这些自然事物是在人类之前就已存在了的。这个人类能够评价的世界，不是没有价值的，正相反，是它产生了价值——在我们所能想象到的事物中，没有什么比它更接近终极存在"。② 罗尔斯顿还从传统的价值论伦理学出发，认为自然生态系统拥有内在价值，这种内在价值是客观的，不能还原为人的主观偏好，因而维护和促进具有内在价值的生态系统的完整和稳定是人所负有的一种客观义务。"在严冬将尽时昂首怒放的白头翁花，象征着生命历尽苦难而存活，而且象征着生命是如此的繁荣……在洪水或严冬之后，大地总会又进入一个繁花似锦的季节，让我们更好地理解到自然终极的意义，让我们从生命在斗争中展现出来的美，理解到它的神圣。我们开始明白，为什么能在这个地球上找到这种美的象征，是人不可剥夺的权利之一。"③自然的野性、自然自发的再生能力和自然的美丽难道不应该让自然成为人类行为的导师吗？生态伦理学家们主张

---

①　曾释纬. 亨利·戴维·梭罗生态哲学思想研究[D]. 湘潭：湘潭大学，2015：6.

②　马兆俐. 罗尔斯顿生态哲学思想探究[D]. 沈阳：东北大学，2005：43.

③　Holmes Rolston III. Philosophy Gone Wild[M]. Buffalo：Prometheus，1986：18.

自然包含了内在的价值体系。大自然不仅创造出了各种各样的价值，而且创造出了具有评价能力的人。自然是朝着产生价值的方向进化的；并不是我们赋予自然以价值，而是自然把价值馈赠给我们。罗尔斯顿总结出自然的十四种价值：生命支撑价值、经济价值、消遣价值、科学价值、审美价值、使基因多样化的价值、历史价值、文化象征价值、塑造性格价值、多样性与统一性的价值、稳定性与自发性的价值、辩证的价值、生命价值、宗教价值。"自然的内在价值是指某些自然情景中所固有的价值，不需要以人类作为参照。潜鸟不管有没有人在听它，都继续啼叫下去。潜鸟虽然不是人，但它自己也是自然的一个主体"①。

四、认为人与自然生物处于共生共栖状态

生态学家们普遍认为自然界动植物之间的复杂关系中最普遍的是共生、共栖方式。人与自然是相互依赖的，人的出现是自然进化的结果，人的生存是由自然来维系的。生态学作为一门科学揭示了自然界所有生物之间都是相互作用、相互依存的关系。"生物链揭示了人与最低等的生命形态之间存在完美的线性链；群落概念表明包括植物、动物和微生物等多物种都是生态系统中有生命的组成部分，各种群之间具有极其复杂的食物网与能量转换关系；食物链表明，自然界的食物链有成千上万个，它们构成一张相当复杂的纵横交错的'食物网络'，所有的生物都是网络之结，它们之间相互影响、相互制约、相互依赖（一条典型的北美洲橡树林中的食物链可以把橡树、鹌鹑和狐狸或者橡果、鼠类和鸟类动物联系起来，光靠这些橡树为生的鸟类和动物就有 200 余种）；生态系统进一步表明在某一特定的地域或水域的空间范围内，所有的生物与非生物的环境要素通过物质循环和能量流动相互作用、相互依存。"②

---

① Holmes Rolston III. Environmental Ethics：Duties to and Values in the Natural World[M]. Philadelphia：Temple University Press，1987：163.

② 马兆俐. 罗尔斯顿生态哲学思想探究[D]. 辽宁：东北大学，2005：21.

大自然是思维的活的源泉，我们的学校就在蓝天底下，在绿草地上，在大梨树下，在葡萄园里，在牧场上。到大自然去的每次游览就是一堂思维课，一堂发展智力的课。

——苏霍姆林斯基

第三章　中外儿童自然教育现状

重视大自然的教育价值，主张在大自然开展教育活动是教育史上众多学者们的共识。世界各地结合当地自然环境开展自然教育的形式多种多样，尤其是国外儿童自然教育的实践经验丰富。森林幼儿园在 20 世纪 50 年代发源于丹麦，风行于德国。目前，德国全境已有超过 1500 多所森林幼儿园，《明镜周刊》认为森林幼儿园会成为德国下一个成功的"出口品牌"；英国森林教育开始探索为不同年龄的儿童、成年人制定不同的教育方案；日本的自然教育起步于 36 年前，现有近 4000 所自然学校；韩国自然教育已经开始对亚洲邻国进行"课程输出"；印度尼西亚的巴厘岛创办的绿色学校吸引了全世界很多人去参观学习；美国、加拿大除了建有单独的自然学校外，还在营地教育和户外教育中加入了更多的自然探索。中国自 2013 年以来，自然教育在短时间内呈现出井喷式发展趋势，每年成立的自然教育机构数量迅速递增。据统计，仅 2016 年全国就有 40 多家自然教育机构成立。但是，不能把自然教育混同于研学、游学、亲子户外体验、营地教育、户外拓展、生物科学教育、森林园艺教育，自然教育不止于生态环境教育和科学教育，自然教育是一个"以自然为境"的综合教育体系。因此，我们在这里梳理中外儿童自然教育的实践时不能全盘吸收，当本着"他山之石，可以攻玉"的宗旨，借鉴好的经验做法。

第一节　中国儿童自然教育的现状

中国古代在长期的封建教育体制中有很好的基于自然情境的教育活

动，民国时期随着西学东进的热潮，国人在学习西方教育的背景下，主张在幼儿教育阶段实施自然教育的思想兴起。但是幼儿园自然教育一直被纳入科学教育领域，通过创设自然角引导幼儿观察自然、研究自然是幼儿园科学教育领域中的重要内容，我国《3—6岁儿童学习与发展指南》在科学领域的第一部分科学探究中的目标一就是"亲近自然、喜欢探究"。因此，关于幼儿园自然教育的实践多集中于幼儿园自然区角的创设、自然区角活动的开展等方面，这些已成为我国幼儿园自然教育的重要形式。民国时期由雷震清编著的《幼稚园的自然》一书中从花卉、蔬菜种植、动物饲养等方面介绍了幼儿园开展自然教育的目的、方法，是中国系统研究幼儿园自然教育的第一部专著。陈鹤琴提出"大自然、大社会皆是活教材"，并且在南京鼓楼幼儿园实施这一活教育思想，全国各地幼儿园在推广活教育理念中有很多自然教育的实践案例。除了幼儿园的自然教育实践，还有一些自然教育机构组织的自然教育活动，当然，这些形式在台湾自然教育中也存在，并且也有一些好的教育经验。

一、幼儿园的自然教育现状

很多幼儿园虽然没有明确实施自然教育，但在幼儿园创设自然角是幼儿园开展科学教育活动的常规做法。不同幼儿园对自然角布置的重视程度也不同，有的幼儿园只是在教室的窗台上摆一些植物就算是有了自然角，有的幼儿园把教室外的走廊全部开发出来摆放不同种类的植物，并按照班级进行命名，自然环境比较好的幼儿园会充分利用自然条件，创设小山坡、大型沙水区、小农场来实施自然教育，这就比普通的自然角有了很大的改善。至于自然教育活动，各家幼儿园由于自然环境的不同，自然教育开展的水平参差不齐，有的幼儿园只是创设了自然角，自然角的活动局限于浇浇水，喂喂小动物，这样的自然教育形同虚设；有的幼儿园虽然有很好的自然环境，但并没有充分利用，仍然局限于传统的室内集体教学活动，偶尔带领幼儿走进自然开展户外活动，或者开展春游、秋游活动，这远远不是自然教育活动；还有的幼儿园尝试开展自然教育活动，大力改造幼儿园户外环境，创设了小菜园、沙池、花园、动物饲养区等自然教育开展的场地，但是整个课程内容和自然教育活动或自然游戏没有融合，大量的时间还得花费在日常的课程活动中，所以自然教育活动的开展并不彻底，或者只能算是点缀其中。下面选取一些以自然教育为特色的幼儿园，从中了解我国幼儿园在实施自然教育中相对比较系统的做法。这些幼儿园的办园理念都认同森林幼儿园，希望让幼儿能多与自然亲近。他们都认为教育应服从自然的法则，适应儿童的天性，促使儿童身心的自然发展。

案例3-1　江苏省某农村幼儿园

1. 教育理念：还原儿童生命的本色，让儿童融入大自然，体验乡野生活，在玩中自由快乐地成长。

2. 幼儿园外部自然环境简介：幼儿园地处江苏省某乡村，该村在新农村建设后自然环境优美，大部分季节绿树成荫，花果飘香。幼儿园周边农田成片，小溪环绕，不远处还有大片果园，蔬菜大棚，风景优美，乡土气息浓厚。

图 3-1　幼儿园的外部环境

3. 幼儿园园内自然环境的改造：室外自然环境包括大片草坪、泥巴园(有小土坡和小土坑)、林园(几十棵树木组成的小树林)、小溪水(村中横贯幼儿园的一条小溪)；室内创建各种与自然教育相关的功能室，当然主要体现乡土特色为主，包括农具馆、木工教室、种子博物馆等。

图 3-2　幼儿园园内的玩水区场景

4. 幼儿园自然教育课程体系：依托乡村以自然主题课程为主，在课程实施中有独立的自然主题活动，也有部分是与省编教材统整的课程。课程模块包括：农耕园技、大地厨房、自然艺术、生态建造、野外生存。乡村自然资源特色部分的课程如图所示：

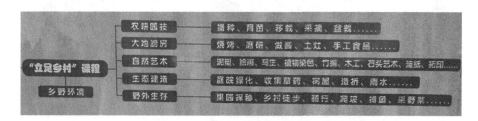

图 3-3　幼儿园对外宣传的课程体系

农耕园技主要采用和幼儿园周边农户合作的方式，幼儿定期走进农田体验种植快乐。如挖红薯、拔萝卜、摘扁豆、拾稻穗等；大地厨房是利用室内活动室开展包春卷、腌制萝卜、烤红薯等户外自然体验活动之后的延伸性活动；自然艺术包括用各种自然物进行手工活动，如用芝麻秆、番薯藤、狗尾巴草等插花，到田间地头写生；生态建造包括泥、水、沙等自然材料的建构活动；野外生存主要是结合不同季节开展的外出徒步活动如果园参观、走进农家、田园散步等。

幼儿园探索具有农村气息和自然特色的园本节日活动，主要有菜花节、泥巴节、瓜果节和运动节。泥巴节期间孩子们可以捏泥人、赤脚奔跑、在土壤沟里打泥仗，享受泥浴特有的疯狂。秋天到，水果丰收了，瓜果节里幼儿可以收获各种各样的水果，并开展水果品尝会、水果展览会、水果拼盘设计大赛等活动，享受大自然给人类的馈赠。

幼儿园开展多样化的种植活动，除了外出走进农田，体验种植快乐，幼儿园还在园内开展各班对园内树木的领养、照料、观察、探索等活动，拔萝卜、摘葡萄、采草莓也属于此类；饲养活动主要在园内饲养角、草地上开展，并结合园外养殖基地，开展对动物的照料、观察、探究等系列活动，如挖螺蛳、养桑蚕等。

点评：从严格意义上来讲，该园并不是一所自然教育幼儿园，但是该园的办园理念服从自然的法则，力求适应儿童的天性。该园拥有丰富的乡村自然资源，能因地制宜地创造园内丰富的自然环境，构建了具有自然特色的课程体系。虽然每一项活动的开展教师会准备比较详细的活动方案，但在课程实践中仍然难免有教师主导过多，幼儿主动性、积极性参与不够的问题。

近几年随着中国学前教育课程游戏化的改革，以游戏为基本活动，注重自然环境创设，开展户外游戏活动的幼儿园很多。比较有代表性的是浙江的安吉游戏和山东的利津游戏，形成了"南安吉，北利津"的特色。这些幼儿园在探索游戏改革的过程中都不约而同地注重自然环境的改造，园内创设小土坡、花草园、小农场等自然活动场景，大量使用沙土、竹子、木块等自然游戏材料，增加幼儿户外活动时间，这些做法都比较切合自然教育理念。

案例3-2 河南某森林幼儿园

1. 核心教育理念："亲近自然释天性，探索自然育灵性"。
2. 幼儿园自然环境简介：幼儿园属于私立性质，地处河南省某地

图3-4 幼儿园的部分自然场景(图片来源于幼儿园宣传片)

级市区，虽然位于市区，但是该园拥有得天独厚的自然环境。幼儿园占地面积大，有一整座山作为活动场所，山上有各种树木，大片竹林，各种树木枝繁叶茂，郁郁葱葱，俨然是一个风景优美的小森林。依托山势而自然形成的各种土坡，成了孩子们的天然滑梯，树木加一些设备成了攀爬游戏的设备。园内同时建有大片的沙池、水池和户外运动场地。

3. 幼儿园自然教育课程体系：幼儿园的初衷是打造一个森林幼儿园，由于在课程建设中限于师资水平所以没有创建自然教育园本课程，而是将课程加盟某一品牌，加盟课程在设计理念上推崇做中学和教育即生活的理念。课程提供的教材包括：幼儿生活主题整合课程、幼儿生活阅读与思维课程、幼儿生活科学教材、幼儿生活数学教材、生活主题整合课程教材。

幼儿园在课程实施中主要将户外自然活动安排在下午时间段，有教师主导的主题活动，也有儿童的自由探索游戏活动，形式多样，其中攀爬运动和冒险性活动较多，也有结合中国传统游戏的活动。

点评：该园自然环境得天独厚，有着其他普通幼儿园无法比拟的自然情境，在这种自然情境下儿童与自然的融合性互动活动丰富，儿童有大量的时间亲近自然、释放天性，是国内为数不多的森林幼儿园。略有不足在于自然环境中的课程基本以预设为主，尚不能依托自然情境生成课程和整理儿童经验。

案例 3-3　湖南某森林幼儿园

1. 核心教育理念：认同华德福教育，主张让孩子回归自然，感受生命的力量。

2. 幼儿园自然环境简介：占地约 6 亩，拥有 3000 多平方米的户外活动场地，幼儿园旁边就是植物园。园内种植各种花草树木，还有

图 3-5　幼儿部分户外活动

竹子、枫树、紫藤和柚子、柿子、橘子等各种果树，户外和室内设施
采用木质自然材料，如木梯、木屋、木秋千等，玩教具均选用羊毛、
棉、麻、木、竹制品，由老师和幼儿动手制作。幼儿园同时设计有大
面积的沙池和玩水区。

　　3.教学活动：采用混龄编班模式，幼儿人数较少，共四个班，课
程形式以手工、木作、烹饪、种植和艺术等活动为主，户外自由游戏

和角色游戏。

图 3-6　湖南某森林幼儿园的户外环境（图片来源于网络）

点评：该园靠近植物园，自然环境非常优美，园内户外占地面积大，绿化面积占比高，而且树木品种丰富，为幼儿自然教育的开展提供了理想的自然环境。采用混龄编班模式，课程以游戏和活动为主，符合幼儿自然天性，是国内较好的森林幼儿园之一。

类似的森林幼儿园目前在国内并不多，不过全国各地也有一小部分在效仿欧洲国家的森林幼儿园开展活动，其中英国和德国的森林教育对这部分幼儿园的环境创设和课程开展有很大影响。这部分森林幼儿园的自然环境都比较突出，尤其注重草坪和森林的微环境创设。在活动开展中有一些类似于欧美国家自然教育中的森林徒步、搭建树屋、建构自然物、探索昆虫、户外生存技能训练等。

二、其他机构的自然教育现状

除了以自然教育为特色的幼儿园外，还有一些自然教育机构也在开展自然教育活动，这些活动大部分由国家森林公园、林业部门和民间的一些自然教育中心来组织开展，大部分活动是利用周末或寒暑假时间组织自然体验活动，以保护生态环境、了解大自然中的动植物、学会和大自然和谐相处为主要目的。国家森林公园或林业部门的活动以公益性为主，民间的自然教育机构的活动可适当收取活动费用，另外，还有游学活动，亲子旅游活动等。

案例3-4 北京某林业部门组织的自然教育活动

活动场地：北京的各种森林公园

活动对象：爱好户外活动的人群

活动主题：森林大课堂、森林大篷车、森林阅读、森林手工坊、森林香氛等

活动内容：森林大课堂会组织活动参与者认识鸟类(观察鸟儿，讲解鸟儿的生活习性和特点等)、认识公园里的动植物、常见的昆虫等，每次活动会选择一种作为重点，如秋天选择枣树；森林阅读以自然绘本为主在公园里开展集体阅读活动；森林手工坊会利用森林中的树木进行木工制作活动。这些活动以认识自然、科普大自然中动植物知识、激起人们热爱自然、保护自然为基本目的，所有的活动为公益项目，由林业部门的工作人员组织开展。

点评：由林业部门组织的自然体验活动有固定的活动场所，活动环境以公园为主，自然环境优美、体验感充分，而且活动以公益性为主，对于提高人们的环境保护意识有重要的价值。

图 3-7　森林公园的各种自然体验活动

案例 3-5　部分自然教育机构开展的自然教育

活动场地：周边的农场、附近的公园或景色优美的一些自然场地。

活动对象：以招募志愿者的形式开展，针对儿童或对自然教育感兴趣的人员。

活动形式：根据活动场地灵活设计活动形式，部分活动是针对户外教育从业者开展的培训。

活动内容：设计开发自然教育课程；招募志愿者开展自然教育活动培训；帮助自然教育机构或幼儿园进行自然教育活动综合设计。活动具体内容有不同时节的森林探秘、观察自然环境中的动植物、如何做自然笔记、自然创作、农耕活动设计、感受物候变化等不同形式的自然观察和自然体验活动。

活动特色：有设计好的自然教育活动课程方案和相关的教材、教具。

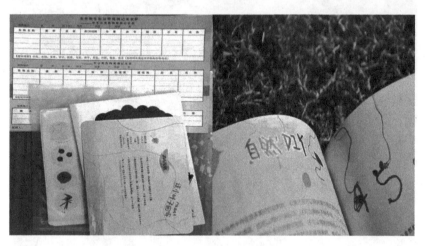

图 3-8　自然活动的教材、教具

点评：这些自然教育机构为营利性组织，活动组织已经从创办之初的面向儿童开展自然体验活动发展为开发课程和设计活动方案为其他组织自然体验活动的机构提供服务。

案例 3-6　部分机构的自然营地活动

活动场地：风景优美的森林、自然保护区或其他拓展性活动开展的营地。

活动对象：以招募志愿者的形式开展，针对儿童或亲子家庭。

活动时间：以节假日为主。

活动理念：宣传有机生态种植或保护自然环境；提升儿童探险能力。

活动形式：根据活动场地灵活设计活动形式，部分活动是针对户外教育从业者开展的培训。

活动内容：花园堆肥、香草花园打造、水处理工程、小农场建造、地质科考、自然宝藏科普、探寻野生动物的足迹、登山探险等。

点评：灵活性短期活动，以农业环保活动、生物科普、自然探险为主，虽冠以自然教育之名，但学科分类应当归属于生物、环境等领域。

三、中小学儿童自然教育的现状

"小朋友们，咱们走吧，上学校去。""是的，我们就是上学校去，我们的学校就在蓝天下，在绿草地上，在大梨树下，在葡萄园里，在牧场上。"①像苏霍姆林斯基所说的蓝天下的学校在中国的教育中很难觅到踪迹。2016 年教育部等 11 部门印发《关于推进中小学生研学旅行的意见》提出将研学旅行纳入中小学教育教学计划，虽说不是关于自然教育的文件，但也客观上推动了一些地方中小学对自然教育开展的探索，部分学校开始尝试合理安排时间让儿童放下书本，走出课堂，倡导读万卷书也要行万里路，让我们看到了让儿童亲近自然的星星之火。

目前中小学在自然教育方面的做法主要是定期组织营地教育，尝试构建校本田园课程，适当增加户外活动时间等，还不能算是在开展自然教育，只能说是在探索素质教育改革的过程中客观上增加了儿童户外自然体验的机会。

案例 3-7 长沙某小学"娃娃农园"②

校园环境改造：增加校园绿化面积，建筑面积约 16220m²，绿化

---

① ［苏］B. A. 苏霍姆林斯基. 育人三部曲［M］. 北京：人民教育出版社，2003：30.

② 蒋彬，李波，周晨. 基于自然教育的小学校园营造——以长沙市育才第三小学"娃娃农园"为例［J］. 现代园艺，2021（2）：60-61.

面积达到 10500m^2，绿化率达到 41%，整体校园环境充满绿意生机。设置自然教育体验区：奇趣花园、一米菜园、锁孔花园、雨水处理系统、土壤改量系统等。

活动实施方法：春夏通过除草，翻土拌肥，播种和浇灌，种植观赏类植物和当季可食类蔬菜，并记录植物生长日记。秋播的植物待入冬前收割，并举行"农娃庆丰收"活动，学生角色扮演卖菜者，负责采摘蔬菜、布置卖场，老师家长扮演"乐购大军"买菜者。通过模拟农贸集市的情景，培养学生货币换算、物资定价、物品转卖、物品营销等一系列生活应变能力。

点评：改造校园环境本身就意味着思想观念的转变，该校能大刀阔斧创建"娃娃农园"为小学生提供亲近自然，实践劳动的机会，是自然教育在小学校园实践可行性的探索。

案例 3-8　厦大附中的自然教育

教育理念："我深感对校园建设的审美教育意义的考量关系到学校的内涵发展。一所有灵魂的学校，其校园校舍一定会充满生命的律动。"[1]

校园环境：该校创始之初就奔着建设一所森林学校的初衷，自然、生态、绿色、山水、森林等词汇是其环境设计理念中的关键词。校园绿地率高达 40.5%，植物有 121 种，其中乔木有近 2000 棵，还有学生种植的 20 余种蔬菜瓜果，长年在校园里栖息的飞鸟就有 10 余种。

校园自然教育活动：开设"草木家园"选修课和各种自然体验劳动课程，尝试将各科课程与大自然融合。比如数学课测量校内植物园——亦乐园的高度。学生用晾衣竿、晾衣绳、相机、绳子、激光

---

① 姚跃林. 我们在校园里种了两千多棵树[J]. 福建教育，2022（2）：13.

笔、三角板、米尺、自制石锤、刻度尺、量角器、硬币、计时器、智能手机等测量工具，摸索出 7 种测量方案，最终测得山体的高度。

每天在林荫道上跑操、在绿茵场上搏击、在无所不在的树木掩映下的台阶上跋涉、在亦乐园上攀登！宿舍后面有耕地，食堂屋顶有菜园；每周有劳动，晨昏勤浇灌；四季有菜蔬，夏秋有瓜果。

点评：厦大附中对自然教育的探索可谓中国式的"蓝天下的学校"，这要归功于该校教育者所具有的苏霍姆林斯基一样的教育理念。虽然受限于中国应试教育整体教育氛围的影响，但该校的环境创设理念和开展的相关课程活动堪称是国内中学教育中的一股清流。

四、台湾和香港地区的自然教育现状

台湾自 20 世纪 80 年代以来就有一些有识之士开始探索有别于常规教育体制的自然教育，民间自发创建自然教育机构、荒野保护协会开展一些自然体验活动，除了独立组织的自然体验活动，还有一些学者尝试让小学引入自然教育课程，也有独立创办的森林小学。对自然教育的开展是从生态保护和生命教育的视角入手，如 1998 年台湾教育部门制定了"国民中学推展生命教育实施计划"，要求中学开展生命教育，其中一条就是让学生体验、尊重自然环境，体会动植物生命的意义。

案例 3-9　台湾某小学的自然生态课程

由民间机构和小学合作开展，将自然生态课程融入一二年级的常规课程中。课程以环保概念和生命情怀为重点，主要内容包括各种自然体验游戏，如"听听叶子的声音""种子拼贴"；自然创作"叶子拓印""彩绘石头"；生态观察"用身体测量""找寻生命大树"等模块。课程实施后孩子们的自信心和专注力大大提高，思辨能力和对事物的反省能力、观察能力也有了相应的提高。

案例 3-10 台湾西宝森林小学①

该学校有得天独厚的自然环境，周边紧邻着一个森林公园，虽然出入交通不便，生源流失问题严重，但是自然环境优美，群山起伏、植被丰富，校园前面还有一条潺潺流水蜿蜒通过。为了改善学校发展的窘迫现状，学校决定发挥自然环境优势，将学校改造成一所森林小学。校舍建筑采用"山型"银白色屋顶，便于雨水下流和阳光反射，校园内保留了原有的龙柏树、梅花林、山樱花林、南洋杉木林等天然植被，同时针对不同植物进行了分区栽植，如水蜜桃、枫树、桂花等。校舍规划中创造性地引入"院落布局""小班化教学""学习社群""森林寄宿制"等创新设计理念。课程设置有爱护社区、自然观察、生活课程、家族课程、亲子课程等。

图 3-9 台湾西宝森林小学校园环境

香港自然教育依托郊野公园、自然保护区、湿地公园等自然环境开展，公园和自然保护区的工作人员通过科普教育、主题教育活动宣传环境保护的知识和理念；一些幼儿园和小学也会不定期带领儿童参与自然教育活动。如香港的狮子会自然教育中心（Lions Nature Education Centre,

---

① 邵兴江. 台湾西宝小学：突显共生的森林学校[J]. 上海教育，2013（13）：62-63.

LNEC)是香港首个自然教育中心，位于香港新界西贡半岛对面海蕉坑，是香港首个自然教育中心，占地约 34 公顷。由渔农自然护理署管理，为学校、机构和市民大众举办各类自然教育、实地研究和康乐活动，协助保护香港的自然环境。中心设有"昆虫馆""贝壳馆""渔馆""农馆""郊野馆"等展览馆，并设有户外场地展示动植物标本和有机耕种农作物。

五、中国的华德福教育现状

（一）华德福教育概述

华德福教育是鲁道夫·史代纳根据自创的人智学理论创建的。华德福教育，简单地说是一种以人为本、注重身体和心灵整体健康和谐发展的全人教育，体系主张按照人的意识发展规律，针对儿童成长阶段来设置教学内容，以便于人的身体、生命体、灵魂体和精神体都能得到恰如其分地发展。第一所华德福学校于 1919 年创立于德国的斯图伽达(Stuttgart)。当时，一位德国企业家依米尔默特(Emil Molt)邀请鲁道夫·史代纳根据人智学的研究成果，为他的香烟厂工人的子弟办一所学校，并以工厂的名字 Waldorf Astoria 命名，这所学校办得非常成功，后来凡是实践这一教育理念的学校都被称为华德福学校(Waldorf School)。

华德福教育秉承"大自然滋养孩子"的教育理念，将学校建立于树林里，取材自然的游戏设施；采用活力农耕方法种植蔬菜和粮食。每一所华德福学校或幼儿园都有一个有机农园，不同的学校，条件不一样，农园的大小也各不同。在城里头的华德福学校，有的农园小的只限种些花、菜、香草、少量的浆果灌木，养些鸡、兔之类的小动物；在城郊或乡下的华德福学校占地面积都较大，还可种些谷物、养蜂，或养些羊、牛、马、驴等较大的动物，有的学校甚至还拥有一片森林或一个附属农场。

华德福教育的课程目标是滋养幼儿心灵，寻求幼儿身、新、灵三个层次的全面发展。具体地说就是 7 个方面：运动和身体感觉、器官感觉、语言、想象力和创造力、社会能力、目的性和注意、对正确与错误的感觉。

课程内容主要以各种艺术活动、游戏活动以及节日庆典为主。在课程实施中重视呼吸式的生活节奏；艺术化的教学方式；教师和家长的角色。大部分的华德福学校都会开设农艺和园艺课程。华德福学校里的儿童每天有足够多的户外自由活动时间。儿童在大自然中活动、接受教育，感受着大自然赋予的力量，这样儿童的心胸会变得宽阔、独立和自省。

虽然华德福学校并不是以自然教育为特色，但学校有充裕的自由游戏活动时间，孩子们学习烹饪、园艺、木工等与自然和生活实践有关的课程，推崇人与自然的贴近与和谐，课程实施中重视季节交替，节令变换，主张使用取材于大自然的玩具，这些做法客观上贴近自然教育，因此，有必要了解华德福教育在亲自然方面的教育思想。

(二)华德福学校亲自然教育思想

华德福的创设人斯坦纳在大学期间学习自然史、化学等，理想是当一名科学老师，这为他对自然的热爱打下了基础。斯坦纳在《自由的哲学》提出"思维是一个自由的活动，它可以把我们从本能中解放出来。自由是一种洞察我们本性和世界的活动。人的意识，包括人的所有文化都是自然进化的产物，并且可以超越自身。自然在人的身上体现了自我意识"。① 7～14 岁是童年的黄金时期，这段时期基本上可以教授儿童大自然的奥秘、生命的规律了。但是教育应以寓言的方式来领悟大自然的奥秘，而不是枯燥的说教。在华德福学校的教育计划中，儿童的发展阶段是和人类历史的发展一致的。比如，一年级以神话故事、寓言和传说为主。

华德福学校主张儿童亲近自然，从 6 岁开始进行自然的教学。为了让儿童达到与自然融为一体的状态，教学的目的要"尽可能延长他们对自然的体验和同情。这时的孩子往往把动物界被看作人的延伸或作为动物王国完整的表现形式的人，而植物界则被看作地球的灵魂。他们常常为所观察

---

① 转引自彭莉莉. 教育的桃花源：华德福学校研究［D］. 上海：华东师范大学，2007：19.

到的宇宙实体和所有生物之间形态关系而感到震撼"。① 华德福学校通过让儿童照顾学校花园里的植物或农田里的农作物，从而对自然形成责任感。因为人与自然之间的根深蒂固的关系必须要从小打下基础，要由每个学生自己亲身去体验和领悟。学校主张让学生尽可能长时间地了解人和自然的紧密联系，从小与自然形成的这种关系将会让他们在以后的生活和思想过程中把这种人与自然和谐相处的关系延续下去。

华德福教育中主张儿童在自然中开展自由游戏活动，如美国的松山华德福学校，课程设置中有大量的户外自由游戏时间。游戏适合于一至四年级的孩子，一周至少两个下午的半天是用来做游戏的。五年级时要进行五项希腊运动项目：跑步、跳远、摔跤、铁饼和标枪。六年级时，每个班级一周两次参加足球、篮球、排球锻炼。可见，学校有大量的户外游戏时间。同时，学校注重手工和木工。每个班级从一年级开始学习手工来强化孩子的意志，发展精巧的手指功能以及相关的大脑的思考功能。手工包括：编织、针织、钩针编织、纺织、四针编织、娃娃制作、手工缝纫以及机器缝纫。四年级开始学习木工。它有着与手工对孩子同样的影响。课程包括用木头刻成碗、盒子、船、钟。七年级和八年级要进行石刻和玻璃刻。

(三)华德福教育在中国开展的情况

2004 年 9 月中国第一所华德福学校在成都三环路内一个农家小院里诞生，不足三亩地。最初是由 3 位留学英国和美国的留学者发起，国内外热心人士和资深华德福教师参与创办，幼儿园有 5 个混龄班，2 个亲子班，共 120 名孩子，小学有 6 个年级，后发展为幼儿园、小学、成人培训中心。校园面积近 30 亩，这里青草地和树林是孩子们游戏活动的场所，树叶、石子、动物都是孩子的玩伴。学校"有秋千、沙坑、水塘、花坛，有小狗跑

---

① 转引自彭莉莉. 教育的桃花源：华德福学校研究[D]. 上海：华东师范大学，2007：19.

来跑去，有木工房、图书室，教室里有一台钢琴，没有电视，电脑也只供老师们使用，乒乓球台和餐桌就设在四面通风的一个大木棚子里，吃完饭后老师和学生都要自己洗自己的碗，围墙外有菜地，可将边上的垃圾堆分成可以用来堆肥的有机物和废弃物，厕所很干净，里面有一个装满水的大桶，需要用水瓢舀水冲厕所。① 该学校的课程设置和教材并不是现成的，比如数学课要学习钱的计算，直接去附近菜场买菜，然后计算多少钱，重在实地的考察练习。学校没有教科书，学生的学习从自己身边的事物开始，比如地理课就从自己的家、学校和周围的地理位置开始，每人制作一份介绍当地的地形、气候和人物风情的地图。学校创办十多年以来已经形成一定规模，围绕着华德福教育头（思考）、心（情感）、手（意志）儿童整体发展观以及教学法研究开发课程，已成为国内其他地区华德福教育实践的培训摇篮。

2006 年，上海建立了华德福儿童之家，之后以成都、北京和广州为中心，厦门、西安等地也相继由个人成立了华德福幼儿园，创办者们积极地邀请国外资深的华德福老师来华传授经验。经查阅资料了解到，"截至 2014 年春天的 10 年里，全国各地已有 30 多所小学、300 多所幼儿园在实践华德福教育，主要分布在全国各个省会城市"。②

从华德福教育在中国的发展情况来看，接受度仍然不高，由于中国义务教育体系的要求，华德福的教育内容无法和中国当下的教育体制对接。从幼儿园的 300 多所到小学只有 30 多所的数量锐减来看，当孩子进入义务教育阶段的时候，家长的顾虑就明显增加，无法继续坚持在华德福教育系统中学习。除此之外，华德福课程的本土化还有待于加强，部分华德福学校在课程内容实施中还是无法领悟华德福教育的真正内涵，存在生搬硬套、照猫画虎的问题。

华德福教育对自然教育的启示有：强调培养人与人之间和人与自然之

---

① 杨咏梅. 华德福教育将给中国带来什么?. 中国教育报, 2005-4-27(003).
② 陈玲洁. 华德福幼儿生命教育研究[D]. 重庆：西南大学, 2015：1.

图 3-10　华德福学校的户外环境

间的关系，帮助孩子寻找有意义的抱负和理想，对善、美、真的执着追求，唤醒其所有的潜能，从而达成自我的实现，接近精神存在；注重自然环境的创设，强化亲近自然的意义和教育的生命意义；课程内容注意艺术、故事、户外远足、手工、木工、园艺农事等，主张在日常生活中学习，这些做法与自然教育理念相吻合。

第二节　国外儿童自然教育的现状

欧洲国家有丰富的森林资源，在自然教育方面起步早、经验丰富，森林幼儿园和森林学校在很多国家已经成为学校教育重要的形式。

一、丹麦的自然教育

1952 年，爱拉·芙拉桃（Ellen Flatau）在丹麦创立了第一所森林幼儿园，为其他国家开展森林教育开了先河。丹麦的森林幼儿园修建了专门的室内活动室，与传统幼儿园中的活动室相似，森林幼儿园中的活动室亦有区域之间的划分。幼儿可以根据自己的兴趣与喜好，来进行选择。大部分的区域材料都来源大自然，同时，活动室内设置了厨房，可以用于制作简易的餐点，以及存放幼儿自带的午餐。户外活动即是在森林中进行，因此森林是开展森林幼儿园中进行亲自然教育的主要场地。一年中，幼儿 80% 的时间都是在户外的森林中度过的。草地是学习滑雪的地方，池塘和湖泊可以用来滑冰，果园用于采摘水果，开阔的山丘可以玩雪橇。教师为幼儿提供森林中活动的真实工具，并教幼儿学会如何使用这些工具。每天，森林幼儿园里都有一个简单的晨间谈话活动，幼儿可以自由选择这一天他们想做或不想做的事情。幼儿在森林中感受四季的交替，风雨的轮回，观察森林中的各类植物，聆听鸟叫，与小动物们交朋友。丹麦森林幼儿园注重幼儿森林活动中的风险管理，每日在森林活动的时间长，活动形式多样，这些都为其他国家森林幼儿园的创办提供了宝贵经验。

二、德国的自然教育

虽然森林幼儿园为丹麦首创，但是德国在接受这种教育理念和形式后森林幼儿园和森林学校风行于德国，1968 年，赫尔佳·苏泊（Helga Sube）在德国创建威斯巴登野游幼儿园，1993 年，佩特拉·耶葛（Petra Jäger）和克丽丝汀·杰布森（Kerstin Jebsen）创办弗兰斯堡森林幼儿园，成为第一家经官方正式批准的森林幼儿园。1996 年在德国境内就有 40 家自然与森林幼儿园，这些幼儿园联合成一个合作组织，2000 年改组成立德国联邦自然与森林幼儿园协会。目前，德国共有超过 2000 家户外的幼儿园，《明镜周刊》甚至认为森林幼儿园会成为德国下一个成功的"出口品牌"。

除了森林幼儿园和学校，德国的自然教育还有很多形式，例如自然体验空间、荒野教育、农场幼儿园、景观空间教育，单就学前教育阶段的自然教育形式就有自然幼儿园、海滩幼儿园、农场幼儿园、乡村幼儿园、远足幼儿园。同时，作为领土面积三分之一被森林覆盖的德国，为数众多的常规幼儿园有森林班、森林日或森林周。

德国自然教育的基本理念是以实践活动为导向，在具体的自然现象的基础上，将自然体验和生态教育相结合。教育教学采用 Ganzheitliches Lernen（整全式的学习）和 Entdeckendes Lernen（发现式的学习）。儿童在自然中学习的方式有多种途径，通过观察、尝试、实践操作、模仿等多种自主互动方式。其中自主性游戏在活动中占据重要地位，也会通过项目或主题活动的方式开展自然活动。

德国的森林幼儿园并没有专门的园所，而是仅有一个作为活动基地的简易活动室。通常，安装在轮子上的小木屋即是德国森林幼儿园中最常见的简易活动室。它通常被拖到一个离森林入口不太远的地方，也就是家长接送孩子的汇集点。它有足够大的空间，可以容纳整个活动小组进入，并备有加热设备。如碰到极端恶劣的天气，即可以在这个简易活动室内进行活动。存储在这里的有工具和材料，比如刀具、绳索、额外的衣服、书籍、油漆、刷子、钢笔、剪刀和纸等。一些森林幼儿园也会在温暖的天气里使用圆锥形帐篷，当作临时的活动室。幼儿园采用混龄编班，森林幼儿园活动流程一般为：集合——晨圈（相当于晨会）——游戏——用餐——再游戏——结束。活动时根据自己的兴趣幼儿可参加小组游戏，也可自由活动，比如捡树枝、玩石子、爬树、观察蚂蚁、寻找蜗牛等。午饭时大家席地而坐，摆上自带或教师准备的食品，饭后游戏一会儿，下午 2 时左右结束一天户外的活动。每所森林幼儿园都有一个棚或一辆拖车，用来挡风遮雨。里面还有桌椅，用来放置绘画材料、书本、各种器具。① 森林幼儿园在教育中注重自由游戏和幼儿对大自然的感官体验。无论天气如何，森林幼儿园的孩子们每天都待在户外。德国的冬天很长，即便是冒着雪，孩子们依然整日待在户外游戏奔跑，锻炼了体魄。

图 3-11　德国森林幼儿园的活动②

一般幼儿园每周会有一天的"森林时间"，这一天的活动类似于森林幼儿园的常规活动。森林日开展之前老师会提前通知家长，告知会带着孩子们去森林里"勘查"，也许是削一些树枝，雕刻一些东西，观察小动物，收

---

① 何惠丽."崇尚自然"的德国森林幼儿园对我国学前教育的启示[J].黑河学刊，2016，224（2）：162.

② 图片由德国乌拉女士森林幼儿园会议讲座提供。

集细树枝搭建个木屋等，提醒家长给孩子准备相关物资。幼儿园也会请一些林业专家，带着孩子们讲解随处发现的植物，如解释大树的年龄，为什么这一片只有同一类的树，哪种植物长在大树边说明没有兔子来过，为什么有一片林子树都倾斜向一个方向长，这天的午饭就在森林里吃，分享自带的食物。

自然教育主题公园由政府出资打造，比如 Panarbora 森林公园，林中建了一条充满浪漫气息的"空中走廊"，穿梭于森林之中的环形走廊至少有六七层楼高，走在上面仿佛在空中行走。公园内提供一些自然环境介绍的展板，人们可以通过动手游戏的方式操作了解相关的自然知识。游戏设施一般就地取材，建有各种自然滑梯和隧道，香草园、小木屋等。

三、英国的自然教育

1993 年，布里奇沃特学院（Bridgewater College）将丹麦的森林教育模式引入英国，很快在全英范围内发展起来。经过约 10 年的实践，在 2002年的第一次森林学校全英会议上，森林学校被定义为一种提供"启发式的学习过程与实践"的平台。由于政府、民间机构和高校研究人员的大力支持，迄今全英范围内经行业认证的森林学校有 48 所，森林教育教员培训机构 14 所，遍布英格兰、苏格兰和威尔士地区。[①] 进入 21 世纪，英国政府部门发起了"到绿地中去""从公园开始""积极的森林运动"等活动，涌现出如"乡村青年""自然英格兰"等民间团体。英国同时成立了森林学校协会（Forest School Association），迄今已经对超过 1.2 万名教师和其他专业人员进行了森林教育培训。森林学校协会（FSA）是代表英国森林学校的独立运营机构，它给森林学校的定义是"森林学校是一个富有启迪性的项目，它通过在林地或布满树木环境中的实践型学习，为所有学习者定期提供机

---

① 黄宇，谢燕妮. 英国森林学校的制度环境分析[J]. 比较教育研究，2019，357（10）：60-61.

会，从而使他们获得并发展自信心及自尊心"。① 森林学校的理念是注重轻松活泼的教育性学习，最大限度地开发儿童在社交、情感及个人发展方面的潜力。

英国森林学校之所以发展迅速而且比较规范，得益于政府相关部门的推动。首先教育部门出台让儿童参加户外活动的政策性要求，如，2006年，在小学教育领域，英国政府颁布了《课外学习宣言》，鼓励小学生走出教室、走进大自然。威尔士政府在发布的具有法律效力的早期教育阶段框架(Foundation Phase Framework)中明确指出儿童应"在户外活动中获得一手经验，以解决现实生活中的问题，并学会克制和可持续的生活态度"。苏格兰政府于2008年为3～18岁儿童和青少年制定了统一的课程标准——《卓越课程》(Curriculum for Excellence)，指出早期教育不仅包括学科课程的学习，还应涵盖"户外学习、实践活动、校外学习等其他形式的体验，应为儿童提供富有挑战性的学习环境，保护室内环境和户外环境（学校操场、绿地、乡村等）"。②其次，英国林业委员会积极发挥林地的教育使用功能。在支持林地用于教育目的方面，林业委员会提出"为了学习的森林"(Woods for Learning)概念，目的是支持教育工作者使用森林、绿地等作为教育的场地，通过有挑战性的教学帮助儿童建立与周围世界的联系。

目前，森林教育的概念在英国幼托机构中日渐普及。在德国与丹麦，幼儿几乎一整天都待在森林中，而英国却非如此。只有在开展自然教育活动时，教师才带领幼儿进入森林，因此他们在森林中度过的时间都是有限的。英国的户外环境形式多样，幼儿园附近的一片小树林，只要用栅栏将其围起，即可当作进行亲自然活动的教育场所。部分森林幼儿园的户外活动场地是一片由围栏保护起来的小森林，就在幼儿园园所的不远处。另一部分森林幼儿园的户外活动场地则是自然保护区中的一部分，离幼儿园的

---

① ［英］彼特洪顿，珍妮沃伦. 带孩子去森林［M］. 刘海静，译. 北京：九州出版社，2016：2.

② 黄宇，谢燕妮. 英国森林学校的制度环境分析［J］. 比较教育研究，2019，357(10)：60-61.

园所只有十分钟左右的步行距离。在许多城市中，由于不具备自然林区，大多森林幼儿园则模仿自然环境营造了草地、农田和房舍，或是将户外活动场地选址于城市的公园中，将户外活动场地打造成为"森林"的形式。在众多森林主题的幼儿园或学校中，孩子们学着自己生活、采集食材、协助做饭、接触小动物、堆雪玩乐。"在森林学校每个课程都有启动部分、结束部分和相应的流程。"①启动部分确立安全准则，为活动场地划出界线，讲解活动规则和注意事项，活动结束时候也会请孩子们谈谈活动中的感受。除了自由游戏，森林学校的孩子们学习工具制作、户外生存技能、风险管理方法。

除了森林学校(幼儿园)这种形式，英国还有一些农场也开展自然体验活动，这种形式属于亲子活动的比较多。

四、荷兰的自然教育

荷兰的一些做法为全民自然教育提供了便利。除了专门的森林学校、森林幼儿园和农场教育外，荷兰在自然环境中的一些做法颇具特色。我们常说儿童的成长需要一个地球村，荷兰在自然环境的营造中就为自然教育的开展创设了一个"地球村"。荷兰为人与自然的和谐发展打造了生态村，如德拉赫藤市的生态村莫拉公园(Morra Park)和阿姆斯特丹附近的 ReGen 高科技生态村。荷兰规划发展"绿色屋顶"(The Green Roof)着力于"为儿童玩耍和居民社交提供一个野生的、绿色的、机动车禁行的场所"。这是以儿童为中心的城市建设视角，是促进儿童与自然联结的实践行动。荷兰城市和乡村的整体自然环境为儿童亲近自然提供了便利条件，同时，自然与环境教学还融入了基础教育系统，比较有代表性的是阿姆斯特丹小学教育系统中的"自然与环境"特色课程。阿姆斯特丹小学教育系统中有一项极具特色的课程，每一位学生都要学习并运用有关于自然和环境的知识，照顾

① [英]彼特洪顿，珍妮沃伦. 带孩子去森林[M]. 刘海静，译. 北京：九州出版社，2016：7.

专属于自己的小花园。Amsterdam Noord 小学邀请设计师专门为学校打造了一个自然与环境教学中心，取代过去五年中被频繁使用的两座临时建筑，成为阿姆斯特丹第一座专属于孩子们的自然知识学习场所。这座教学场地同时也形象地为孩子们展示了可持续性设计对建筑和环境的影响。作为节能建筑，自然与环境教学中心在使用过程中不需要任何矿物燃料的辅助。此外，建筑师运用了大量简洁明了的可持续性设计手法，直观地为学生呈现了节能建筑对环境的贡献。建筑的改良式坡屋顶朝南向延伸，提高其上太阳能发电板的利用率，同时高耸的玻璃幕墙仍为室内空间带来更多光和热。而在正立面上，巨大的混凝土太阳能吸热墙加热了进入课室的自然空气，减少了暖气系统的使用频率。①

图 3-12　荷兰阿姆斯特丹小学自然与环境教学中心

五、美国的自然教育

由于杜威提倡学生深入环境开展体验式学习，注重儿童的"做中学"，因此，倡导体验式教育在美国一直比较受推崇。但是，由于第二次世界大战后美国重视室内数理化科学知识的学习，逐渐剥夺了儿童户外体验学习的机会。20 世纪 60 年代，人们重新关注户外活动的重要性，关注体验对

---

① 　https：//bbs. zhulong. com/101010_group_201806/detail10134496/2016-04-27

儿童身心发展的重要性。美国自然教育的代名词主要有营地教育、"基于环境的教育"、体验教育、荒野教育、农场教育等，推动这些教育的组织主要是一些基金会或民间协会。如，基于环境教育的全国性机构"国家教育和环境圆桌会议"（State Education and Environmental Roundtable，SEER）和16个州的150所学校合作推动"基于环境的教育"，加利福尼亚的金巴克（Kimbark）小学在校园里创设菜园子、小树林、池塘等自然环境开展自然体验课程；波特兰市的环境中学（Environmental Middle School）利用当地河流、山峰、森林讲授相关课程，校园内种植本土植物，研究当地的河流。设在马萨诸塞州的"猎户星座学会"（Orion Society）为实施自然教育的教师提供自然教育奖学金。

学校组织的自然教育：很多幼儿园和中小学会定期开展自然教育体验课，参观博物馆、国家公园等保护地活动，学生学习认识自然以及保护环境的相关知识。

寒暑假的营地教育：夏令营、冬令营以探险性、荒野教育为特色。美国营地教育注重体验式生活，集中一段时间在营地里开展一系列新鲜、刺激、有趣的活动，比如排球、射箭、皮划艇、攀岩、嘎嘎球、戏剧、木工等，以及篝火晚会、夜间嘉年华等大型活动。①

农场教育：美国很多农场作为自然学校的教学场地，如霍桑山谷华德福学校就和农场合作，让不同年级的学生在农场参加不同的体验活动。如，一年级孩子在农场工作人员的带领下，会参与每周的农场零活，包括喂鸡、放羊或者就看看动物。而五年级的学生会拿着写字板来霍桑山谷商店研究乳制品实例，比较来自周边地区和其他地区的奶酪的价格。他们将参观当地奶油厂，并从那里了解到每磅牛奶的成本以及多少磅牛奶才能做出一磅奶酪。②

———————————

① 骆桦，黄向. 自然教育理论与实践［M］. 长春：东北师范大学出版社，2020：15.

② 马丁·平. 在大自然中学习——霍桑山谷农场的多样化实地学习［J］. 李艳娜，译. 中国校外教育，2015（3）：35.

图 3-13　美国农场和营地教育

森林公园组织实施的自然保护体验活动，比如美国密西西比州森林公园组织的护林员体验活动，参与者根据森林地图进行徒步活动，然后在森林管理中心学习相关的自然知识，免费领取护林员勋章。

六、日本的自然教育

日本的自然教育形式多样，有森林学校、森林幼儿园和各种各样的自然学校。在日本自然学校有 30 多年的历史，活动内容不仅包括各种野营活动和自然体验，还包括博物馆、美术馆的模拟体验，乡村体验活动、社区青年团。目前有大约 3700 所自然学校扎根人口稀少的地区、郊区、大山。在人口稀少的地方社区，自然学校替代了战后高度经济增长时代支撑地区发展的工商会、观光协会、青年团、农协等既存组织，作为地区新的社会构筑的力量，近年在日本社会受到瞩目。① 自然学校的理念是通过活动加深人与自然、人与人、人与社会的关联，为了自然和人类的共生，社会的可持续发展贡献力量。日本自然学校的形式多样，下面案例 3-11 中节选的是在日本形式上比较有开创性、代表性的一些自然学校。

---

① 李妍焱主编. 拥有我们自己的自然学校［M］. 北京：中国环境出版社，2015：3.

案例3-11　自然学校

完整地球自然学校：1982年，日本国内首个自然学校，有富士山本校及其他校区，每年拥有17万人次的参与者。创办之前的活动主要是体验型农场的经营，创始人建立了"热气球全国环游""剪羊毛""游牧民野营""羊毛工坊"等项目，以冒险、探险和动物体验作为体验式活动课程。随着规模的壮大，开始致力于人才培养、教材编写、活动课程开发等工作。

粟驹高原自然学校：以体验学习法为基础，通过冒险教育、野外教育、环境教育等实践，培养青少年的生存能力。通过工作人员与寄宿生共同过农村式的生活方式，帮助不愿上学、逃学在家的人群。该校的教育理念就是注重"体验类知识"的获得，所谓"体验类知识"就是"理解发生在眼前的事情，自己找出课题、思考、判断、自主行动、解决课题，自制、合作、体谅别人的心情、健康、体力等"。① 该校的活动主要包括寒暑假的宿营活动和针对不适应常规学校教育学生的寄宿制体验学习。

黑松内山毛榉森林自然学校：这是一个代表衰退农村、社区如何通过自然学校整合发展的案例。这所学校坐落在人口只有3200人的小镇，老年人居多。创始人利用一个被关闭的小学校舍创建了自然学校，挖掘当地吸引人的自然、农林水产业、生活等方面的魅力进行宣传，与地方政府合作，提供老年人、残障人士的健康、疗养、休闲和公共教育等服务。

案例3-12　森林幼儿园②

该幼儿园创办人认为幼儿期是通过感知、经验等体验来学习新事

① 李妍焱主编. 拥有我们自己的自然学校[M]. 北京：中国环境出版社，2015：38.
② 来自创始人内田幸一的分享。

物的最佳时期，幼儿通过五官领悟事物的形状、颜色、质感、气味。森林是一个可以提供儿童感官发展、探险、想象的地方，幼儿园无论严寒酷暑都会带孩子们开展户外体验活动，对于一些带有冒险性的活动也鼓励幼儿尝试，因为他们认为森林是接受挑战的地方，孩子们若感到恐惧则会犹豫然后放弃挑战，孩子们自己会量力而行，这并非大人的命令，而是孩子们自己实现了的挑战。所以，他们会组织幼儿在森林的泉水中漂流探险，在高空中攀爬探索。

该幼儿园的森林活动时间很长，有时候一整天都在森林中度过，活动的内容涵盖健康、艺术、科学等方面。为了发展幼儿的想象力，幼儿园会组织森林舞会，森林戏剧表演活动。同时还有烹饪、木工、在田地里种菜、种田、割水稻、野外露营、登山、玩雪等多种活动。烹饪时使用菜刀、割稻子时使用镰刀、做木工时使用锯子等，但是这

图 3-14　日本森林幼儿园

些活动基本上都没有年龄限制。孩子们可以把自然中获得的东西用在手工、料理中。例如，把树枝、种子等用在手工作品中，把野菜、菌类用在烹饪中。这些东西都是存在于大自然里的东西，可以将它们利用起来并改造。这样可以改变孩子们对自然事物的看法，孩子们通过自己的双手改变自然事物，认识到这些自然事物对自己来说在某方面是有用处的。

七、印度尼西亚巴厘岛的绿色学校

巴厘岛绿色学校(Bali Green School)是一所国际学校，由环保主义者和设计师约翰·哈迪(John Hardy)和辛娅·哈迪(Cynthia Hardy)创建。学校位于巴厘岛一个名为西邦卡佳的村庄中，周围是一片原生态的茂密丛林。所有建筑物均使用当地盛产的竹子和阿兰德草来建造，没有墙壁的房间，学校的教室、礼堂、图书馆和实验室均由竹子做成，校园小路采用当地火山岩石铺就，小草可以沿着岩石缝隙自由生长，因此被誉为最环保的"竹子学校"。学校学生来自当地以及世界40多个国家和地区，课程覆盖幼儿园到中学阶段。教育理念是强调在实践中学习，基本科目为剑桥国际课程，同时学校致力创造自己的绿色课程，鼓励孩子提高社会意识、责任意识、环保意识，强调合作和创造思维，注重同情心的培养及开放观念的形成。整合孩子各方面的天性、多元智能、学习和好奇心。除了学习数学、英语等基础学科，孩子们还能学习包括文化、戏剧、美术、音乐在内的创意艺术课。最与众不同的是每个年级都有自己的田园和果树。因此，学生们还要学习农业、园艺、艺术甚至渔猎方面的知识。每个班级拥有自己的农田，由专业的园艺团队协助打理，每个孩子分配一片专属的耕地，用以种植有机谷物和蔬果，孩子们还可以把自己耕种出的食物带回家，与家人一起享用美妙的劳动成果。

绿色学校的独特之处在于从校园环境到课程设计都尽可能融入自然环境，处处彰显着绿色、环保的理念，同时又带领学生身体力行地实践着。

在自然教育的课程设置上也充分发挥儿童的主体性地位，鼓励儿童参与实践体验。

图 3-15 巴厘岛绿色学校①

八、越南农场自然教育

越南农场幼儿园，位于越南同奈省胡志明市郊区，幼儿园占地面积很大，有 10650 平方米，建筑面积 3800 平方米，可容纳 500 名左右的幼儿。站在高处俯瞰，整个幼儿园呈连环形的结构，围合出三个内部椭圆形庭院，每个庭院都有独特的空间识别性，为孩子们提供了一个安全的玩乐场所。该幼儿园建筑设计很独特，它有个连贯的绿色屋顶，两端向地面倾斜，而后逐渐升高到两层楼的高度，形成一个层次与梯度不同的螺旋结

---

① 巴厘岛绿色学校凭什么那么火？只有亲自去看了才知道，2018-6-14，https：//www.sohu.com/a/235924511_99901177

构。而幼儿园所有的室内活动空间和相关设施都设在屋顶下方，地形起伏的连环形建筑围合出三个椭圆形的草地，为孩子们提供了安全和舒适的微环境。孩子们有很多的户外活动空间，不仅可以亲近草地、菜园、大树，在草地上自由奔跑，游戏，还能学习种菜参与农业活动。幼儿园的设计完全秉承绿色生态的环境设计理念，通过农场与幼儿园的结合设计为幼儿提供与自然亲近的机会，引发幼儿热爱自然，养成与自然和谐相处的习惯。

越南地处热带气候环境，因此这螺旋绿色屋顶的设计，可以保持作物常年葱郁的生长状态，孩子们学习如何种植自己要吃的食粮，从中体验到大自然滋润的可贵，从而奠定爱护生态环境与慈悲对待万物的思想。整座农场非常注意材料及废水的回收利用，工厂废水被回收浇灌绿地和冲洗厕

图 3-16　越南农场幼儿园①

① https：//www.sohu.com/a/121430961_494254 2016-12-13

所。还采取太阳能供热和节能环保措施，让幼儿身临其境地感受到节约能源的方法，借由农场结合幼儿园的方式，落实生态环保教育。

第三节 中外儿童自然教育的现状分析

从中外儿童自然教育的现状来看，重视儿童亲近自然，预防"儿童自然缺失症"，重建人与自然和谐相处的理念已经深入人心。不管是森林学校、自然学校还是荒野教育、农场教育，不同国家在自然教育中的探索都重视自然环境的营造，重视环境可持续发展理念的运用。自然教育的做法给我们的启示是：

1. 儿童与自然有密不可分的连接，自然环境为儿童的发展提供了重要的活动场域。

2. 因地制宜利用自然环境是成功自然教育开展的前提。

3. 自然教育的形式可以多样化，政府的支持是自然教育规范发展的重点。

4. 自然教育需要我们重新认识儿童的学习和知识的概念。

5. 自然教育更能激发儿童的学习兴趣。

需要进一步思考的是：

1. 儿童为什么需要自然？

2. 自然教育与生态环境教育、科学教育的区别。

3. 什么样的自然教育才符合儿童的自然性和教育的本真性？

自然的宝藏丰饶齐备

能裨益心灵、脑力——

生命力散发出天然的智慧，

欢愉显示出真理。

春天森林的律动，胜过

一切圣贤的教导，

它能指引你识别善恶，

点拨你做人之道。

——华兹华斯（英国诗人）

第四章 大自然的儿童教育价值

第一节 大自然与儿童的"自然"

一、大自然的儿童属性

印度诗人泰戈尔说:"儿童天生渴望接近大自然。家长们扭曲了他们的心灵,使他们成为精神囚徒,精神残废。"①儿童天性喜欢大自然,儿童的"自然"不仅是本能,而且是内蕴的自主发展力量。如果把大自然比作一本书,那么,这本书不是符号系统的,而是具体形象、灵活多变的实物系统。大自然的多变性、流动性充满了生命的律动和野性的张力,大自然的这种魅力吸引着儿童,因为它契合了儿童的直觉动作和具体形象思维。"原始初民的生活时期被视作人类发展的婴孩或儿童阶段,在这个历史时期先民们贴近自然大地生活栖居,如同小孩对母亲的亲近依赖,更能触碰到大地母亲的命脉从而获得他们虽不能做出科学解释的真理体悟"。② 儿童常常喜欢隐蔽的、杂草丛生的一些看似荒野的地方。在《村童野径》中作者描述的牧童基地是长着大片灌木,"灌木间杂生着芒萁白茅和月桃以及难呼其名的小植物,有些地方被藤蔓占据,其下常是一丘古墓……"③,这是

① [印] 泰戈尔. 泰戈尔谈教育[M]. 白开元,译. 北京:商务印书馆,2010:123.

② 袁凡茹. "万物有灵论"的生态之思[J]. 攀枝花学院学报,2012(4):64.

③ 徐仁修. 村童野径[M]. 北京:北京大学出版社,2013:49.

村童最爱的地方。孩子们在乡野生活，总会有几处秘密花园。因此，如果说大自然是原始人的活动场所，那么这一活动场所相对于漫长的人类发展史而言是属于童年场域，具有儿童属性的。荒野神秘的大自然之所以吸引着儿童，是因为那里有儿童沉积在内心深处的精神家园。"对于成人来说，太阳照亮的只是他们的眼睛，但对孩子们来说，太阳却能透过他们的眼睛照进他们的心田。如果一个人是挚爱自然的，那么他的内在感官与外在感官也总是息息相通的，纵然他已进入成年，但其童心仍然不泯"①。

二、儿童的自然属性

马克思说"人直接是自然的存在物"，人来源于大自然，本身就是大自然不可分割的一部分，自然是人类生命的摇篮。从进化史来看，人类作为自然界中的高级动物，其从母体中的胎儿到生命的初始经历了浓缩的生命进化史，也是自然进化的复演。因此，儿童是自然之子，"我们连同我们的肉、血和头脑都是属于自然界"，存在于自然界的②儿童与生俱来的视觉和听觉器官身体的发展依赖于自然，不仅如此，儿童的精神发展也离不开自然，"人的肉体生活和精神生活是人自己，而'人是自然界的一部分'，所以精神生活和肉体生活一样是自然界的一部分"。"儿童是古代祖先在现代文明中的'遗留'、再生，是古代祖先在现代文明中的代表"。③ 根据进化论和复演论的观点，儿童的发展是人类发展的初级阶段，与人类社会发展的初级阶段对应，儿童作为人生的初始阶段更为接近大自然。霍尔从达尔文进化论和遗传心理学等理论思想角度，解释了儿童生长发育过程的阶段性和规律性，他提出"前青春期的时光都应该在大自然中度过，完全由源自遗传的原始冲动来主宰，让那些原始的野性蓬勃生长、恣意绽放。在童年期，儿童应该接触园林式的自然环境，在自然园林环境中亲近苗圃、

① 范圣宇主编. 爱默生集[M]. 广州：花城出版社，2008：35.
② 曾永成. 文艺的绿色之思：文艺生态学引论[M]. 北京：人民文学出版社，2000：5.
③ 刘晓东. 儿童精神哲学[M]. 南京：南京师范大学出版社，1999：44，384.

草地、花鸟虫鱼，开展播种、施肥、嫁接、收割等自然活动；在少年期，儿童需要野性自然的环境，要让孩子们在荒野肆意狂欢，最好让他们置身于乡野环境中，有条件过着部族狩猎的生活，去打猎、捕鱼，去战争、流浪，能够在无所事事中尽情满足自己玩乐的天性"。① 处于儿童期的儿童和处于原始社会的人类在精神上的状态有着惊人的相似之处。"在人类的远古时期，原始人的精神发育浓重地携带着动物祖先的痕迹，长期处于一种蒙昧和野蛮的状况之中"。② 因此，很有必要让儿童复演原始社会或农业社会的一些活动，或者说与工业社会相比，原始社会和农业社会的环境是更有利于儿童的成长。

三、大自然与儿童的关系

儿童是自然之子，他们对自然有着别样的亲切感和新奇感。苏霍姆林斯基认为人要掌握的知识范围越广，就越要"照顾到飞速成长、发育和形成时期，即童年时期人的机体的自然属性。人原本是，而且永远都是大自然之子，所以应当把他同大自然的血肉联系都利用来让他吸收精神文明财富。孩子周围的世界，首先就是蕴含丰富多彩现象和无限美的大自然的世界。这个自然世界是儿童智慧的无尽源泉"。③ "儿童与大自然之间具有息息相通、亲密无间的关系。在大自然中一切都是陌生的，但一切又都是熟悉的，一旦放逐自然，儿童就像见到久别的亲人那样，可以肆无忌惮地呼吸新鲜空气，亲吻土地，抚摸小草，放纵地奔逐，自由地感受大自然的无穷乐趣"。④ 因此，儿童是属于大自然的，是与自然相融合的。有学者提出"儿童与大自然之间本有着天然的'母—子'关系以及'我—你'关系，他们

---

① [美]斯坦利·霍尔. 青春期：青少年的教育、养成和健康[M]. 凌春秀，译. 北京：人民邮电出版社，2015：2.

② 丁海东. 儿童精神，一种人文的表达[M]. 北京：教育科学出版社，2009：48.

③ [苏]B.A. 苏霍姆林斯基. 育人三部曲[M]. 北京：人民教育出版社，2003：15-16.

④ 刘丽玲. 回归自然的幼儿艺术教育研究[D]. 南京：南京师范大学，2003：12.

与大自然本有着和谐与统一，有着'神与物游'的自然倾向……儿童与大自然的联系是如此的深刻，体验是如此的美妙，甚至说大自然是儿童精神世界不可或缺的部分。儿童通过'你'（大自然）而成为'我'，在与大自然的相遇和交互中实现其精神的圆润和完满。让儿童自由地栖居在自然界中方能捍卫其精神的神圣性与完整性"。① 美国著名生态学家，生态伦理学之父奥尔多·利奥波德(Aldo Leopold)曾指出："荒野是人类从中锤炼出那种被称为文明成品的原材料。"②因此，儿童接近大自然就是接近这一文明的源头，回归一种更为本真的东西。"在七岁之前……可怜的孩子被文明的廉耻感绊住手脚，这时如果不爬树摘水果，那么，一辈子就不能培养与树木的亲密感情。这个时期，他的身心自然而然为清风、蓝天、田野、树木所吸引——从所有的地方，传来对他的邀请。中间，如果设置衣服、门窗、高墙的隔离带，孩子们的活泼天性受到囚禁，只会使他未老先衰"。③

可见，儿童与大自然的关系是密不可分的、融合、共生的。儿童教育不仅应观照儿童的内在自然，同时要回归到儿童的外在自然，将这种外在自然与内在自然相统一，让儿童教育回归自然就是回归儿童教育的本源。

第二节　大自然的儿童教育价值

"户外游戏环境和活动可以充分满足幼儿的好奇心，是幼儿探索、发现自然界'奥秘'的'课堂'。户外游戏活动往往要求幼儿学会合作、遵守规则、解决问题，对于提高幼儿的心理健康、社会性交往能力、沟通能力等具有积极的意义和作用。……户外游戏场地可以使幼儿摆脱户内有

---

① 焦荣华. 论教育学视野中儿童与大自然的关系[D]. 南京：南京师范大学，2007：10-11.

② [美]S. R. 凯勒特. 生命的价值——生物多样性与人类社会[M]. 北京：知识出版社，2001：31.

③ [印]泰戈尔. 泰戈尔谈教育[M]. 白开元，译. 北京：商务印书馆，2010：170.

限空间的限制。它在让幼儿自由奔驰的同时，也在解放幼儿的想象力和创造性"。① 大自然就是一个大型的户外游戏场地，多少年来，儿童都是在大自然的怀抱中，在天然的户外游戏场地游戏。即使是福禄贝尔的幼儿园中，幼儿的户外游戏场地也是自然的。幼儿在花园里照顾植物、种植花草、观察昆虫和鸟类……大自然为儿童的身心发展提供了最好的教育场域。

一、大自然与儿童的健康发展

(一)大自然有利于儿童的体能锻炼

研究表明，孩子们在自然中自由玩耍时，植被和地形的多样性所形成的丰富功能结构，可以促进攀岩、爬树、跑动、滑行等中等至剧烈体力活动(medium to violent physical activity, MVPA)的产生，这些体能游戏让孩子们的生理和心理上得到的发展更加多样化，并且不像有组织的体育运动受到运动形式的限制。相比广场式的游戏场地，在自然中游戏可以增加中等至剧烈体力活动(MVPA)。这一特点在一座传统游乐场通过增加自然要素被改造为天然游乐场后的研究中，同样被证明儿童的中等至剧烈体力活动(MVPA)呈现了增加。②根据对森林幼儿园和森林学校的调查研究，儿童在森林教育理念的学校身体素质比普通学校的更好。因为森林中的道路大多是崎岖不平的山地，因此对儿童的运动控制技能要求更高，他们需要思考如何使自身保持平衡。在森林徒步和活动的过程中，儿童不仅大运动达到了发展，思考问题与解决问题的能力也得到了提高。不仅如此，在森林中建造棚屋、采树叶、摘野果、搭鸟巢等活动，对于幼儿的手部精细动作也是一种锻炼与发展。由此可见，森林教育中的儿童每天都面临着大量

---

① 刘焱. 儿童游戏通论[M]. 北京：北京师范大学出版社，2004：586-587.

② Lisa M. Barnetta, Nicola D. Ridgersb, Kylie Heskethb, Jo Salmon. Setting them up forlifetime activity: play competence perceptions and physical activity in young children[J]. Journal of Science and Medicine in Sport, 2017(20): 856-860.

的体能运动，接受着各种考验，身体素质在不知不觉中已经得到了极大的提高。大量的户外活动也会更多地消耗幼儿体力，幼儿食用的食物也会比平时更多，有利于促进消化吸收能力，加快身体发育。苏联著名教育家苏霍姆林斯基在《蓝天下的学校》中描述了他带领孩子们在大自然中徒步一段时间后的身体变化，孩子们在田野、草场、丛林和大树林里徒步，"孩子们的食欲得到改善，他们已能在家里津津有味地吃完盛给他们的整盘肉汤或菜汤。一个月之后，那几个最苍白的孩子的面颊上已出现红晕"。① 因此，他提出大自然是健康的源泉。

（二）大自然有助于减少儿童近视率

苏霍姆林斯基发现春季孩子们的体质下降，抗感冒能力下降，视力也在春季月份特别明显地减弱，这是因为"在春季这几个月身体各系统相互作用的节奏有显著改变，体内储存的维生素已用尽，到了春季太阳的辐射强度会显著降低，而且长时期的紧张的脑力活动使神经系统处于疲劳状态"②，因此，春季要减少室内智力活动，大量增加户外体力活动，这样才能改善体质，有利于减少近视率。美国俄亥俄州立大学跟踪调查了500名八九岁的孩子，他们在研究开始时视力正常，5年之后有五分之一患上近视。分析显示，每周看几小时书、用多少时间电脑都没有影响，唯一相关的环境因素是户外时间。澳大利亚一项对悉尼4000名孩子的调查也得出了同样结论。Rose和她的同事在连续3年研究了悉尼中小学里4000多位儿童后，他们发现，在户外时间较少的儿童患上近视的风险较高。北京市城乡681名小学生户外活动时间及与近视的关系研究发现近视儿童的户外活动时间明显低于非近视儿童。2009年，来自德国蒂宾根大学眼科研究所发现，相较于正常的室内光线条件，在户外的高照明光线使小鸡的诱导近视

---

① ［苏］B. A. 苏霍姆林斯基. 育人三部曲［M］. 北京：人民教育出版社，2003：52.

② ［苏］B. A. 苏霍姆林斯基. 育人三部曲［M］. 北京：人民教育出版社，2003：53.

率减少了约 60%。

(三)大自然具有健康治疗功能

在第二次世界大战时期,精神病学家卡尔·麦宁格在医院首先使用园艺治疗法。1955 年,美国密歇根州立大学颁发了第一个园艺治疗法研究生学位,1971 年,堪萨斯大学创设了第一门园艺治疗学位课程。事实上,植物的芳香治疗法在中国和古印度早就比较流行。纽约州立大学康内尔分校的研究表明"生活在自然景观丰富地方的儿童,比起居住在自然景观稀少地方的儿童,患上由压力而引发的精神疾病的人数要少。越是精神虚弱的儿童,比如那些生活重压下煎熬的孩子们,其周围自然环境的疗效越是显著"。① 威尔斯和同事们研究了大自然对三到五年级学生的影响,结果发现"在行为异常、焦虑症及郁闷症状的发病率方面,来自周围自然景观丰富家庭的孩子比来自相反状况家庭的孩子要低,并且前者比后者更容易发现自身价值"。②

(四)大自然是儿童的精神家园

梭罗曾指出大自然,尤其是原始的自然对于人的成长具有重大的价值。"一个城镇如果地面上有原始森林起伏,地下有另一处原始森林在腐烂,这样一个城镇不仅适合种养玉米和土豆,而且适合培养未来世界的哲学家和诗人。在这样的土壤中已经养育了荷马、孔子和其他人,从这样的旷野中走出了吃蝗虫和野蜜的改革家"。③ 美国生物学家蕾切尔·卡逊则认为大自然是儿童的力量之源。"一个孩子的世界是新鲜的、美丽的,充满了惊喜与激动。不幸的是,我们大多数人在长大前就失去了清澈的眼神,对美与畏惧的直觉渐渐暗淡……现在的孩子所拥有的一切都是人造的,远

①　转引理查德·洛夫. 林间最后的小孩——拯救自然缺失症儿童[M]. 王西敏,译. 北京:中国发展出版社,2017:43.

②　转引理查德·洛夫. 林间最后的小孩——拯救自然缺失症儿童[M]. 王西敏,译. 北京:中国发展出版社,2017:43.

③　何怀宏编. 生态伦理——精神资源与哲学基础[M]. 石家庄:河北大学出版社,2002:132.

离我们力量的自然源泉"。①失去了自然的童年，也就失去了童年最重要的特质。如果隔断儿童与大自然的联系，就会对儿童的精神成长造成损害。因此，泰戈尔指出，"儿童天生渴望接近大自然。家长们扭曲了他们的心灵，使他们成为精神囚徒，精神残废"。② 理查德·洛夫认为自然的面貌虽然多种多样，面貌各异，但是"自然总是能给孩子一个更为广阔辽远的世界，这既不同于父母给予的亲情世界，也不像电视那样'偷走'孩子们的时光，相反，她能丰富孩子的精神世界，医治生活在不幸家庭或街区的孩子的创伤。自然像一块白板，孩子们在上面可以任意挥洒，重构文化的幻想"。③ 儿童喜欢在大自然建立自己的私密空间，在《村童野径》中作者描述了灌木丛生的古墓旁边是村童们的秘密基地；在《林间最后的小孩》中作者访谈了一个小女孩，女孩在树林的一条小溪旁边挖了个大坑，常常带个帐篷或毯子躺在坑里看树、看天。她说这是她的秘密花园，当有人把树砍了后，她觉得自己生命的一部分也被他们砍掉了。在《育人三部曲》里苏霍姆利斯基记录了他所在的快乐学校的学生们在树木丛生的峡谷发现了一个山洞，这里就成了学生们的"宝地"，成了他们的"幻想角"。"牧童基地""秘密花园""幻想角"这些都是儿童在大自然中的寄托精神、寄托那无以安放的神思的秘密处所，正是大自然这样的神游之处，让儿童的心理即使在遭受挫折仍然能得以修复并健康地成长。

二、大自然与儿童的认知发展

（一）大自然有利于儿童的感知觉发展

在自然环境中，幼儿通过多种感觉（视、听、嗅、触、味）以及不同感

---

①　[美]保罗·布鲁克斯. 生命之家：蕾切尔·卡逊传[M]. 叶凡，译. 南昌：江西教育出版社，1999：197.

②　[印]泰戈尔. 泰戈尔谈教育[M]. 白开元，译. 北京：商务印书馆，2010：123.

③　[美]理查德·洛夫. 林间最后的小孩——拯救自然缺失症儿童[M]. 王西敏，译. 北京：中国发展出版社，2017：6-7.

觉之间的相互影响、相互作用来完成认知的构建过程。根据环境心理学的研究，我们的世界充满了光线、景物、声音、气味、物体的形状、轻重、冷热等特征。我们生活在这个世界里，学习、工作、创造，首先要借助于感觉来反映这些特征。相比室内空间，大自然环境可以呈现给儿童更加丰富、更多种类、更加开阔的视觉元素和视觉空间，他们可以在户外活动时学到更多的知识，拥有更多的生活体验。例如，他们可以接触昆虫，了解昆虫的活动特点；可以看到山、水等景观元素；能够感受日出、日落时影子和光线的变化；可以通过触摸沙土、金属等材质感受不同物质的差异……户外空间可以给儿童更多的刺激，引起他们探索和感知新事物的兴趣和欲望。儿童在自然中的漫游徜徉自然地锐化了儿童的感知觉。为什么大自然可以让人的感觉更敏锐呢？有学者认为这是因为"大自然的广度和深度，与声音、气味和影像所带来的神秘，要比相对狭窄有限的城市生活大得多。在城市或郊区，我们的精力大多用来阻隔声音和刺激。我们真的听到了出租车喇叭声了吗？我们想要听到吗？在森林中，我们的耳朵是开放着的，天空中天鹅的叫声使我们活跃起来，随着这种活跃，我们的感觉也在成长和发展"。① 这种对噪音的屏蔽和厌恶，对鸟鸣和风啸的敏感，也是人类生理器官——耳朵的自然选择。当然，这种对自然的敏感性还有赖于人类在自然情感发展的关键期，即童年时期，能有机会亲近自然，体验自然，让自然感受力得以发展。如果整日沉迷于电子产品，远离自然，这种先天具有的自然感受力就会下降、减退。理查德·洛夫回忆自己对感觉的记忆可以追溯到童年时期的生活，"我会绕着梨树走来走去，地上有很多掉下来的果子，有时我会弯下腰亲近那些正在烂掉的梨，屏住呼吸小心避开那股发酵的气味，然后再悄悄呼出一口气。有时我干脆坐下来，一呼一吸和烂梨子的味道捉迷藏"。② 那些火苗和发酵的气味一直留存在理查德

---

① ［美］理查德·洛夫. 林间最后的小孩——拯救自然缺失症儿童［M］. 王西敏，译. 北京：中国发展出版社，2017：165.

② ［美］理查德·洛夫. 林间最后的小孩——拯救自然缺失症儿童［M］. 王西敏，译. 北京：中国发展出版社，2017：166.

的记忆深处，在大自然中的自由嬉戏也让作者的感觉更加敏锐。自然界中的各种体验有助于儿童注意力的发展，因为在大自然中需要儿童调动各种感官保持警惕，应付随时可能出现的危险，因此在自然中的体验活动有助于儿童集中注意力，提高感官的感受能力，进一步发展加德纳所提出的自然智能。

由于儿童感知能力在大自然中得到锻炼，从而他们应对环境的反应能力也得以提升，面对环境中的危险变得更加灵敏。丹麦冒险乐园"Emdrup Banke"的创办人约翰·贝特尔森认为户外环境中不可控因素居多，安全风险较大，因此在进行相关活动时，孩子们需要学会保护自己，需要适应各式各样的环境，在这个过程中，孩子们适应外界变化的反应能力以及对抗风险的应变能力会得到极大提高。[①]

(二)大自然有利于儿童的语言发展

人类的语言并不仅仅是人类社会自身的产物，它来源于瑰丽多姿的自然界。美国学者 S. R. 凯勒特从生物多样性的角度出发，发现了大自然在儿童的语言和思考能力发展方面的价值。"自然界能够为语言的发展提供无以计数的差别与机会，特别是在孩子身上。自然界的多样性能够为成长中的孩子源源不断地提供具体的实物，以便使他们在语言技能发展方面得到基本的理序、分类和命名训练"。[②] 苏霍姆林斯基在《把整个心灵献给孩子》中称大自然为"思考和言语的源泉"，他认为大自然是世上最美妙的书，它能为儿童的语言和创造性思维的发展提供丰富的材料。大自然不仅是语言的来源，而且不断激发语言表达的灵感。中国古诗词中有很多关于自然景物的描写，无论是"碧玉妆成一树高，万条垂下绿丝绦""草长莺飞二月天，拂堤杨柳醉春烟"中的春意盎然，还是"月落乌啼霜满天，江枫渔火对愁眠""停车坐爱枫林晚，霜叶红于二月花"中的秋意绵绵，正是大自然赐

---

① 孙晓轲，车雪莲. 丹麦幼儿园课程的历史演变及启示[J]. 外国教育研究，2017(1).

② 转引自李小玲. 大自然与儿童的精神生活[D]. 南京师范大学，2013：24-25.

予了诗人优美诗句表达的激情和灵感。儿童在面对大自然美景的时候，语言有时候会变得出其不意的充满诗意。

(三)大自然有利于儿童的想象力发展

当一个小孩融入自然时，他身体所有的感官都会被激活。他们沉浸在了一个比他们自己大得多的世界里，而不是只局限在一件小事上，比如：电脑屏幕和书本作业。在户外，孩子的大脑会变得更有活力。研究表明，与固定设备为基础的游乐场相比，儿童在自然游戏空间中的想象游戏更长，更复杂、更多样化。在自然环境中，孩子们往往以自然材料作为游戏道具。Brussoni 选择了温哥华的两个以游戏设备为基础的早教中心进行自然环境改造实验观察，结果发现：自然要素介入前，体能类型的游戏占主导地位。介入后，开始更多的和植物、泥土等自然元素接触，为幼儿带来了大量的象征游戏和建造游戏，利于想象力的发挥，促进了幼儿之间的社交活动。新的交往关系是基于孩子对语言交流的掌握以及对游戏的想象力，这使得最具想象力和创造力的孩子变成了游戏的主角。[1] 户外运动倡导者罗宾·摩尔认为"在自然中运用多种感官的经历，有助于构建'使智力持续发展所必需的认知体系'，并且通过给孩子们提供自由空间和要素来激发想象力"。[2]

(四)大自然有利于儿童的创造力发展

Burke(2005 年)对幼儿园内可食用农作物景观进行了研究，发现只要有空闲时间，儿童将以创造性的方式利用可食用的农作物，一起在学校或校园里交往和玩耍，这些种植与采摘的使得儿童创造性变得活跃起来，而且食物成为一种沟通的媒介工具。本杰明·富兰克林回忆自己童年时期在

---

① Luchs, A., & Fikus, M. A comparative study of active play on differently designed playgrounds[J]. Journal of Adventure Education & Outdoor Learning, 2013(3)：206-222.

② 张海洋. 基于自然教育的幼儿园景观设计研究[D]. 南京：东南大学，2019：29.

河里顺从风的力量放风筝的经历，他提到任由风筝拉他滑过水面，在水中畅游的感觉非常快乐。他的很多发明创造都来源他在童年时期大自然获得的这种感觉经验。"自然环境和要素激发出孩子们无穷的想象力，并且作为发明能力和创造力的媒介发挥着作用"。① 自然给很多人提供了一个创造力的源泉，不止富兰克林、爱迪生、罗斯福、波特等名人的传记中提到童年时期与大自然的紧密接触带给他们的灵感启示，他们认为现代工业和设计最原始的根基正是源于童年的河流、树林和农场。有人说没有自然创造力也会产生，但是自然无疑成了创造力产生的加速器。《童年想象力生态学》的作者科布在分析300册具有创造力的名人自传体童年记录的基础上，总结出"几乎所有人的创造力和想象力都根植于他们早年的自然体验"。根据科布的研究"小孩子走出去和超越自我的能力，是由孩童时代对自然环境的适应发展而来的……就创造性知觉而言，诗人和孩子的思维模式是很相近的——事实上，他们想象力的生态学原因也很相近"②。

（五）大自然有利于儿童诗性思维的发展

诗性思维给万物赋予灵性，将人视为与自然一体的存在，以浪漫的诗意来理解存在。"诗性思维是建立在感性思维基础上的对自然与存在本真性的思考。与理性思维将人视为自然的主导者与改造者不同，诗性思维更关注人与自然的和谐共存"。③ 儿童思维的发展正处于直觉和形象思维阶段，这种思维的发展有赖于感官的充分发展，大自然丰富的环境样态为儿童感官的发展提供了最充分的素材，大自然如同肥沃的土壤滋养着儿童的直觉和形象思维，儿童思维的大树在感性思维的根部越是丰富发达，他在

---

① ［美］理查德·洛夫. 林间最后的小孩——拯救自然缺失症儿童［M］. 王西敏，译. 北京：中国发展出版社，2017：74.
② ［美］理查德·洛夫. 林间最后的小孩——拯救自然缺失症儿童［M］. 王西敏，译. 北京：中国发展出版社，2017：84.
③ 范小红. 狄金森与东方诗性思维［J］. 南京师范大学文学院学报，2017（01）：114.

理性思维的顶端将越是粗壮丰盈。儿童的视角与童真"万物有灵"的体知方式与诗性思维有着相通性，儿童以想象力的情感趋向为内驱力的认知方式，他们用形象进行思维，所以他们的思维模式接近于诗人，充满了梦想和诗情画意的想象力，这种诗性思维在大自然丰富形象的刺激下更容易迸发出来。当他们看到太阳的光芒会说"太阳在洒火花"，当他们看到野蔷薇花上琥珀色的露珠在慢慢变小会说"太阳吮吸了露珠"，儿童总是用一种充满拟人化情感的方式来表达他们对世界的理解。当然，这种诗性思维的发展需要在大自然活的源泉中汲取思想。"到田野、到公园去吧，要从源泉中汲取思想，那溶有生命活力的水会使你的学生成为聪慧的探索者，成为寻求真知、勤于治学的人，成为诗人"。① 在苏霍姆林斯基创办的快乐学校中，孩子们每天在大自然中汲取思维的灵感，他在《育人三部曲》中记录了孩子们自己创编的一些童话故事，这些故事到处闪耀着儿童诗性智慧的光芒。"太阳出来了。小鸟都醒来了。云雀飞上了天空。向日葵也醒来了。他抖了抖身子，把露水从花瓣上全抖落下来了。他对着太阳说：'太阳，你好！我等你很长时间了。你看，没有你给我的温暖，我的黄花瓣都蔫了。现在它们又都挺起来了，高兴了。太阳，我也是圆的，金黄色的，跟你一样'"。② 这是苏霍姆林斯基记录的一个叫卡佳的小姑娘坐在一大片向日葵地里写下来的童话小故事《向日葵》，故事中小女孩笔下的太阳、小鸟、向日葵都是有生命的。

(六)大自然有利于儿童解决问题能力的发展

在"自然教育"中，除了可以让孩子观察探索之外，还会让孩子动手操作。比如说如果让孩子利用已有的材料搭建一个小屋，他们会怎么做呢？也许有的孩子会想到用树叶，也许有的孩子会想到用石头，也许有的孩子

---

① [苏]B.A. 苏霍姆林斯基. 育人三部曲[M]. 北京：人民教育出版社，2003：49.

② [苏]B.A. 苏霍姆林斯基. 育人三部曲[M]. 北京：人民教育出版社，2003：37.

会想到用泥巴，当孩子们开始动手操作的时候他们的身体运动能力、协调能力也得到了锻炼。再比如在森林中徒步行走的时候，孩子们会被森林中随时可能出现的一些生物所吸引，兔子、松鼠，有时可能还会发现梅花鹿的脚印，同时，孩子们要想办法跳过一些坑洼或者小溪流，如果偶尔在森林中迷路，孩子们还要学会如何辨别方向，总之，在这些自然漫步中，因为一些常常会意外出现的小变化，让儿童学会用各种各样的办法去解决实际问题。

来自"此荷兰非彼河南"的博主分享了自己孩子在荷兰生活时候，在自然体验活动中是如何解决问题的。孩子们在种植豌豆的时候发现只要种子一发芽，便奇怪第二天嫩芽没了踪影，后来细细观察才发现是可恶的乌鸦，叼走了嫩芽。"于是，弟弟灵机一动，在一块板上画了一个'稻草人'。然而，令人沮丧的是，豆苗依然一发芽就'失踪'。他们忽然意识到，原来这就是为什么田里要放立体的稻草人啊。于是，牺牲了一个我的玩偶熊，把他支在木棍上插在豆苗中"。这一次，他们成功了，乌鸦太太就再也没有光顾过，豆苗们终于得以茁壮成长。通过探索、发现、创造和解决问题，他们慢慢地在大自然这个没有围墙的学校中学习成长。其实也不知不觉培养了孩子的责任心、面对挫折的态度和解决困难的方法。①

三、大自然与儿童的社会性发展

(一)大自然有利于儿童自我意识的萌发

自我意识是人社会化的关键，一个人只有当他意识到自己存在时，才具备接受社会文化教育的基础。一个人的自我意识越正确，就越能正确地对待自己和他人。初生的婴儿完全没有"我"的意识，分不清主体和客体，随着与外界事物不断的交互作用，儿童才逐渐"发现"自我。发现自我的过程必须通过与外界的交互作用，自我意识的发展强调的是主体对主观世界

---

① 63546585_673082 https：//www.sohu.com/a/163546585_673082，2017-08-09.

图 4-1　解决豆苗失踪问题(来源于网络)

和客观世界的认识。在大自然环境下，通过与自然环境的密切接触，儿童的自我体验随着儿童对外物施加动作的频繁而逐渐建立，儿童通过感知自然、体验自然，从中建立起与自然关系，与他人的关系，以及自我的关系，这个关系建立的过程，即是儿童自我意识形成的过程。

(二)大自然有助于增加儿童同伴交往的机会

有学者研究了环境场景对同伴交往的影响，当普通的游戏场改造成森林或户外的自然场域时，幼儿彼此间交往互动的模式相应地发生了变化，如图 4-2 所示①，左面是幼儿在室内和普通游戏场内的互动方式，右图是在森林或自然场域中的互动方式，从图中可见，幼儿在森林或自然场域中的互动次数明显增加，彼此之间的交往更加频繁。这是因为在森林或自然场景中，幼儿们可以自己去创造游戏场景。在创建游戏场景之前，幼儿们需要通过商议讨论出场景的主题，再探讨细节、交换意见和决定游戏进行的方式。一系列游戏准备工作都由幼儿独立完成。这样一来，幼儿们有更多机会与伙伴交流思想，学会共同协作完成任务，实现共同目标，并提高了他们自信和实践动手能力。幼儿们也能在活动中互相帮助、相互照顾，

---

① 转引自刘劲飞. 基于森林教育理念的幼儿园户外环境设计研究[D]. 济南：山东农业大学，2018：4.

丰富自己的社会生活体验（Peck et al.，2017）。

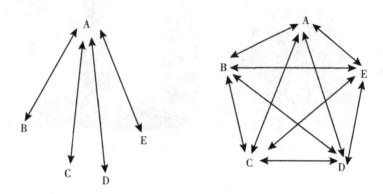

图 4-2　幼儿在不同游戏场域的交往互动方式区别

四、大自然与儿童的情绪情感发展

（一）大自然有助于促进儿童积极的情绪体验

自然环境的开阔性、丰富性和变化性常常给人们带来极强的感官体验，当人们置身于大自然中，不由自主会产生一种平静和愉悦的情绪，仿佛婴孩回归到了母亲的怀抱。儿童的情绪非常容易受周围环境的感染和影响，自然带来的感官体验将孩子们内心深藏的情感世界与外界联系起来，大自然美丽的景象和各种各样的动植物，让儿童在感受其中的艺术美感和惊奇的感受中，情绪情感得到滋养。研究表明，人类的大脑分为上下两层，如果上下层大脑整合不好，就很容易激发下层大脑的"暴脾气"，导致人失去理性出现各种原始动物行为。而在大自然中参加活动的孩子能在宽阔的空间让身体得到充分的运动，在探索过程中身体保持运动状态，有利于上下层大脑的整合。从而在遇到问题和困难的时候会调动上层大脑分析思考，从而找到解决问题的方法，阻止了下层大脑的冲动反应，从而提高抗挫折能力以及情绪控制能力。①

（二）大自然有助于儿童善与美的情感培养

在康德那里，自然界与自然存在，都是美学解释的对象。康德发现，通过自然界或自然对象世界，我们可以形成优美与崇高的体验与判断。自然可以通过纯粹的生命形式给予我们自由的美感体验，这是康德面对自然美的基本原则。康德发现，美丽自然界中种种魅力，如此常见地和美的形式结合在一起。它们要么属于光的变相，要么属于声音的变相。它们不仅允许感性情感，而且也允许对感觉的这些变相的形式进行的反思，"仿佛有大自然带给我们且似乎具有某种更高意义的语言"②。康德经常基于自然地理的考察来论述自然美，他提到热带的鸟更漂亮，更色彩斑斓，但鸣叫更差。一些鸟把自己的鸟巢，搭在高悬于水上的极细的树枝上，以此来避开猿猴的跟踪。自然地理学的考察，可以直接观察自然，它是自然美最切实具体的体现，它可以展示地球生命的无限自由与丰富性的美感。这种生动的自然与自然的形式美感，与生命本身内在的德性美可以建立最丰富的联系，它是我们美学想象的基础。自然的纯粹形式美，离不开自然的观察与自然的经验。我们的生命直观与生命感性体验，可以直接与自然建立最生动的美感体系。③

"善的根源在于建造、创作、确立生命和美。善与美密不可分地联系在一起。"④大自然的美如何能在冷漠的心灵中唤起善良的情感。苏霍姆林斯基在快乐学校通过让儿童在森林里建立"小鸟医院"照顾受伤的小云雀唤起儿童内心爱护生命的情感，当"对生物和美的事物的关爱，逐渐融入孩

---

① 骆桦，黄向. 自然教育理论与实践［M］. 长春：东北师范大学出版社，2020：8-9.

② 李谱曼. 康德的自然概念及其自然美学奠基［J］. 文艺争鸣，2021(4)：73.

③ 李谱曼. 康德的自然概念及其自然美学奠基［J］. 文艺争鸣，2021(4)：72.

④ ［苏］B. A. 苏霍姆林斯基. 育人三部曲［M］. 北京：人民教育出版社，2003：61-63.

子们的生活"，善和美的情感种子就会在童年扎下根来。我经常带孩子们在大自然徜徉，记得有一次正好是春暖花开的明媚季节，我们走在小区的一条小路上，周围是青草地，河边是万条垂下绿丝绦的柳树和迎春花，春天的柳树正是新芽刚刚冒出，颜色娇翠欲滴，路边正在盛开的海棠树和紫荆树，女儿不由自主地说"妈妈，这里好美呀，我感觉我要飘了起来，就像仙女一样"。大自然的特殊性就在情感的激发、美感的激发中。一旦他们能够从大自然中获得一种强烈的美、惊奇甚或诡异的体验，这种体验就会深深地烙印在他们的心中，影响他们的整个一生。正如美国海洋生物学家蕾切尔·卡逊（Rachel Carson）所说，"那些感受大地之美的人，能从中获得生命的力量，直至一生"①。

---

① ［美］理查德·洛夫. 林间最后的小孩——拯救自然缺失症儿童［M］. 王西敏，译. 北京：中国发展出版社，2017：2.

我们人类不只是独立出来，也在融入……我们身属一个最伟大的共同体，一个和万物分享生命奇迹的共同体。

——约翰夫·伍德·克鲁齐

第五章 作为教育环境的大自然

第一节 "自然缺失症"的危害

一、亲近自然在童年期的消失

随着我国城市化进程的加快，农村人口大量涌入城市，导致城市和城镇人口密集，而为了满足人口增长所需的住宅、购物、医院、学校等相关设施的建设无疑改变了原有的自然环境，也让绿化面积在城市越来越少。儿童生活居所发生了很大变化，过去院落式的居住环境很少存在，大部分家庭居住在高楼林立的住宅区，高楼电梯房减少了儿童接触自然的便利性。在中国六七十年代，那时的幼儿在田野里捕昆虫、在草地上奔跑、在河流里游泳、在地上摔跤等是他们童年生活中的家常便饭，他们可以说是在自然中成长起来的一代人；到了八九十年代，孩子们也还能记起大自然的模样，并有过在大自然中嬉戏的体验，但其频率已远远低于六七十年代；而随着城镇化建设进程的加快，自然环境遭到很大破坏，儿童生活在钢筋水泥建成的楼房里，游走于柏油路间，失去了与自然亲近的机会，同时也失去了探索自然奥秘的快乐。现代城市的环境绑架了儿童的本性，让他们深埋于书本之中，压迫他们的身体和灵魂，这是违反自然规律和儿童本性的。2000 年以后出生的儿童，基本已生活在一种与大自然完全隔绝的模式之下，他们体验和理解自然界的方式已发生了改变，自然对于他们来说，与其说是一种现实存在，不如说是一个抽象概念。他们和自然正在渐行渐远，生活的周围被一幢幢林立的高楼与各种高科技电子产品所包围，接触自然已经越来越少。除了自然环境的减少和居住环境的客观限制，影响儿童亲近自然的因素还有很多，比如儿童在周末或放假时间需要参加各种兴趣班的学习或者完成大量的作业，尽管"双减"政策已经颁布，但是教育的评价机制并未根本改变。除此之外，儿童与同伴相约游戏的空余时间常常无法一致；环境的危险性让儿童外出必须由家长陪伴，而家长的空余时间也会和儿童的空余时间冲突。作业、补习班、电视、电脑成了新生一代的主旋律，游戏场地也失去了自然的质朴与宽阔，取而代之的是狭小的游戏空间，这让亲近自然在童年期逐渐消失。

二、"自然缺失症"的危害

理查德·洛夫在《林间最后的小孩——拯救自然缺失症儿童》中指出美国的儿童犯上了"自然缺失症"，所谓自然缺失症是"指人类因疏远自然而产生的各种表现，如感觉迟钝、注意力不集中、生理和心理疾病高发。这样的病症在个人、家庭和社区中均可发现"。① 现代社会大部分的孩子已经远离自然，虽然不能说是已经得了"自然缺失症"，但是对自然的感受力却不再那么强烈，而对自然的感受是儿童审美能力发展的基础。"现在的孩子们能告诉你有关亚马逊热带雨林的一些知识，但却无法告诉你，上一次他们在荒僻的林间探索，或者躺在田野上听风吹的声音、看云朵飘过是什么时候。"②大多数孩子习惯于从书本获取知识，他们也许知道很多，但是这些知识只是储存在大脑中应付考试的死知识，却不是经过体验的活知识，更不能触及儿童灵魂深处的感悟。与自然的接触越来越少，无论是生理上的感觉还是心理上的知觉都在退化。"学者们相信，自然栖息地的消失或者说远离自然会给人类健康和儿童发育带来巨大影响。他们说人类置

---

① ［美］理查德·洛夫. 林间最后的小孩——拯救自然缺失症儿童［M］. 王西敏，译. 北京：中国发展出版社，2017：24.

② ［美］理查德·洛夫. 林间最后的小孩——拯救自然缺失症儿童［M］. 王西敏，译. 北京：中国发展出版社，2017：2.

身自然的属性几乎是在细胞水平上影响人类的健康"①。自然缺失症增加了儿童肥胖、抑郁、多动和近视的几率，更为严重的是把儿童从其精神成长的自然土壤中拔出来，移栽到一些所谓的营养液中，导致儿童本应有的健全人格沉沦或异化。除了一些显著的多动症、肥胖症、近视病等与自然缺失有关，还有一些隐性的危害值得我们注意，比如，儿童的感官感受性下降；缺乏对周围人和事物的关怀；应对危险、抵御挫折的能力已大大降低，这些看似没有什么大问题的表现，恰恰是儿童生命成长中健全人格的重要组成部分。

第二节　自然环境的特征

一、自然环境具有多样性和复杂性特点

与其他环境相比，自然环境有独特的优势，更受人们欢迎。沃尔威尔（Wohl. Will）通过实验证明自然环境是维持兴趣、诱发探索动机的最佳环境，是人们所偏爱的环境。如图 5-1 所示，这种偏爱又与环境的复杂性和多样性紧密相关。

自然本身多样的特性，随着时间进行着千变万化的演绎，形成各种新奇和动态的景象，能给儿童带来复杂和多元的感官刺激。有学者专门对游戏类型与自然要素的关系进行研究，发现丰富多样的自然要素可以激发幼儿不同的游戏类型。比如儿童偏爱在林地区域攀爬，在树林中做各种游戏和建构游戏的；灌木丛最能激发幼儿的隐藏游戏和搭建游戏；地形的坡度和场地环境的粗糙度提供了多样性的游戏活动，平坦的地形开放空间或分散的灌木利于幼儿开展传统游戏如捉迷藏、捕捉和奔跑。而想象游戏和建构游戏更依赖于地形和植被的结合，这是由于植物在树木种类、灌木种类

---

① ［美］理查德·洛夫. 林间最后的小孩——拯救自然缺失症儿童［M］. 王西敏，译. 北京：中国发展出版社，2017：38.

和密度方面更为复杂。① 多样性正是自然环境特有的价值，不需要刻意的设计，自然环境中的沙石泥土、动物、植物、地形、山水等物质要素本身的样态就丰富多彩，如果再结合光、风、声音等非物质要素，就会产生更加多样的环境特征。

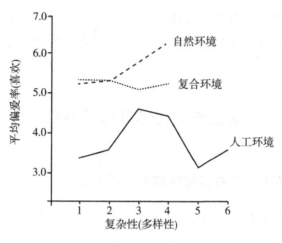

图 5-1　环境复杂性与偏爱率统计②

二、自然环境具有丰富性和变化性特点

不同植物带来不同的质感变化，如枝干、叶子和花朵的颜色和纹理，这些的质感会因季节而变化，例如我们在人行道两旁经常看到的法国梧桐树，春季时树皮相对光整，呈青色；而到了秋冬，树皮会变成斑驳状，呈褐色后脱落，树叶也会随之变成金黄色。儿童最喜欢玩泥巴，大自然中的泥巴在不同地域，不同场景中是完全不同的，干的、湿的、黄色的、褐色

①　张海洋. 基于自然教育的幼儿园景观设计研究［D］. 南京：东南大学，2019：27.

②　转引自张海洋. 基于自然教育的幼儿园景观设计研究［D］. 南京：东南大学，2019：44.

的、红色的，而且加入水或不同成分后泥土里的水分也会变化，呈现出粉状、液状、塑状、固状的变化，儿童体验的质感不同，形状不同，在这种不断变化中感受游戏的趣味性。儿童也特别喜欢捡石头、玩石头，首先石头的表面纹理会产生一种自然的神秘感，儿童喜欢把石头当作自己童话故事中有灵异功能的宝物，每一块石头的大小、形状、颜色各异，儿童又可以拿来在不同的游戏情境中灵活运用。由于自然万物之间的互动互生，因此自然环境总是千变万化，这种无穷的变化不断吸引着儿童好奇的双眼。昨天还是光秃秃的树枝，今天就可能在树枝上迸出鲜嫩的绿芽；清晨还是含苞欲放的花骨朵，傍晚就满树绽放出色彩娇艳的花瓣。幼芽为什么这么快就冒了出来？小树苗怎么突然就开起花来了？夜里小树睡不睡觉？园丁叔叔给树剪枝的时候，树觉不觉得疼呢？为什么树会衰老而死去？正是大自然跳跃般迅速的变化使孩子感到惊异，从而产生一连串的问题，在寻求答案的过程中又会产生一连串新的问题。

三、自然环境具有宽广性和自由性特点

与室内环境相比，大自然视野开阔、活动场地大，这为儿童提供了奔跑游戏和无限探索的空间，由于没有严格的活动区域划分，儿童在大自然可以灵活自由地活动。即使是学校的户外环境也要比教室里摆满桌椅板凳局促有限的环境更吸引儿童的眼球，更不要谈大自然中森林、草坪、花园、高山、大海那样开阔场景的吸引力啦。如果再加上教室里摆起手、闭上嘴的严格纪律要求，那大自然的自由开阔简直就是儿童向往的神仙圣地。无怪乎孩子们总期盼着下课，期盼着冲出教室奔向室外；无怪乎我们看到大自然时的孩子总是笑逐颜开、自由欢畅。大自然的宽广性和自由性是其他任何环境所无法比拟的特征之一，因此，在这样的环境中更容易激发儿童的自由游戏和自由探索活动。蒙台梭利说必须要给予儿童自由。"自由选择是所有心理过程中最高的心理过程之一"。"植物从含有多种物质的泥土中吸取的只是它所需要的养分。昆虫也只集中于那些接受其来访的特殊花朵上"。"这种奇迹般地辨别能力对人来说是明显的，不过它已经

不是出自本能，而是必须去获得的。儿童，特别在其刚出生的几年里，有一种内在的敏感性为精神所必需。错误引导或压制的教育能够使之消失，使其被周围每一物体对其外部感觉的奴役所替代"①。因此，大自然环境特有的开阔性和自由性能满足儿童天性自由发展的需求。

四、自然环境具有神秘性和生命性特点

自然无穷变化的现象和各种难以解释的现象让人类从原始社会起就对自然的神秘感充满了好奇和畏惧，虽然随着人类对自然认识能力的提高，自然在人类眼里不再像刚开始那样神秘莫测了，但是在儿童眼中，自然仍然是充满神秘感的地方。原生态的未加破坏的自然环境往往具有一种神秘感，蔚蓝的天空、广阔的草原、雄伟的高山、茂密的森林，在儿童的眼里这种神秘感更加强烈。天空中云朵为什么会动，云朵一会像奔跑的小马、一会像吃草的奶牛，云朵里面肯定藏着神仙；森林中既住着可爱的梅花鹿还有可怕的老虎，是不是还有白雪公主和七个小矮人；广袤的大海闪耀着神秘的蓝色光芒，海底游来游去的鱼儿喜欢吃什么呢？鲨鱼会不会把人吃光？人鱼公主是不是住在海底呢？大自然环境变幻莫测的特点本身就具有神秘性，童话故事更为自然在儿童心中蒙上了神秘的面纱。而且与其他人造环境最大的区别在于大自然中各种动植物如人类一样也有生长、衰落的生命变化。自然万物皆有生命，花开花落，草长莺飞，自然万物充满灵动的生命感。生命性特点是自然环境的特殊性，正是大自然的这一环境特点赋予了她更重要的生命教育价值，而大自然环境神秘性和生命性特点也满足了儿童的好奇心和充满幻想、梦想的自然天性。

第三节　基于自然教育的环境选择和创设

意大利瑞吉欧课程的创始人马拉古奇说，在瑞吉欧课程中环境是第三

---

① ［意］玛利亚·蒙台梭利. 有吸收力的心理［M］. 天津：天津人民出版社，2003：233.

位老师(environment as the third teacher)，而在自然教育中环境是第一位老师，"以自然为境，以自然为师"是儿童自然教育的基本要求。因此，儿童自然教育的开展首先要有好的自然环境。

一、宏自然环境的选择

(一)选择能产生"超验感觉"的自然环境

美国环境心理学家路易斯·楚拉在研究伊迪丝·科布(Edith Cobb)的《童年想象力生态学》中的理论时发现科布所描述的儿童创造性知觉总是与一种生动的感觉有关，即"人们觉得自己与所处环境是融为一体的"，这种生动的感觉楚拉称之为"超验感觉"。这种超验感觉的获得与"诱人的自然环境""心醉神迷的地方""自由""环境中鲜活的生命"有紧密的关系。楚拉进一步说"那种心醉神迷的记忆需要有空间、自由、发现和满足五官需要的丰富展示"，心醉神迷的记忆给了我们"有意义的图像，内心的平静，与自然交融的感觉，并带给某些人创造的倾向。其中一部分东西对一般人是有利的，无论我们是不是在这个世界上以创造性思想家自居"。① 因此，能产生"超验感觉"的自然可以是令人震撼的美景，也可以是儿童在童年期经常能自由出没的身边自然美景。碧波粼粼的大海、一望无垠的草原、巍峨雄壮的高山、气势磅礴的瀑布，大自然中总有一些美景是一下子就能给人视觉冲击的，视觉的震撼往往给人一种内心强烈的喜悦感。如，中国新疆的赛里木湖、伊犁的薰衣草花海、贵州的黄果树瀑布、西藏的雪山，全国各地的自然美景数不胜数，这些自然奇观总能给人强烈的美感体验。

还有一些在儿童眼中的自然秘密基地，这些地方可能不一定有引人入胜的景色，也许只是杂草丛生的一些看似荒野的地方，附近公园中一处隐秘的空地，或乡下后院果树下的一处角落，即使是小到长廊边缘的一块草

---

① [美]理查德·洛夫. 林间最后的小孩——拯救自然缺失症儿童[M]. 王西敏，译. 北京：中国发展出版社，2017：84-86.

图 5-2　产生强烈感官冲击的自然美景(来源网络)

皮也有可能激发出儿童的"超验感觉"。这些自然环境的共同之处在于给儿童内心或强烈震撼、或悠闲平静，有一种与自然相融的亲近感和自由畅快的感觉，这些自然环境绝不是旅游景点，不是人山人海的那种嘈杂之地，而是静谧幽静可以让儿童静静聆听、慢慢触摸、细细品味，充分享受与自然亲密交流的快乐。步行穿过树林到达河流、躺在草丛观察被晨光照亮的露珠、钻在灌木丛中与小伙伴捉迷藏、爬在树上偷采野果擦破了皮，这些童年的自然体验让儿童时刻感受到周围世界的鲜活性。那种大自然带来的或愉快或恐惧或两者兼具的心醉神迷的时刻的，用楚拉的话来说"就好像放射性宝石一样埋藏在我们心中，在我们一生的岁月里放射出能量"①。因此，在自然教育中我们不能单纯地追求环境的优美性，而忽视儿童那种

---

① ［美］理查德·洛夫. 林间最后的小孩——拯救自然缺失症儿童［M］. 王西敏，译. 北京：中国发展出版社，2017：85.

"心醉神迷"的体验感。

图 5-3　自由探索的自然秘密基地

(二)选择原生态充满野趣的自然环境

日本建筑师手冢贵晴认为,"小孩子需要尝试一些轻微的危险,他们从中学会如何互相帮忙,这就是小社会,而现今的社会我们正缺乏这样的教育机会",原生态充满野趣的自然虽然有潜在的危险因素,但是适当的风险恰恰是培养儿童应对能力的需要。而充满野趣的环境孩子才能有更多的与环境互动的机会。大小不同的树木、高低不平的土坡、任意生长的杂草、凌乱散落的石头、随意倒下的林间枯木、看上去破烂不堪的木屋或土洞,这样的自然充满了原始的味道,贴近于儿童内心深处的自然天性。因为儿童喜欢的是充满神秘氛围,可以充分体验的环境,带点野性的环境对于儿童来说更有趣味性。相比而言,西方国家的森林和公园往往人工改造痕迹少,那种充满野性的荒野式环境更加贴近儿童的自然天性。而中国园林式的自然环境注重山水亭台楼阁、花草树木的精致设计,体现文人墨客的意趣,具有浓厚的艺术感,但从儿童亲近自然的视角来看,园林式自然环境虽可以让儿童有美感体验,但是无法让儿童与自然充分互动,缺乏童趣和体验感。

图5-4　充满冒险野趣的自然（来源于网络）

（三）选择农田果园类乡村自然环境

意大利著名教育家蒙台梭利在《蒙台梭利幼儿教育科学方法》一书中谈到"既然儿童的肉体生命需要大自然的力量，那么，他的精神生命也需要使心灵与天地万物接触，以便直接从生动的大自然的造化能力中吸取养分。达到这一目的的方法是让儿童从事农业劳动，引导他们培育动植物，并从中思考自然，理解自然"。① 可见，农村的自然万物，农业生产的形式有助于滋养儿童的精神生命。那种认为农村地理位置偏僻而不利于教育发展的观点是一种教育发展城市同质化的取向，从人类进化史、发生学等视角来看，农村对于儿童有着独特的教育价值。儿童处于人一生发展的幼年时期，可以看作是人类整体进化史上的童年阶段，农业发展阶段也处于人类社会发展阶段中的初级阶段，因此，农业社会中的各种自然与生产样态与儿童期的身心发展有天然的契合性。农村原生态的自然资源，农业、畜牧业、手工业等生产方式既适合儿童感知运动、直觉具体的心理发展特点，又吻合儿童直觉体验、与大自然天然融合相通的"泛灵性"精神世界。卢梭建议让儿童去乡村生活，"城市是坑陷人类的深渊。经过几代人之后，人种就要消灭或退化；必须使人类得到更新，而能够更新人类的，往往是

---

① ［意］玛丽亚·蒙台梭利. 蒙台梭利幼儿教育科学方法［M］. 任代文，主译校. 北京：人民教育出版社，2006：160.

乡村。因此，把你们的孩子送到乡村去，可以说，他们在那里自然地就能够使自己得到更生的，并且可以恢复他们在人口过多的地方的污浊空气中失去的精力"。① 所以，爱弥儿的教育大部分是在乡村完成的。苏霍姆利斯基的蓝天下的学校直接就是扎根在大梨树下、葡萄园里、农场里、牧场里。他认为农村是孩子们健康成长的天然场所，"夏秋之交，农村空气中植物杀菌素特别丰富。如果想把有肺病、感冒、风湿病病根的孩子们的身体锻炼好，那就让他们在这些日子里，无论白天还是黑夜，都待在户外"。② 他描述了带领学生在集体农庄瓜园的教育活动——我们在农庄盖了四个窝棚过夜，"窝棚里铺满发出香气的干草，在瓜园里度过的一个月，就像一支令人陶醉的歌唱蓝天和灿烂阳光的曲子，使孩子们终生难忘。我们黎明即起，欣赏从夜间梦乡中苏醒过来的大自然的无比美景，我们踏着朝霞四处游览，用装在大木桶中运来的泉水洗脸、做早操，用冷水冲上身，吃煮土豆加西红柿、吃西瓜，这一切对孩子们来说都是欢乐的事"。③农田果园这类型自然环境对儿童的吸引力主要在于看到农作物或果树的生长所带来的那种生命变化的喜悦感，特别是这些作物是与食物紧密相连，可以刺激儿童的味觉，让儿童有一种迫切体验自己种植或采摘食物的冲动。如果儿童能有机会去从事农业劳动，培育动植物，就会让他们懂得如何对一个生命负责任。

二、微自然环境的创设

微自然环境是相对于宏自然环境而言的，在条件允许的情况下我们鼓励儿童直接走进大自然，亲近最原始的大自然。对于推崇自然教育理念的普通学校来说，我们除了不时带儿童走进外面的大自然，也可以在学校创

---

① ［法］卢梭. 爱弥儿论教育(上卷)［M］. 北京：商务印书馆，2002：43.
② ［苏］B. A. 苏霍姆林斯基. 育人三部曲［M］. 北京：人民教育出版社，2003：114.
③ ［苏］B. A. 苏霍姆林斯基. 育人三部曲［M］. 北京：人民教育出版社，2003：114.

图 5-5　农田果园的快乐童年

设微自然环境，通过自然环境的创设为儿童的自然教育活动提供有准备的环境场域，因为儿童自然教育必须首先以"自然为境"。

（一）微自然环境创设的原则

自然环境创设的总体原则是遵循自然的原则，这里的自然既有儿童的自然又有大自然的自然。儿童的自然就是要了解儿童在大自然情境中的活动特点以及对大自然感知认识的特点；大自然的自然就是要遵循大自然一草一木的生态特点。

1. 因地制宜的原则

不同地区在儿童自然环境创设时要选择适合当地气温和土壤的动植物，对于原生态的植被尽量保留，其他辅助活动材料也尽量选用原始材料，不要过分追求美观，自然的人化痕迹越少越好，尽量保留原来环境的荒野性。如，利用高低不平的草坪形成自然的斜坡打造滑梯，用不同树种组合体会不同木质。园林式的自然环境并不适合儿童的探索，但是可以在因地取材、因势利导的原则下根据教育的需要适当配置一些植物品种，比如为了丰富儿童的感官体验配置香草区、五感体验区，在这些区域突出不同感官的体验特点；为了增加美感的直觉体验效果可以在植物种植区块上注意同种类植物的面积和不同种类植物之间的搭配产生的视觉美感。植物配置要充分利用季节和空间的变化进行合理搭配，还要体现出奇特与童趣化。

2. 儿童主体性原则

从儿童视角出发设计微自然环境需要符合儿童心理的需要，满足儿童游戏的需要，让儿童能够感到自己是环境的主人，并能主动融入环境中去。如，儿童对泥坑、土坡、洞穴、水池都普遍感兴趣，喜欢高低不平的路，像迷宫一样的灌木丛等自然场所。有些在成人眼中充满美感的亭台楼阁对于儿童来说不一定具有吸引力，也许一堆散乱的石头，一条看似不起眼的小溪更能吸引儿童的眼球。针对儿童感知动作的思维特点，适合儿童需求的自然环境要有更多的体验性和互动性，而不能单从成人观赏性的视角去创设。多种植一些野花野草比名贵娇嫩的花朵更符合儿童的需求，种植不同种类的果树，适当加入一些童话主题的要素对激发儿童的兴趣是非常必要的。

3. 教育探索性原则

根据儿童喜欢捉迷藏、走迷宫、挖宝藏的心理特点，可以设计各类自然游戏空间，将人文自然等相关知识隐含到游戏去设置中，儿童在游戏中自然而然就会有相关基础知识点的探索。种植丛生型大树，方便儿童攀爬探险，形成多层次多形式的配置方式，充分利用植物季节变化特点吸引幼儿；保持树木的原始形态，注意树木的原始高度及冠幅的后期扩展，尽量不修剪；通过大树改善户外环境小气候，同时林下可设置轮胎、原木等材料作为活动工具，也可利用藤蔓植物打造立体迷宫。设置沙池时，可做一个类似水床的东西，即在软布上面放沙子，在软布下面设一个可以上下左右移动的装置，模拟流沙，加上小人、骆驼、彩蛋(增加色彩)等，让孩子们感受沙漠的危险，培养其爱护大自然的理念；打造水系时，可以分出一个小水池，并为其设置进水管和出水管(数量、粗度不同)，让孩子们嬉戏中感受数学问题；通过设置压水井，让孩子们体会古人在没有电的情况下提水的智慧。①

(二)基于自然教育的环境创设

1. 满足儿童审美体验的需求

研究表明影响环境美感的三个要素包括形式、色彩和质感。形式与色彩也是幼儿最本能的感官体验，大自然形态各异，要充分发挥自然万物的审美功能。大自然中的"植物在形式、色彩和质感融合上是占优势的要素，植物的各自形态以及群体效应，与场地空间融合，将形成不同情感的空间，如杉木林的直线形态能营造出积极向上感受；榉树与朴树的曲线形态能带来放松的感受；植物之间的群组设计又呈现不同的视觉感。植物叶子与花朵具有的纯度和高明度的色彩，是幼儿偏爱的色彩，吸引幼儿接触植物、认知环境，复加了幼儿对其的情感体验"。② 因此，在微自然环境的创设中适当考虑不同植物搭配所产生的不同美感效应。不同自然材料的形式、色彩、质感组合方式不同会产生不同的感官刺激。比如，有童趣感的草坪、灌木丛和大树相间排列，一大片草地上增加几块大小不等的石头，在变化中会打破单调的界面，引发儿童的注意力。

2. 满足儿童游戏的需求

自然环境创设时要考虑到幼儿的游戏性需求，不单单为了美观，还要便于幼儿游戏的开展。研究表明(Ingunn Fjurtoft，1999)，幼儿偏爱攀爬颜色明亮的落叶树、落叶松树和枝杈分散的低矮灌木。因此，"在树木的选

---

① 张海洋. 基于自然教育的幼儿园景观设计研究[D]. 南京：东南大学，2019：40.

② 张海洋. 基于自然教育的幼儿园景观设计研究[D]. 南京：东南大学，2019：42.

择上可按图 5-6 所示选择：一是选择低矮的小乔木，例如樱花或鸡蛋花具有低分枝的特点；二是选择低分枝的树木，如丛生朴树，分枝点低，且树皮比较平整，易于和树木玩耍；三是对于分枝点高的树提供一些辅助设施，如在树干上系绳索，在树边放置树桩或岩石增加攀爬高度；四是依靠平台等人工设施，让幼儿接触高处的树木"。①

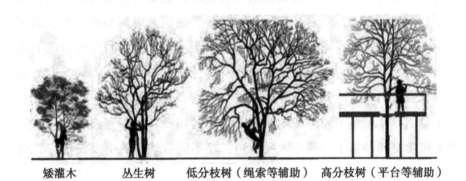

矮灌木　　　丛生树　　　低分枝树（绳索等辅助）　高分枝树（平台等辅助）

图 5-6　关于适合爬树的设计方式

根据 Ingunn Fjurtoft 等对游戏活动与植物关系的调查研究，发现低矮灌木的密度会影响游戏的种类，当密度比较分散时，攀爬游戏占 79%，想象游戏占 86%，建构游戏高达 96%。因此种植松散的灌木植被和树木将有利于儿童跑动，也会给儿童提供做角色游戏和结构游戏的物质条件和丰富的自然材料。在地形地貌上，要注意创设能引起变化的场地，比如充满神秘感的山洞、坡度缓急相间的山坡和起伏变化的丘陵等，这样的地貌更有利于激发儿童游戏的兴趣。同时利用不同自然物形成游戏迷宫效应，比如不同形状和大小各异的石块。创设可以安全攀爬的矮树木，流动的溪水和沙地，起伏的地形来支持孩子们自由地挖掘、玩水、沙子等游戏行为。

① 张海洋. 基于自然教育的幼儿园景观设计研究[D]. 南京：东南大学，2019：57.

3. 满足儿童同伴交往的需求

有学者研究发现，在较小的分隔区域中，高层次的社会性及认知性游戏容易发生，而在较大的区域中游戏的层次较低。已有游戏研究理论也表明了不同的游戏角落和游戏场地都会影响儿童与同伴的交往，因此，在自然环境创设中要考虑到创设有利于激发同伴之间交流互动的场地。既要有满足两至三人小群体交往活动的空间，也要有比较大的空间，如空旷的草坪满足人数较多儿童的群体游戏，比如老鹰捉小鸡、丢手绢等传统游戏往往需要空间较大的场地。当然儿童在大空间的自然场地中也会自发地划定一个游戏的小范围开展一些社会性角色扮演游戏，但是如果教育者想引导儿童同伴交往的频率，可能需要通过游戏材料的投放有意识地引导儿童玩不同游戏的游戏。比如鹅卵石铺设的界限划分，不同种类植物交间种植于一些小木屋旁边，在不同自然材料中投放相应的角色扮演类工具。

4. 满足儿童情感倾诉的需求

可以在微环境创设时有意创设一个我们前面所说的能产生"超验感觉"的自然秘密基地，这样的场地常常是三五个儿童结伴经常出没的地方。例如，小朋友经常会选择躲在桌下停留，或者用稻草或树枝搭建一个"小房子"钻进去，在心理上形成空间归属感。因此，应设计一些利于孩子们发现的小空间，如管道、树屋和植物迷宫等，同时为了安全管理需要确保这些小空间与外界联系。营造神秘感空间特征，如山坡下的洞穴、树屋等。尽量创造多样化的"自然边界"，如，有意识地创设一些适合昆虫、蚂蚁、蜗牛触摸的自然场地，会给儿童增加一些意想不到的趣味性。同时提供一些石头、木块、能采摘的野花野草场地便于儿童创设属于自己的情感空间，一些适合当地地理条件，能快速生长的植物，尤其是一些丛生植物和高大的草将成为孩子们最喜欢藏匿或聚集的地方，经过他们玩耍之后，场地环境会随玩耍的次数和时间发生变化，变成他们自己喜欢的样子，成为他们能产生"超验感觉"的经常光顾的自然秘密基地。

三、自然教育中几个常规体验区的创设

(一)植物区的创设

1. 微自然环境中的植物分布

植物种类的分布要考虑它们的形态、色彩、质感以及在不同天气下的变化特征。树木的大小要有层次感，比如大的树木枝叶的四季形态变化不同，与光线的结合会产生不同的光影效果，大型的树木是天然的栖息地，如银杏、杉木、玉兰等；间隔设计中型大小的果树、灌木，如桃树、杜鹃、金钟花或迎春花等；藤状类植物和木质建筑可以融合一体设计，形成休息区或户外读书、表演的小剧场效应。植物区不要忽视大面积的地被植物，如三叶草、蛇莓、地丁、蒲公英、鸢尾草等。这些植被虽小看上去不起眼，却是最能激发儿童游戏的植被。植被在为各种活动提供"绿色地毯"的同时，也能带来微妙的生命变化，这些是容易被成人所忽略的地方，但是往往引起孩子们敏感的好奇心，如同观察蚂蚁等昆虫一般，吸引他们观察体验自然微妙的变化。而且，苔藓物作为植物界中的一大类群，对自然演替起着十分重要的作用，本身充斥着生命和生命的源泉，构建了外部空间的生命体系，这对儿童的生命教育有重要的意义。

2. 植物创设中的色彩设计

关于植物种类的色彩设计，有学者从认知色彩的角度提出根据幼儿偏好的色彩来设计容易引起儿童注意的植物色调。使用"单色调和：将同一颜色的植物进行浓淡明暗的相互配合，呈现渐变的色彩，给人以调和韵律之感，如不同植物的深浅绿色变化。色相调和：将植物相邻色进行组合，如红与橙，黄与绿，或相间色进行组合，如红与黄，绿与紫，容易取得协调、柔和的气质，如黄馨和珍珠梅形成的黄色与白色搭配。补色对比：利用互为补色的植物进行颜色组合，由于色相和明度的差异大，形成对比强烈而欢快的气氛，如黄馨和紫玉兰配置，各自的鲜明度均得以加强，使黄色更亮，紫色更艳"。同时"植物色彩设计应突出自然的野趣之美，依据本

土植物和幼儿可接触的植物，按照设计所体现的自然意向进行设计，形成一片野草区域或是多种花朵开放的区域，而不是仅为色彩而设计"。① 这种注重植物色彩的设计更能增加微自然环境的审美体验感。

图 5-7　植物色彩的设计

（二）微型农场的创设

农场微自然环境可以通过一小块空地或新型作物种植箱来实现，按小组来划分迷你种植区或者小块种植田。建议种植品种：小青菜、菠菜、白菜、西红柿、豆角、黄瓜、土豆、萝卜（小红萝卜、胡萝卜、白萝卜都需要有）、南瓜、小葱、香菜。种植品种要考虑收获季节的不同，要有悬挂类的、埋在土里的根茎类的搭配种植。微型果园设置如果场地有限可以选择低矮小型的果树散种园内，或选择迷你种植区。建议最好有一至两棵大型果树，便于形成超验感觉。当然有了大面积的绿化植物，自然会吸引大量的昆虫和小鸟，这些灵动的生命增加了自然环境的体验感。同时，可以考虑有意识地饲养一些方便养殖的小动物。鉴于幼儿园内场地限制，可以养一些小型的宠物类动物。建议养殖品种：小鸡、小兔子、小羊、宠物

① 张海洋. 基于自然教育的幼儿园景观设计研究［D］. 南京：东南大学，2019：57.

猪、花枝鼠、小鸟等。不像野生的昆虫、小鸟体验感过于随机，这些小动物可以成为儿童固定的朋友，儿童定时和动物朋友们交流游戏，可以丰富儿童游戏的内容和生命灵动的体验感。

图 5-8　便于饲养的小宠物

(三) 自然感官区的创设

1. 感官小路

感官小路以练习触觉为主，根据场地实际情况可以分为固定型感官小路和可移动型感官小路两种类型。

(1) 固定型感官小路铺设材料：鹅卵石、砂砾、细金沙、草坪块、木质地板、瓷砖片等，两侧以高低不等的木桩拦挡。如果是常规道路铺设，两侧可设立感官触摸牌进行环境创设，如图 5-9。

(2) 可移动型感官小路铺设材料：松树叶子、碎木渣、普通干树叶、麻布、皱纹纸、小圆形木片若干、黄豆若干、整齐排列的干树枝、干花等；长方形木质盒子可用低矮的泡沫盒子替换，如图 5-10。

2. 感官花圃

感官花圃可以充分滋养儿童听觉、嗅觉、触觉等多种感官的感受力，

图 5-9 固定型感官小路图

图 5-10 可移动型感官小路图

也能为儿童的自然游戏提供丰富的素材，我们以香草花圃为例，在这个微型花圃可以栽种不同味道的香草，如香菜、小葱、花椒树、薰衣草、迷迭香、百里香、藿香、薄荷、罗勒等。这些植物不仅可以设计感官游戏，而

常用香草

薰衣草、猫薄荷、
杭白菊、柠檬、
芹菜、欧芹

图 5-11 香草花圃

且可以生成丰富的活动课程。

除了这些自然区域的创设，还有很多适合自然教育的不同区域，自然学校或自然教育基地可以因地制宜进行环境创设。任何丰富的自然环境只要能以儿童为视角用心设计，就能为儿童的自然体验提供丰富的环境场域。值得注意的是自然教育不是科学教育或生态环境教育，因此，自然环境的创设不是常规的幼儿园或者学校的自然角设置，要从观念上根本改变对儿童内在自然和外在大自然关系的浅层认知，要充分考虑到自然环境的鲜活性和儿童在环境中的感官体验、情感体验、游戏体验和精神体验等综合因素。

在无边的世界的海滨，孩子们欢呼跳跃地聚会着。他们用沙子盖起房屋，用空贝壳来游戏。他们把枯叶编成小船，微笑着把它们飘浮在深远的海上。孩子在世界的海滨做着游戏。

——泰戈尔

第六章 自然环境中的儿童游戏

第一节 游戏在儿童自然教育中的核心地位

一、游戏是儿童的"自然"状态

儿童需要游戏。人类在创造文明和文化的同时，也创造了丰富多彩的游戏，游戏作为"闲暇生活"和劳动(工作)一起构成了人类日常生活的基本内容。根据胡伊青加的研究，"文明是在游戏中并作为游戏而产生和发展起来的"。更进一步说，"真正的文明离开游戏乃是不可能的。在某种意义上，文明总是根据某些规则来游戏，而真正的文明总是需要公平游戏的。欺骗或破坏游戏就是摧毁文明本身"。① 如果从这个意义上来说，人类文明、文化的传承应该通过游戏，而不是其他方式。柏拉图认为游戏源于一切幼仔(动物和人的)要跳跃的需要，德国学者格鲁斯提出"游戏期"的概念，认为"游戏期"对于有较长的不成熟期的那些动物幼仔是非常重要的，"游戏是对与生俱来、但不成熟和不完善的本能行为的练习，它能帮助小动物适应未来的生活"。② 因此，游戏是自然发明的、具有生存适应意义和价值的活动。人类学家认为"游戏是儿童生活中一种自发的教育活动，儿童在日常生活中自发地将他们的经验建构在游戏里，游戏是一种自发地创

---

① [荷兰]胡伊青加. 人：游戏者[M]. 成穷，译. 贵阳：贵州人民出版社，1998：210.

② 刘焱. 儿童游戏通论[M]. 北京：北京师范大学出版社，2021：29.

造性的教育活动"。① 儿童在游戏中奔跑、跳跃、攀爬，身体在游戏中尽情舒展；儿童在游戏中兴奋、欢笑、满足，情感在游戏中尽情张扬；儿童在游戏中探索、假想、创造，智力在游戏中自由绽放；儿童在游戏中交流、分享、合作，社会化在游戏中自然化生。

游戏的本质贴近儿童的"自然"状态。游戏的本质在于"以自身为目的"或超越外在的"功利性"目的。关于儿童游戏的理论研究表明，游戏的本质是具有"愉悦性、主动性、虚构性、有序性"，在游戏中儿童的自主性、创造性会充分展示出来，而且游戏在本质上是"以自身为目的"或超越外在的"功利性"的。儿童游戏不是为了获得额外的奖励，游戏是儿童生而具有，不教而会的本能。儿童热爱游戏，游戏是儿童自愿自发的行为，在游戏中，游戏与游戏者融为一体，儿童享受着游戏，游戏是儿童自由畅快的假想世界，游戏过程本身就是目的。

二、大自然是儿童最佳的游戏场

自然是人类生命的摇篮。从进化史来看，人类作为自然界中的高级动物，其从母体中的胎儿到生命的初始经历了浓缩的生命进化史，也是自然进化的复演。哈佛大学科学家 Wilson（1984 年）认为人类对自然有一种天生的亲和力（innate affinity），他用嗜生物（Biophilia）这样的术语来形容人类热爱生命的天性，并且提出嗜生物（Biophilia）是以生物学为基础，与我们个人的发展密不可分的。人类需要自然，不仅仅是因为自然为人类提供生存必需的物质，更重要的是自然是我们人类健康生活的一个部分。

热爱自然、喜欢亲近自然是人类的天性，也是儿童的内在需求。当儿童置身于自然中，他们自然而然地被周围的花草树木吸引，哪怕是一堆树叶、一个小水坑都能点燃儿童探究游戏的兴趣。不仅如此，儿童在探究自然的时候总喜欢把自然中的一草一木都赋予生命，都当作和自己一样有生命的个体。成人常把儿童对花草树木的自言自语当作幼稚的表

---

① 邱学青. 学前儿童游戏［M］. 南京：江苏凤凰教育出版社，2016：7-8.

现，感觉孩子的表现有趣好笑，却不知道这种与自然融合的交往形式是人类与自然相处的宝贵方式，是儿童特有的思维方式。儿童会和小鸟说你好，会和小花说再见，会用落叶给小树宝宝做一条围巾，会用树枝为瓢虫做一个家。

如果追溯人类发展的历史，儿童都是在大自然的怀抱中成长的，在福禄贝尔的幼儿园里，幼儿可以在户外尽情奔跑游戏，在花园里照顾植物、种植花草、观察昆虫，与不同自然物尽情游戏。罗素说"儿童想象自己过着远古时代野蛮祖先的那种生活，这在生物学上是很自然的"。"儿童在游戏中的假扮有时候完全是一种表演所带来的乐趣，比如假扮鳄鱼，一次次体验那种恐惧的尖叫"。① 大自然的环境天然地激发出儿童沉积在本能层面的游戏欲望。自然在儿童眼中并不只是活动的场景，而是与他们游戏互动的对象。当儿童置身于自然中的时候，他们不像成人一样只是走走看看欣赏自然美景，他们更喜欢的是摸摸、尝尝、闻闻，他们喜欢在沙土中挖掘"宝藏"，在树林中捡拾神秘的"宝物"，他们想要的是在自然中的探索、实验、游戏，而不仅仅是去认识自然物的名称。

同时，自然环境的特征符合良好游戏环境创设的要求。美国作家伊迪丝·科波在《儿童想象生态学》中研究了儿童与环境的联系，她意识到环境、游戏和想象力之间有着非常复杂的关系，儿童的游戏是一个包含了自然和人创造的文化两方面因素的动态生态系统，而这一动态生态系统就隐藏于儿童在大自然中的游戏。研究也表明，良好的游戏环境必须宽敞，具有丰富的刺激性，具有能够变化、调整的空间，游戏场地不能单调无物，②这些对良好游戏环境创设的要求，恰恰是自然环境所具有的特点。在前面的章节中我们曾经探讨了自然环境所具有的独特特征，自然环境具有多样性和复杂性、丰富性和变化性、宽广性和自由性、神秘性和生命性等特

---

① ［英］伯特兰·罗素. 教育与美好生活［M］. 张鑫毅，译. 上海：上海人民出版社，2020：84，80.

② 转引自邱学青. 学前儿童游戏［M］. 南京：江苏凤凰教育出版社，2016：185-187.

征，这些特征完全符合良好游戏环境创设的要求。自然环境具有不确定性、真实性、开放性、复杂性、变化性等特点，同时蕴含着丰富的感官刺激性，因此，自然是儿童创造性游戏的最佳场所。儿童在不同类型环境中发展的研究表明，在"自然环境中儿童游戏的创造性形式远远超过在传统游戏场地或室内的"。[①]（Cloward Drown，Christensen，2014）自然场景中包括了各种各样的自然物供儿童游戏，树木、草地、花草植物、石头、叶子、泥土、流水，不仅有无生命的自然物，还有昆虫、飞鸟、小动物等各种有生命的自然物，这些丰富的自然材料不同于成型的玩具，它们是具有各种变化可能的低结构游戏材料，儿童可以随意想象、创造，满足了儿童好奇、好探索的特点。不仅如此，自然游戏材料是充满生命活力的游戏材料，它们不仅仅是等待儿童被动操作的玩具，而是与儿童共生共长的生命体。

第二节　游戏在自然环境中实施的先期准备

一、游戏时间的保证

游戏能否开展，开展的质量如何与游戏时间有密切关系，研究表明，高质量游戏的开展至少需要 30 分钟以上。自然场域中开展游戏时对游戏时间的要求更高，因为当儿童置身于自然场域中的时候，他们首先需要熟悉环境，也就是探索先于游戏的发生，在自然环境中探索，然后开始自发的游戏，所以自然游戏的启动需要时间准备。其次，不同于其他游戏场地中的游戏设备，比如幼儿园的游戏场地中滑梯、积木、娃娃屋里面的游戏材料都是已经准备完善的。自然材料作为低结构游戏材料，并不是现成的游戏玩具，儿童在游戏的时候需要根据游戏情节、游戏主题对自然材料进行

---

① Ruth Wilson. Nature and Young Children：Encouraging Creative Play and Learning in Natural Environments［M］. New York：Routledge，2018：27-28.

搜集、选择和改造。例如，儿童在自然环境中玩泥巴，除了用泥巴建构，也有可能用泥巴开展角色扮演游戏，这时候，泥巴蛋糕、泥巴桌子、泥巴电视机等自然游戏玩具的制作就需要有一个过程。因此，在自然环境中开展游戏，我们要争取有一个小时以上的时间保证，这样才能让儿童有一个比较充足的游戏体验感。

另外，成人要改变对自然游戏的观念，重视儿童在自然环境中的游戏，并给予充足的时间保证。我国向来有"勤有功，嬉无益"的传统观念，游戏在中国传统文化中并不被重视，即使是现代社会，家长们也是普遍忽视游戏对儿童发展的重要性，更不能理解游戏就是儿童的学习方式。有时候能游戏也不一定代表能体认游戏精神，要重视让自然游戏的开展更加面临挑战。比如自然环境中的危险因素，走进自然与儿童上各种培训班时间的冲突，让儿童在周末或假期很难抽出时间走进自然，等等。因此，我们要让儿童在自然环境中自由游戏，并在游戏中彰显游戏精神，达到文明传承，还要保障儿童有时间亲近自然，把亲近自然作为与其他学习同等重要的事情去看待，儿童才能有在自然环境中开展游戏的可能。

二、游戏场地的预设

（一）圈定游戏开展的范围

在幼儿园或学校的微自然环境中开展游戏本身就有校园围栏的限定，而如果在开放的大自然环境中开展游戏活动最好事先为儿童限定一个范围，我们可以根据不同自然场域的特点因地制宜地选择游戏范围，比如在森林中，选择有特征的几棵大树，在树枝上挂上标志性丝带作为边界，通过悬挂标志性丝带的方法同样适用于花园、果园、草场或农场等不同自然场景。圈定游戏开展的范围在户外自然教育中非常必要，在一定范围内活动可以让儿童有一个安全的界限，而且教师可以事先检查一下活动范围内的风险隐患，诸如隐蔽的坑、腐朽的绳索，带有尖刺的树杈、马蜂窝等，这些地方可以提前排查掉，或者贴上危险提醒标志，防止安全隐患的发生。

　　圈定游戏开展的范围除了便于安全管理，也能让儿童对某一范围内的自然有一个深度的体验。经常光临一个熟悉的自然场域便于儿童建立与自然的连接，表达对自然的友好和敬畏之心。儿童可以和经常见面的花草树木交朋友，也可以细致入微地观察自然万物的四季变化。英国作家毛姆说，"一个人能观察落叶、羞花，从细微处欣赏一切，生活就不能把他怎么样"。在一个固定的自然场域中游戏，儿童才能深度和自然万物交往互动，也才能有高品质游戏的产生。诸如社会性和认知性较高水平的建构或装扮游戏，而不是局限于功能性或运动性游戏。另外，游戏不管在什么样的开放性自然环境，最好选择一个便于围坐下来的地方作为集合地点，这个集合地点要有荫凉或遮雨的设施，大树底下或有凉亭的地方都比较合适。当然，一块野餐垫和一个凉棚就可作为很好的集合点。

图6-1　以树木围圈设定活动范围

(二)预设游戏场地的区域

与旅游活动不同,自然教育的开展需要一个或者几个经常去的自然场域,而不是像在旅游中那样一天就有可能需要玩遍好几个不同的景点,因此,可以在户外提前创设几个不同的区域,如感官花圃、自然小径、泥巴厨房、趣味树屋等场地,丰富儿童游戏的主题。常见的户外游戏区域包括躲避危险的地方,以及观察区、休息区、饮食区、探险区、创造性游戏区、建构游戏区,除此之外,小池塘、可以攀爬的树、可以隐藏起来的地方、树丛、沙滩等都是儿童非常喜欢的游戏区域。当然,一个以自然为主题的游戏场所通常也会有玩沙、玩水、动物生活区、花草植物区、蔬果区、昆虫园等地方。不同的区域会激发儿童不同的游戏活动,如创造性游戏区儿童就会开展角色游戏、自然物拼贴、不同自然材料的实验游戏等;探险区儿童会开展攀爬、钻爬、林地密道探险等游戏。弗洛斯特(Frost)和康普贝尔(Compbell)的研究表明,相比传统游戏场地,创造性游戏场地会明显刺激戏剧性和建构性游戏的出现。创造性游戏场地包含娃娃家、有轮子的车区、沙和水、可移动零件的储藏室,以及各种自制的攀爬物。①

三、游戏材料的辅助

游戏材料既是游戏的物质支柱,又会对游戏的性质、内容等产生影响。灌木丛或者枝杈密集的云杉等树木提供了捉迷藏、建造房屋、海盗、幻想、过家家等游戏;空旷的场地提供了追逐、跳背等游戏,不同的地形地貌(梯田、斜坡、草坪、灌木丛、可攀爬的树)为不同种类的游戏提供了不同的材料和场地。研究表明"如果给儿童提供多种多样的游戏材料,儿童在游戏中解决问题时就表现出更多的发散思维行为特征;给儿童提供没有固定玩法的材料时,儿童就会创造他们自己的玩法;完全陌生和比较复

---

① 邱学青. 学前儿童游戏[M]. 南京:江苏凤凰教育出版社,2016:109.

图 6-2　简单的木架设定游戏区域

杂的玩具材料容易引起儿童的好奇"。① 可见，不同的游戏材料会对游戏行为产生不同的影响。自然场景中的石子、树枝、木桩、树叶、泥土、野果、昆虫、小鸟、水、风、光等任意自然物都可能成为儿童的游戏材料，这些游戏材料具有开放性、可塑性和生命性特点，可以发挥多种多样的游戏功能。同时，低结构的自然材料为儿童提供了想象力发展的丰富素材。

　　虽然大自然中的各种自然物都可以用来作为游戏材料，但是自然教育中的游戏材料并不单指树叶、花草、石子等来源于大自然的材料。游戏的深度展开需要教师有意识地提供一些丰富游戏情节，激发游戏新主题的辅助游戏材料。而且，自然物作为游戏材料在游戏过程中也需要通过一些不同辅助工具进行创造性使用。比如，在建构游戏区可以设置一些小货车、挖掘工具、泥土、颜料等辅助材料；适当提供一些金属物品、木工区、干草堆，可以辅助儿童在游戏中开展建造鸟窝、道路、篱笆等。有学者研究

---

　　① 邱学青. 学前儿童游戏[M]. 南京：江苏凤凰教育出版社，2016：110.

图 6-3 儿童用树枝、松果自制弹弓

了自然材料和游戏类型的关系，如表 6-1 所示，不同自然物和游戏类型之间的关系可以帮助我们在自然游戏材料投放时选择可以激发儿童不同游戏种类发生的自然材料。比如，我们可以选择投放分散的灌木材料激发儿童的想象游戏和建构游戏。

表 6-1 游戏类型与自然要素的关系①

景观要素		游 戏 类 型					
植被	类别	攀岩	爬树	跑动	滑行	想象游戏	建构游戏
风貌树	落叶		28%			35%	40%
	云杉					18%	
	松树		34%			20%	

① 转引自张海洋. 基于自然教育的幼儿园景观设计研究[D]. 南京：东南大学，2019：44.

续表

景观要素		游 戏 类 型				
风貌灌木	混合林	7%			6%	14%
	杉/松	20%			11%	38%
	落叶				46%	48%
	混合体				48%	53%
	杉/松					
灌木密度	开敞	13%		12%	7%	
	分散	79%	100%	79%	86%	96%
	稠密	9%		9%	8%	4%
地形(坡度)	平均度数	22.5	11.6	22.3	17.2	10.3
	(S.D.)	(7.8)	(4.1)	(7.7)	(7.7)	(3.4)
地形(粗糙程度)	平均值	-0.8	-0.2	-0.8	0.2	-0.1
	(S.D.)	(4.8)	(2.4)	(4.8)	(4.0)	(1.5)

＊表中植被风貌以在活动区域中占比表示,地形坡度和粗糙度以平均值和 S.D.来表示。

随着季节变化、时间变化,自然游戏材料本身会不同,随着游戏主题、游戏情节的变化,低结构的自然材料也会经由儿童的创造而发生变化,千变万化的自然游戏材料有助于激发儿童创造性游戏的开展。尽管自然游戏材料本身就非常丰富,而教师一个有趣的玩偶、一些碎布头或者一个泥土加工器的游戏材料投放则会让儿童游戏的主题和内容更加丰富有趣。因此,儿童自然教育中的游戏开展并不仅仅依赖于自然物,可以辅助激活自然场景中的各种自然物,让它们更好地和儿童互动游戏,促进游戏水平向更高水平发展。

第三节 自然情境中儿童游戏的发生

一、自然探索先于自然游戏

当儿童置身于自然情境中时，游戏行为并不马上发生，尤其是在一个完全陌生的自然环境中时，儿童首先会对这个不熟悉的环境进行探索了解，然后才会有自由游戏行为的发生。如果是一个他们经常去的自然环境，比如幼儿园里的自然环境，家门口的公园或者在他们已经非常熟悉的树林或农场，游戏行为很快就会出现，反之，儿童首先会对环境中所看到的一切感到惊奇，然后欣赏自然万物的形态美，尝试探究某一具体自然物的结构，比如形态各异的石头，充满神秘感的树洞。根据心理学的研究，探索行为有别于游戏。根据科妮·赫特的研究，儿童探索不熟悉的物体越是复杂，儿童的探索行为就越多，反之，儿童的探索行为会减少，而游戏行为会增加。科妮·赫特所说的探索行为是儿童想了解不熟悉物体是什么？这个物体是做什么用的？儿童游戏行为的开始是基于对物体的假想行为和随心所欲的使用。①比如，儿童拿起一块石头研究石头的纹路是探索行为，而拿几块石头当作肉来烧肉汤是游戏行为。当然，儿童拿石子打水漂或者拿一些石子来回抓握，这种行为似乎既是一种探索又有一种把玩石子动作所带来的游戏快感体验。总体而言，在自然情境中儿童往往先探索、活动，继而进行游戏。诚如皮亚杰所说"游戏的实质是同化超过了顺应"，当"主体完全不考虑事物的客观特性，只是为了满足自我的愿望与需要去改造现实"②的时候，游戏行为就发生了。

在不同自然情境中，儿童的探索、活动和游戏行为有时候先后发生，有时候又同时融合出现。比如，在一大片绿油油的草坪上，儿童会打滚、

---

① [英]朱莉娅·贝里曼等著. 发展心理学与你[M]. 陈萍等，译. 北京：北京大学出版社，2000：89-90.

② 邱学青. 学前儿童游戏[M]. 南京：江苏凤凰教育出版社，2016：59.

奔跑、追逐，这种行为我们既可以说是儿童用整个身体在探索草坪，也可以说是儿童的肢体运动游戏。但是，如果儿童开始分为两组，用石头剪刀布来决定哪一组先开始奔跑，并设定某一终点线作为获胜的规则，这时候草坪上的奔跑就只能是游戏。再比如，在果园的自然情境中，儿童看到树上的果实，首先会想着采摘品尝而不是游戏，但是随着果园活动时间的持续，儿童的采摘行为就会向游戏行为转化，他们开始不满足于把果实摘到篮子里，而是开始比赛谁摘得最大、谁摘得最多，开始假扮怪兽来偷果实，开展保护水果游戏，或者找一个空地开始水果店角色扮演游戏。同时，在不同自然情境中，儿童自发产生的游戏种类也会有所不同，儿童自然游戏的发生往往受到自然情境、自然材料、游戏时间和游戏伙伴等多种因素的影响。儿童不同种类自然游戏的发生、发展同样也遵循游戏的一般规律，所不同的是，由于自然环境的千变万化和自然游戏材料的低结构化，使自然情境中发生的游戏更多为创造性游戏。自然角色游戏和建构游戏、肢体运动游戏和规则游戏常常呈现出融合状态，而不像在常规幼儿园或其他游戏情境中，游戏的种类区分的那么明显。

二、由儿童自发产生的自然游戏

（一）自然肢体动作游戏

自然肢体动作游戏是儿童在自然场景中的肢体动作游戏，主要指儿童在自然情境中的走、跑、跳、钻爬、攀登、投掷、平衡等各种肢体动作性游戏。通常而言，年龄越小的孩子，在自然情境中越喜欢肢体动作游戏，比如在草坪上打滚、爬行；在泥滩上来回踩泥坑；在树林里追逐躲藏。与传统的游戏器械相比，自然环境中的各种自然物所激发的肢体动作游戏能给儿童带来更大的身体愉悦感。同样是奔跑，在跑道上的奔跑是单纯的肢体运动，而光脚在沙滩上的奔跑，儿童不仅可以享受奔跑带来的自由感，而且享受着双脚与沙滩接触的柔软触感，阳光和清风带给肢体的整体舒适感，在自然中的运动是触及全身多种感官参与的，可以带来全身心愉悦体验的活动。

容易产生肢体动作游戏的自然环境包括空旷的草地、矮密的丛林、高低不同的山坡、散乱的石头林、枝杈较低的大树都极其容易激发儿童的运动游戏。为了激发儿童更多的肢体动作游戏，适当提供一些辅助游戏材料，或者增加一些游戏设备会让自然游戏场地更有吸引力。比如：大树之间可以设置大型树网，用比较耐磨的麻绳结成网状，稍微有弹力的网子更利于儿童攀爬；空旷的草地可以设置一些目标靶、各类小球，激发儿童开展除奔跑以外的一些投掷类运动游戏；前往山涧溪水的自然环境时，可以为儿童提供渔网、小桶增加玩水游戏的趣味性。

图6-4　适合奔跑游戏的矮密丛林　　　图6-5　大型树网

随着儿童年龄的增长，自然肢体动作游戏常常和规则游戏融合出现。儿童不再满足于简单的奔跑、跳跃，喜欢提高游戏难度，商议一些游戏规则，比如奔跑，人数少的时候，儿童会商议比赛谁先跑到远处的一棵树底下。人数多的时候，儿童会分成不同的小组，设定一些游戏规则。

案例6-1　打地鼠

　　游戏场地：大草坪、几个树坑

　　游戏行为：三个孩子在大草坪奔跑追逐，突然他们发现了几个挖出来准备要栽树的大坑，于是开始不断地跳进坑里，爬出来再跳到另一个坑里，乐此不疲。突然，年纪较大的孩子提议玩打地鼠游戏，让一个人在土坑上面做打地鼠动作，另外两个扮演地鼠在坑里躲藏，只要打地鼠的动作出现，地鼠就必须在坑里蹲下来，否则就违反规则。

图6-6　孩子们发现了用来打地鼠游戏的树洞

　　打地鼠案例中三个树坑激发了儿童新的动作游戏，年龄较大孩子的提议促使游戏从单纯的机能性动作游戏转向规则游戏。可见，游戏类型的变化离不开游戏场地的变化和游戏经验的丰富。年纪较大的孩子认知发展水平相对较高，游戏经验比较丰富，在混龄儿童的游戏中常常会起到推动游戏深入发展的作用。

（二）自然结构游戏

自然结构游戏是儿童在自然场景中操作树叶、石子、泥土、树枝、木桩、水、雪等各种自然材料来构造物体的一种游戏。水果、蔬菜、麦秆、稻草、玉米皮等如果被儿童当作建构材料开展游戏的话，也属于自然结构游戏的类型。搬弄、重复是简单的结构技能，搭建、模型制作相对较难，而根据一定主题有目的性地进行建构活动或者根据图纸再现作品则是结构游戏中比较难的技能。在缺乏教师适当引导的情况下，儿童在自然情境中自发的结构游戏主要以搬弄、重复和简单的搭建为主，如果是不同年龄段儿童的游戏，结构游戏的主题和技能的复杂性就会发生变化。

容易产生结构游戏的自然环境主要是沙滩、土堆、湿地等容易开展塑造活动的场地。由于结构游戏对游戏材料的依赖性较强，缺乏游戏材料就无法开展结构游戏，因此泥巴和沙石是儿童自然结构游戏的主要材料。玩沙、玩泥、玩雪可以成为独立的结构游戏开展主题建构活动，玩树枝、树叶、麦秆或玉米皮等其他自然材料的结构游戏则往往是和角色游戏或规则游戏融合出现。比如，用玉米皮编跳绳用于规则游戏，用树枝做弹弓用于肢体运动游戏，用树枝搭建房屋用于娃娃家游戏。随着游戏时间的增长和儿童认知水平的发展，自然结构游戏常常和角色游戏融合发生，甚至于直接成为角色游戏的材料提供环节，如用泥巴制作蛋糕、沙发、电视机等作为娃娃家的游戏材料。

结构游戏的愉悦感来源于儿童对物体操作的快感，不断地重复挖沙、用水搓揉泥巴、和泥巴的过程在成人看来枯燥无味，但对于儿童来说，他们正在感受物体变化所带来的快乐和肢体动作重复运动的游戏快感。年龄小的孩子在结构游戏中沉迷于动作的重复操作，对于年龄较大的孩子，他们会根据游戏主题有目的性地进行建构活动。同样是玩沙子，年龄小的孩子在不断地把沙子堆成小山丘，或者把沙子挖出来倒进小桶里，然后再倒出来重新挖沙；年龄稍大的孩子会挖出一个大的沙子城堡，修建沙子城池，继而采集一些树叶树枝装饰城堡开展角色扮演游戏。

案例6-2　泥巴房子

　　女孩子们用柳条做了一个圆顶房子，把白色的沙子压在柳枝上：
"这是我们的蜂巢，蜜蜂穿过那个洞，它们会产生蜂蜜。"一个女孩子
用手加了些泥，描述了白沙和黑泥之间的不同："这是仙女们的房子，
它们会穿过这个洞飞进去。"孩子们用树叶装饰整个立体建构作品，很
快泥巴就取代了沙子。黏稠的泥浆混合在一起挡住了中间的孔，孩子
们反复看着并注意到泥浆渗入裂缝。一个两岁男孩收集了泥土，把它
做成一个个小泥球放在木板上，当他把白色的沙子撒在泥球上时，他
说："这个是蛋糕，这是糖，糖霜，妈妈用糖霜给我装点蛋糕。"一个
四岁男孩找到他认为最长的草，仔细地把它们放在缝隙周围："我在
做一个窗户，做一个方形的窗户给精灵们。"另一个男孩在缝隙里加了
一根绳子："这是一个精灵的房子和一个蜂窝。蜜蜂飞到屋顶，仙女
们在屋里。像我这样拉绳子的时候，蜜蜂就会抓紧绳子坐在上面，这
样它们就不用飞了。"

图6-7　玩泥浆

泥巴房子案例中结构游戏和角色游戏融合出现，孩子们在不断完善圆顶房子的过程中根据想象创造性地不断加入新的结构材料来完善圆顶房子的建构活动。案例中不仅有小泥球的建构，还有把小泥球想象成蛋糕、把白沙子想象成糖霜的"以物代物"的环节。在自然游戏中，类似的结构游戏和角色游戏很多，先通过结构游戏制作游戏材料，后围绕游戏材料开展角色游戏是自然游戏的常见形式。

在自然场域中适当提供一些建构模型、建构工具或主题玩具，将会引发结构游戏，并推动其向更高水平发展。

(三) 自然角色游戏

自然角色游戏是儿童依托自然场景，运用各种自然材料以物代物，通过扮演角色，通过模仿、想象、创造地反映现实生活或文学作品的一种游戏。"以物代物"和"以人代人"是角色游戏的基本特征。3~6岁是儿童角色游戏的高峰阶段，草坪、森林、花园、果园、农场等不同自然情境中儿童都有可能开展角色游戏，对于3~6岁的儿童来说，你甚至会发现他们时时刻刻在角色游戏的状态中。角色游戏对儿童的想象力发展有非常重要的作用，而"在整个教育中，最应该培养的是对创新有非常大的推动作用的想象力。因为有想象力，我们能跨越现实中各种界限的限制，勾勒出现实中尚不存在的事物。因此，想象力是面朝未来，面朝创造的"。① 不同于幼儿园内的角色游戏，自然场景中的角色游戏往往与所处的自然情境相关，特别是在游戏主题和游戏情节中常常充满神秘色彩或喜欢扮演与所处自然情境相关的故事情节，如在海边，会扮演小鲤鱼历险记中的情节；在森林，会出现狮子王的角色扮演；在树屋，会出现原始部落的角色扮演游戏。

角色游戏主要通过想象来进行"以物代物"和"以人代人"，对游戏材料的依赖性并不强，但是游戏同伴和不同游戏场域会影响角色游戏的主题和

① 余晨. 看见未来：改变互联网世界的人们 [M]. 杭州：浙江大学出版社，2015：227.

情节。研究表明，游戏同伴是女孩子的时候，容易发生角色游戏，而游戏同伴是男孩子的时候，较容易发生肢体动作游戏，这在自然游戏中也不例外。相对而言，围封、有私密空间的自然情境中容易发生角色扮演游戏。森林里的树屋、分散布满灌木树的场地、几棵树围起来的角落、公园里的小亭子，都容易让儿童圈定自己的游戏私密空间，开展独属于他们的角色游戏。

树叶、石子、泥巴、野果、野花、野草均是儿童进行角色游戏的材料，搜集树叶、采集野果野花、捡拾种子的过程都是儿童游戏的过程，这些活动是儿童角色游戏开展的重要环节，儿童还会根据角色游戏主题和情节的变化不断建构一些自然物品，如前所述，自然情境中的结构游戏常常和儿童角色游戏融合进行。

案例6-3 原始人扮家家游戏

游戏场地：大草坪

游戏情节：几个小朋友在公园草坪圈定了一个场地开始玩原始人扮家家游戏，小女生扮演在家烧饭的原始人，三个男生扮演外出打猎的原始人。

女生："我们要造烧饭的地方，你们去找一些大石头过来吧。"

（两个男生找来了两块大石头，他们用石头把树枝支撑起来，做成一个可以吊锅的形状。）

女生："我们用什么做锅呢？就用这个废弃的口罩吧！"

（他们把口罩一起拴在树枝上，造了一口锅。）

男生1："我去找些柴火过来，我们要生火。"

男生2："我去采摘些食物回来。"

男生3："我去打猎啦，出发……"

（他们找来了树枝做柴火，摘了一些野桃子，收集一些树叶和小花用来烧饭。女生不断地用树枝当铲子在做菜，还不时调整火候。）

男生 3："我们打猎没有弓箭怎么办？我们来做弓箭吧！"

（两个男生去树林里找做弓箭的材料，他们找了两根很长的树干，把树干当作长枪来打猎。）

图 6-8　搬来石头搭建过家家的灶台

图 6-9　孩子们假扮原始人外出寻觅食物

整个游戏情节围绕原始人打猎、采集食物、生火做饭展开，在游戏过程中，他们根据游戏情节需要建构了烧饭用的锅灶和打猎用的长枪，虽然弓箭的制作没有达成。在大草坪上并没有现成的游戏材料，因此在游戏过程中，孩子们自发地圈定了游戏范围，制作了游戏所需用具（锅灶、食材、打猎工具），在以角色游戏为主的游戏中，我们仍然看到了儿童的肢体动

图 6-10 男孩子们用树枝假扮弓箭外出打猎

图 6-11 孩子们假装用搜集的食物作为野外烧烤

作游戏(奔跑假装追逐猎物)和结构游戏(造锅台、搭建饭桌)的部分。因此，在实际的自然游戏中，由于游戏材料的开放性和低结构化，孩子们往往需要根据游戏情节不断生成新的游戏玩具。不同游戏种类之间的界限也并不明显，游戏行为完全服从于游戏情节开展的实际需求。也正因为如此，自然游戏更有利于儿童的想象力、创造力和解决问题的能力发展。因为相对于室内游戏空间或普通的户外游戏空间，自然情境中没有固定的游戏材料和限定的区域边界，儿童可以自由流动、自由想象，充分享受游戏带来的肢体运动、认知建构、社会交往的愉悦感。

（四）自然规则游戏

自然规则游戏是儿童在自然场景中通过制定明确的规则，预先设定游戏玩法、游戏任务和游戏规则的一种游戏形式。虽然任何游戏都是有规则的，规则也是游戏精神的一个方面，但是有些游戏的规则是内隐的，不需要专门规定游戏玩法，如结构游戏和角色游戏，游戏规则内隐在儿童所扮演的角色或所建构的物体中，不需要专门规定游戏玩法，更多是自娱自乐。而规则游戏需要游戏参与者事先商定游戏玩法或游戏中需要遵循的规则，游戏者必须遵守同一个规则，游戏才能进行下去。

规则游戏的发生必须满足以下条件：游戏参与者需要至少两个人；游戏规则需要所有游戏参与者同意并在游戏中遵守；游戏参与者可以商定游戏玩法；游戏目的通常是指向结果的，带有一定的竞赛性；对游戏参与者的认知发展水平有一定要求，游戏参与者的认知水平必须发展到能理解游戏规则的水平。自然情境中的规则游戏常常因地制宜、就地取材设定游戏任务，商定游戏规则。由于规则游戏对游戏参与者的认知发展水平有一定的要求，因此，规则游戏多在大班年龄段出现，而在小学阶段则是儿童最为喜欢的一种游戏形式。

皮亚杰认为规则游戏是认知发展水平的最高阶段，在规则游戏中儿童的身体、认知和社会性水平都得到了融合发展。英文用 game 来表示规则游戏，充分说明了规则游戏的竞赛性特征。规则游戏的难度常常通过玩法的复杂性、多样性来体现。比如，单人玩沙包游戏，最简单的是单手上下抓沙包，然后逐渐过渡到双手一边拍一边抓，双手前后拍抓沙包，双手加双脚同时变换花样抓沙包，通过不断改变沙包的玩法花样来提高规则游戏的难度。

自然规则游戏的发生对自然场境并没有特殊要求，不同的自然场景中儿童都可以通过设定游戏竞赛目的来开展自然规则游戏。比如，在森林远足时，儿童商定谁先跑到前面的一棵枫树底下谁就赢，这时候规则游戏就发生了。比赛谁能单脚跳过水坑，谁摘得野果最多，谁发现的树叶形状最多……诸如此类的加入竞赛性任务的游戏，是儿童在自然情境中随时都可以开展的规则游戏。树叶、石子、野果等自然材料都可以成为儿童规则游戏的材料，所必须的是儿童的认知水平发展到一定阶段，有一定的游戏经验，并会制定游戏规则。

图6-12　孩子们自发产生了老鹰捉小鸡和丢手绢的规则游戏

图6-13　孩子们在比赛谁扔得树叶最高

案例6-4 抓石子

游戏规则：

1. 剪刀石头布决定谁先玩。

2. 抓石子时候不能碰其他石子，抓不住石子，或者将石子抛起来后接不住就算失败，换另一人玩。

3. 闯关成功得分多者获胜。

游戏玩法：一共5颗石子，单手抛石子抓子，抓子成功后放在手里继续抛子抓子，直到所有石子抓完。

第1关：先撒子，捡其一抛起抓子，一个一个抓(1、1、1、1)

第2关：先撒子，捡其一抛起抓子，两个两个抓(2、2)

第3关：先撒子，捡其一抛起抓子，先抓三个，再抓一个，将最后抓起来的一个放在前面的三个上面，要放平稳，然后将所有石子抓起来(3、1)

第4关：先撒子，捡其一抛起抓子，抓四子(3)

然后五子置手心抛起，手背接子，再抛起手心抓子，最后手中石子多者胜出。

图6-14 抓石子(图片来源于网络)

除了用石子，儿童还会用其他东西替代石子开展这类型游戏，比如果核也会用于抓子游戏。随着游戏经验的丰富和游戏熟练程度的增加，儿童在规则游戏中会不断调整玩法的难度，增加规则游戏的趣味性。

自然情境中儿童游戏类型变化受到游戏场地、游戏材料、游戏伙伴、游戏经验等方面的影响，总体而言，自然肢体动作游戏会逐渐向角色游戏、规则游戏发展。从不同种类游戏的总体发展来看，年龄较小的儿童游戏愉悦来自机能性游戏，诸如手部和身体的肢体动作，身体的各种自由舒展或重复性动作都能带来游戏的愉悦感。处于幼儿园阶段的儿童，假想性扮演游戏所带来的游戏愉悦感处于主导地位，随着儿童年龄的增长，认知结构的发展，儿童对来源于外部规则的游戏产生浓厚的兴趣，各种各样的带有竞赛性的规则游戏给儿童带来更大的游戏愉悦感。

追求游戏快感是儿童游戏的本能需求，游戏总是伴随着愉悦，游戏愉悦的产生与自由不可分割，也会随着儿童的年龄增长而发生变化。

三、由教师引发产生的自然游戏

虽然儿童游戏是一种自发的行为，具有主动性，但不排除教师作为有经验的游戏玩伴带领儿童一起游戏。在不强制、不违背游戏本质和游戏精神的前提下，教师作为游戏带领者加入儿童游戏反而是教师作为儿童游戏有效指导者的一种体现。由教师引发产生的自然游戏不同于教师为了实现某一教学目的设计的教学型游戏，而是教师作为游戏者带领孩子们一起在自然场域中深入开展游戏的一种形式。在游戏过程中，教师提出游戏玩法，与有经验的游戏伙伴和儿童对话，激起儿童开展新游戏的兴趣，丰富儿童自然游戏的情节，提高儿童深入探究自然，感受自然的、促进儿童在游戏中有意义经验的获得。

由教师引发的自然游戏通常发生在以下情况：

(一)需要集中儿童注意力

带领孩子们在自然情境中活动，总要有一个教师布置任务或提出安全注意事项的环节，教师在这个环节可以带领孩子们玩一个集中注意力的游戏，激发儿童对自然的亲近感。这也是自由游戏或其他自然体验活动开始之前的热身游戏。

案例 6-5 自然想象游戏

1. 所有儿童在活动场地中选择一个自己喜欢的地方席地而坐，尽量不要紧邻而坐，保持一定距离。

2. 请孩子们盘腿而坐，双手自然放于膝上，闭上眼睛（或戴上眼罩），教师带领孩子们想象自己是一片羽毛、一只飞鸟、一个小水滴或一片落叶。

3. 热身游戏时间为 2~3 分钟，待熟练之后再延长时间。

◆ 活动注意

1. 选择引导式想象游戏的场地尽量平整安全。

2. 搭配舒缓轻柔的音乐，更能增强安定的力量；教师同时要辅以轻柔的语言引导儿童想象。

案例 6-6 猜猜我是谁

适合场地：草坪、树林中空的场地

游戏方法：

1. 每人分配一种动物或小鸟，提前在纸上写好要模仿的这种动物的动作（幼儿可以用图片代替字）。一只树上蹦跳的松鼠；一只没有羽毛的小鸟；一只左腿受伤的兔子；一只满地打滚的刺猬；一只不小心吃了石子的猫头鹰。

2. 想象自己有角、有羽毛的时候会是怎么爬行或飞行的，做动作。

（注意：提前做一下扭动手腕、腰等的热身，防止扭伤）

3. 互相猜猜同伴扮演的动物角色。

这类型游戏由教师发起，能集中儿童注意力，帮助启动即将开展的自然教育活动。

(二)需要激发儿童游戏热情

由于儿童游戏经验有限，有时在自然情境中游戏时无法开启新的游戏，游戏局限于奔跑打闹或者简单的重复性游戏，儿童游戏的参与度不高，无法产生高质量的游戏。这时需要出现一个有游戏经验的玩伴提出有趣味的玩法，激发儿童的游戏热情。

案例6-7 穿越野人林

游戏方法：

1. 找一个灌木丛生，枝蔓缠绕，小径隐然的地方，最好有繁茂的树林(必须安全，没有有毒物质)作为野人林。

2. 教师或大孩子装扮成野人，分散在灌木丛中，伺机抓人或制造惊险气氛。其他小朋友分为两组开始穿越野人林。

3. 进入丛林前，给每个冒险者发四个宝石(用石子代替)，被野人抓住一次就交一颗宝石，然后回到起点，从头出发。

4. 手中最后宝石全部用完的儿童无法穿越野人林，必须寻求同组伙伴帮助。游戏中成功穿越野人林的小组获胜。

这一游戏可以培养孩子的警觉性，增加游戏的趣味性。

案例6-8 沉睡的护宝人

游戏方法：

1. 从孩子中选出一人扮演沉睡的护宝人，其余的人则是盗宝人。护宝人蒙上眼睛坐着，守护着面前的宝物(石块或旗帜等)。但此时护宝人已经睡着了，不能清醒地守护宝物。

2. 盗宝者在30步开外围成一个圈。盗宝人悄悄接近宝物，但不能惊醒护宝人，过程中需要控制自己的身体和动作。

3. 如果护宝人听到声音就用手指向盗宝者的方向，如果指向基本正确，被指到的盗宝人就定住了。当许多盗宝人都被定住后就中止游戏，盗宝人返回原地，游戏重新开始。成功接近财宝的人成为下一个护宝人。

这一游戏要求儿童注意力集中，所以可以让儿童停止吵闹，安静下来。儿童在安静的情况下有机会观察到很多的动物，能更好地亲近自然。

(三)需要引发儿童深度体验自然

为了加深儿童对自然的体验，领悟自然万物的特点，更有目的性地"以自然为师"，教师可以带领儿童玩一些以独特方式与自然亲近的游戏，或者可以了解动物习性的游戏。

案例 6-9　我的秘密基地

游戏方法：

寻找一棵大树作为集合点，大家分头去找自己最喜欢的一个自然秘密场地，这个场地可以是一颗特别的树，或者是一块石头。画出场地，让同伴根据你提供的线索去找秘密基地。

案例 6-10　学狐狸走路

游戏方法：

1. 选择安全的草坪或者落叶地，或者泥地(可以光脚)。

2. 重心放在一只脚上，慢慢抬起另一只脚，抬高膝盖，让脚悬在空中，放松，然后前移，慢慢迈下步子，让脚和地面自然紧密贴合，完全落地后再把重心放在这只脚上。

(学习狐狸悄无声息的走路方式)

案例 6-11　魔术大变身

准备道具：魔法棒

游戏方法：

1. 教师转动魔法棒变变变，把参与游戏者变成任意一种动物或植物。

2. 参与者要假装成这一动物，并想象自己作为动物在这一环境中生活的样子或者日常的生活习性。

（草坪适合的动物、植物有：蚂蚁、瓢虫、毛毛虫；野花、野菜）

（森林适合的动物、植物有：松鼠、老虎、豹子；大树）

案例 6-12　猫头鹰和老鼠①

准备道具：坚果、碗、蒙眼布（碗的数量需要与扮演老鼠的游戏者数量相同）

游戏方法：

1. 石头、剪刀、布决定谁来当猫头鹰，其余人当老鼠。

2. 猫头鹰蒙着眼睛站在老鼠中间，老鼠们开始从碗中取食物，每一次只允许从碗中取一个坚果，然后移动到另一个碗取一个坚果，扮演老鼠的孩子们必须不停移动。

3. 蒙着眼的猫头鹰一旦听到老鼠的动静就指出相应方向，如果正确，则这只被发现的老鼠和猫头鹰交换角色，猫头鹰移动到该老鼠原来站的位置，继续开始游戏。

这类型游戏有利于儿童对所处自然环境有更深的了解，激发儿童探究自然的兴趣，加强儿童自然活动的体验感。

---

① 游戏改编自［英］玛瑞娜·桑德拉·罗柏，维多利亚·缪，安娜·理查德森. 学伴自然［M］. 田梦宁，译. 南京：南京师范大学出版社，2018.

由教师引发的自然游戏和儿童自发产生的自然游戏相互补充，可以丰富儿童在自然情境中游戏的形式，增加儿童在自然情境中游戏的愉悦感，促进儿童游戏向深度学习体验转化。

第四节 自然情境中儿童游戏的指导

一、自然游戏前的预设和计划

游戏的预设和计划并不是要取代儿童的自由游戏，也不是由教师安排限定儿童的游戏方式，而是帮助新教师制定游戏大纲更好指导游戏的一种形式。游戏不同于有组织有计划的教学活动，在实施过程中也不能按部就班，依照教案去做，所以对大部分新手教师来说，指导儿童游戏非常有挑战性。

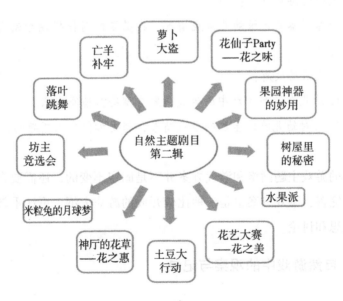

图 6-15 游戏主题网络

案例 6-13　萝卜大盗

游戏场地：农场

游戏时间：半日(9:00—11:00)

游戏情节预设：小兔农场的萝卜丢失了，谁会是萝卜大盗，根据线索寻找丢失的萝卜。

准备工作：教师事先布置陷阱；藏匿萝卜；提供寻找萝卜的线索图；提供铲子、小箩筐、绳子、木板等辅助材料。

游戏过程：

儿童根据线索图分组寻找丢失的萝卜，途中可能会经过狐狸山庄，要躲避狐狸山庄设置的陷阱；穿过神秘隧道；在神秘屋找到打开萝卜大盗秘密基地的钥匙。根据气味、痕迹寻找到萝卜，挖萝卜返回。

教师的游戏支架：

教师观察并记录幼儿游戏情况，在必要的时候提供给幼儿游戏所需的材料。

游戏活动反思：

1. 幼儿在游戏活动中的生成内容有哪些？请写出来。

2. 面对幼儿临时生成的游戏情节，您是如何介入指导的？

上面的游戏主题网络和游戏方案并不是固定不变的，还需要在实际游戏中修订完善，游戏方案也是一种比较开放的游戏大纲，更注重教师在游戏后的反思和讨论。

二、自然游戏中的观察与记录

(一)儿童游戏中观察的价值

游戏中孩子们的学习发生是不系统的，而且游戏的环境混乱而没有秩序，很难进行系统的学习评估。长期以来，教师们习惯于标准化系统中的学习评估，对游戏状态下的学习评价难以适应，往往直接套用适应于课程标准化评估的方法，显然这是无法合理评价游戏质量的。游戏质量的评价主要通过教师的观察、记录和分析，具体评价过程中的形式是多种多样的。观察是教师了解儿童发展的最佳途径，也是教师对儿童游戏实施有效指导的前提。通过观察，教师可以了解儿童喜欢哪些自然环境？在不同自然环境中游戏行为有什么区别？哪些自然材料更能激发儿童游戏的兴趣？自然环境中的其他生物能否参与到儿童游戏中来？通过对儿童游戏的参与式观察还能更进一步了解到儿童已有的游戏经验是什么？不同儿童的社会性和认知发展水平有什么差别？儿童需要哪些方面的帮助来促进他们游戏的更好开展？为此，在观察的基础上，教师才能对儿童在自然情境中的活动进行正确的评价，从而给予更加有效的指导。

(二)儿童游戏中观察的内容

当儿童在自主开展游戏的时候，教师可以观察儿童对游戏主题的兴趣、游戏中扮演的角色、游戏的情节、游戏中同伴之间的社会交往、游戏中自然材料的选择和使用方法。比如，在森林中，幼儿会开展什么样的游戏主题；在公园里，幼儿又会选择什么场地开展什么游戏内容。在角色游戏的时候，教师可以观察儿童如何决定角色分配、如何推进游戏情节、如何与同伴合作游戏；选择哪些游戏材料、在游戏材料操作中有什么困难、"以物代物"是如何发生的、能否根据游戏需要自制玩具。在结构游戏的时候，教师可以观察儿童选用了哪些自然材料作为结构的素材，结构游戏中是否有结构的主题，结构游戏中使用了哪些结构技能，结构主题中需要哪些辅助工具来完成结构作品。

(三)儿童游戏中观察与记录的方法

儿童游戏常用的观察方法有扫描法、定点法和追踪法，在实际使用时，这些方法常常融合在一起使用，教师也可以根据游戏观察的需求使用综合图示法。自然游戏中儿童往往没有固定的场域限制，游戏行为流动性、变化性强，游戏情节和游戏主题的跳跃性也比较大，教师需要追随着儿童的步伐进行观察记录，因此，相机、手机和录音笔是必备的观察工具，事先进行观察表格的设计也会更加方便教师在游戏中的记录。

表 6-2　不同场景游戏行为的观察表

姓名	草　坪						××	×××		
	奔跑追逐活动	观察自然	扮演角色	搜集自然材料	自制游戏材料	制定游戏规则				
儿童 1										
儿童 2										
儿童 3										

表 6-2 可以方便教师对游戏情节的观察，情节内容可以灵活调整，通过表格设计，可以节约教师在儿童游戏记录中的时间。

表 6-3　斯米兰斯基的观察记录例表

姓名	角色扮演	假扮转换			交往	口头交流		坚持性
		物体	行动	情境		蜕变交流	角色交流	

表 6-3 可以用作角色游戏的观察记录。在游戏中使用表格型记录方式的优点是记录方便快捷，缺点是无法详细反映游戏的开展情况，所以还需要辅助文字型记录方式，或者通过电子辅助设备进行后期补录，便于进行游戏后的详细分析。

提前设计观察大纲，会帮助教师在儿童游戏时有目的地搜集资料：

1. 当儿童亲近动植物时，他们特别关注的是什么？

2. 他们与动物之间建立了什么联系？

3. 什么东西最能吸引他们的兴趣？

4. 他们在自然中探寻什么问题？

5. 他们表现出什么样的游戏行为？

诸如此类的问题会帮助教师梳理观察目的，提供整理观察结果的框架思路。

三、自然游戏中的教师角色

道家理想的处世方式是"无为"和"辅"，让人如同水那样随顺无为于万物之自然。老子倡导"无为""希言""辅万物之自然而不敢为"。老子言，"我无为而民自化，我好静而民自正，我无事而民自富，我无欲而民自朴"。在自然教育中，教师要保持谨言慎行，以"辅"为自然教育的基本方法。体现在自然游戏中，教师辅助儿童游戏的角色是多重的，在儿童游戏开展的不同阶段，教师所扮演的角色也不一样。在游戏开始前，教师是自然环境的选择者和创设者，儿童游戏经验的准备者。在带领孩子走进大自然之前，教师需要提前考察自然环境的样态，排查自然环境中可能存在的危险隐患。在有条件的情况下，最好对要前往的自然环境和儿童一起搜索资料进行了解，如前往森林，教师可以和儿童一起了解森林中可能会有哪些鸟类、昆虫、动物、植物；前往农场，可以提前帮助儿童了解农作物，获取农田耕种等相关信息，这是儿童游戏经验准备的一个环节。

在游戏过程中，教师的角色需要根据儿童游戏的实际情况灵活调整。作为游戏风险管理者，教师需要密切关注儿童游戏中的一些危险行为，因为大自然不仅充满了生机，而且也隐藏着危险。当然，教师应事先集中进行安全性教育，但是儿童行为的不可预见性以及大自然充满的变化性，也需要教师随时关注一些危险情况，诸如在自然情境中可能随时碰到的马蜂窝、带刺的植物或有毒性的植物、湿滑的山坡、咬人的虫子等等。作为游戏材料支持者，教师需要根据儿童游戏需求帮助儿童搜集游戏材料、辅助制作游戏材料、提供胶水、铁丝、麻绳等可以制作游戏玩具的一些辅助工具。作为游戏观察者，教师在游戏过程中需要不断变换场地，观察记录儿童在游戏中的不同表现。作为游戏合作者，教师可能需要在儿童游戏单调乏味情况下，适当的时候扮演某个角色，或设置某个情境，给予儿童直接或间接、显性或隐性的指导，以丰富儿童游戏的情节，维持儿童的游戏热情。

在游戏结束后，教师的角色转变为儿童游戏的分析者和儿童游戏经验的总结者。通过记录儿童在自然情境中的游戏，教师分析儿童在游戏中的学习行为，给予儿童发展水平的评价和未来发展的指导性建议。游戏结束后的指导阶段既是教师倾听儿童游戏故事，与儿童对话交流，深入了解儿童游戏的阶段，也是教师和同事(专家)交流互动、脑力激荡，专业技能成长的阶段。

教师在游戏中帮助儿童，却不主宰他们，这也是教师的师德体现。"明白四达，能无知乎？生之畜之，生而不有，为而不恃，长而不宰，是谓玄德"。① 明白四达，能不用心机吗？让万事万物生长繁殖，产生万物、养育万物而不占为己有，作万物之长而不主宰他们，这就叫作"玄德"。教师在自然教育中就是需要这种玄德，帮助儿童却不认为是自己的功劳，而是儿童自身的绽放，自然的生长。

四、自然游戏后的分享与延伸

对儿童游戏记录的讨论分析，整理儿童游戏中的学习经验，从而形成新的经验，这一过程是将儿童游戏与学习相整合的过程，或者说这就是一种新的课程模式，变讲授为发现(叙事)-讨论-提升-形成课程(个性化的课程资源)。这个过程可以通过游戏故事的展示或项目活动的生成来促使深度学习的发生。

卢梭认为"儿童时期没有养成思想的习惯，将使他从此以后一生都没有思想的能力"。认知科学家盖伊·克拉克斯顿提出"构建学习力"的教育，

---

① 饶尚宽译注. 老子[M]. 北京：中华书局，2018：26.

认为"孩子们固然需要知识，但更需要能让他们在真实世界中充分发展的思维习惯"。自然游戏后的分享与延伸就是培养儿童思维习惯的过程。比如幼儿在游戏中的发现是思考的开始，教师要帮助幼儿从简单的操作过渡到有思维参与的活动。如何在自然游戏中有效提升儿童的思维品质，促成儿童的内在蜕变，就需要教育的力量。

(一)分享游戏故事

"游戏故事"既是儿童的绘画作品，是分享游戏故事的"剧本"，也是儿童游戏活动的延伸；既是教师对儿童游戏观察记录的来源，也是教师进行游戏评价的重要依据。游戏故事在国外很多幼儿园都有运用，也是我国安吉游戏在实践中摸索出来的一套非常有效的游戏评价方法。在自然游戏中，儿童使用绘画和自然物粘贴的方法来记录自己的游戏故事，年龄较大的孩子可以辅以文字符号来完成游戏故事记录，用儿童自己的方式来记录自己的事情，这不仅能养成儿童观察记录的习惯，也是培养儿童学会学习的一种方式。在分享游戏故事时，儿童还需要运用表达与倾听的方式，在锻炼自己语言表达能力的同时也学会"取他人之长"来完善自己。同时，在分享游戏故事中，教师要提高与幼儿进行一定深度对话的能力，有效地引导幼儿思考、理解、分辨、表达、讨论、交流、体验、感悟，引导儿童对客观世界形成更深度的理解。

图 6-16 是孩子们初夏去枇杷园采摘玩耍后对自己印象比较深刻的游戏场景的记录，不会写的字用汉语拼音辅助做了简单的故事记录。从游戏记录中可以看出，左图反映出儿童对爬树摘枇杷的场景印象比较深刻，右图反映出在摘枇杷中儿童由刚开始的欣赏感受枇杷的美色、美味，逐渐生成了"枇杷保卫战"想象游戏。

(二)生成项目活动

"项目活动"(project approach)是以美国著名学者杜威为代表发起的进步主义教育运动的一个重要组成部分，是基于教师对儿童兴趣或需要观察

图 6-16　枇杷园游戏的记录

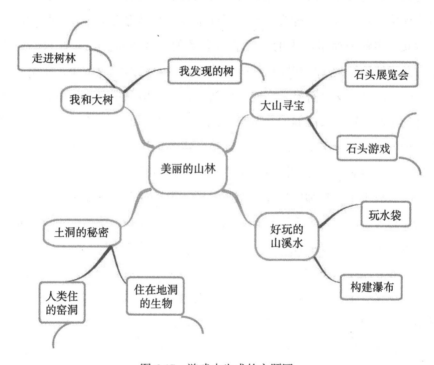

图 6-17　游戏中生成的主题网

基础上生成的活动。项目活动强调不确定性、偶然性和生成性，在儿童与儿童、教师与儿童的不断互动中生成新的活动。自然游戏的最大特点就是不确定性和偶然性，在游戏观察记录的基础上，教师通过项目活动的生成可以促使游戏中深度学习的发生。

　　编制主题网是项目活动起始阶段的重要内容，不同于常规的项目活动，自然游戏的主体网络是在游戏后总结而成，游戏后初步生成的主题网可以为项目活动提供支架结构，也是自然教育课程生成的一种形式。

作为儿童，他们有那种神奇的能力：能穿越地球的多个纪元，像动物那样看着这片土地，以花或蜜蜂的视角仰望蓝天，感觉我们脚下大地的颤动和呼吸，嗅出泥土百种不同的气味，自然而然地听见树木的叹息。

——瓦莱丽·安德鲁斯(幼儿园教师)

第七章 自然环境中的感官教育

第一节 感官教育遵循儿童的自然发展节律

一、感官是儿童探究世界的秘密武器

儿童发展心理学的研究表明新生儿已经具备了感觉能力，为了适应周围环境，新生儿通过视觉、听觉、味觉等各种感官从周围环境获取信息，随着年龄的增长，婴儿学会用多种形式知觉刺激物，发展出跨通道知觉，跨通道知觉持续发展并帮助幼儿学习和探索周围的世界。儿童的感官敏感期主要出现在0~6岁，感觉是儿童早期认知的基础。儿童依赖感觉器官进行知觉学习、模仿学习或观察学习。皮亚杰坚持认为"出生后前两年里的智力发展都源于婴儿感觉与运动能力的发展。他提到，如果不让婴儿看、听、闻、摸或者舔，婴儿怎么能理解物体的特点呢?"[①]皮亚杰将儿童的认知发展分为感知运算阶段、前运算阶段、具体运算阶段和形式运算阶段，这一理论进一步说明了感官是儿童早期认知的主要器官。在儿童期感觉器官比高级智力活动发展得早，这已经成为一个不争的事实。"感官是我们和环境之间的接触点，心灵可以凭借感官经验变得极其灵巧。"[②]与成人相

---

① ［美］David R. Shaffer & Katherine Kipp. 发展心理学［M］. 邹泓等，译. 北京：中国轻工业出版社，2013：175-177.

② ［意］玛丽亚·蒙台梭利. 有吸收力的心灵［M］. 江雪，编译. 天津：天津人民出版社，2003：156.

比，儿童虽然理性思维并不发达，无法使用语言文化符号来认知周围的世界，但是自然却赋予了儿童发达的感觉器官，他们如同原始人一样，有着敏锐的感觉能力和独特的认知世界的方式。"我感到敬畏的是儿童所具有的看世界的神奇能力：看见一片雪或一粒沙不可思议的美，能在落雨之前闻到雨的气息，只有他们才具有这个能力。我感到悲伤的是因为我觉得我们渐渐失去了这个神奇的能力……我记得小时候在泥里挖坑时土壤的味道，挖得越深，味道越重；记得小仙子真的住在蓬蓬的蘑菇伞下；相信天上的云彩就是动物的说法。当儿童有机会真的与自然世界亲密接触时，我总能在他们身上看到这些。"①可以说，感官是大自然赋予儿童期适应周围复杂环境的秘密武器。

二、锻炼感官是儿童全面发展的基础

卢梭说，"在生命开始的时候，记忆力和想象力尚处于静止的状态，这时候，孩子所注意的只是在目前对他的感官起影响的东西；由于他的感觉是他的知识的原料，所以要按照适当的次序让他产生感觉"②。由于感官是儿童期认识周围环境的重要器官，通过锐化感知觉的发展可以激发儿童记忆、想象、思维等其他领域的更好发展。蒙台梭利认为"从事过感官工作的儿童不仅能更加娴熟地使用双手，而且能更加敏锐地感知来自外部世界的刺激"。③锻炼感官的目的并非仅仅在于使用感官本身，而是说感官的敏锐性和丰富性与生命体验直接相关，感官感受力是我们在人生道路上作出判断，感受生活的重要能力。"锻炼感官，并不仅仅是使用感官，而是要通过他们学习正确的判断，也就是说要学会怎样去感受；因为我们只有

---

① ［美］德布·柯蒂斯，玛吉·卡特. 观察的艺术［M］. 郭琼，万晓艳，译. 南京：南京师范大学出版社，2018：117.

② ［法］卢梭. 爱弥尔（上卷）［M］. 李平沤，译. 北京：商务印书馆，2002：51.

③ ［意］玛丽亚·蒙台梭利. 有吸收力的心灵［M］. 江雪，编译. 天津：天津人民出版社，2003：156.

经过学习之后，才懂得应该怎样摸、怎样看和怎样听。"①可见，只有在感官感受力得到了培养和丰富之后，我们才能真正领略到生命的本味。

三、感官教育夯实儿童的直觉思维

人类学对原始思维的研究发现，原始人大量使用表象来理解周围的万物，儿童也是如此，在儿童思维发展的初期也不是依靠逻辑思维来进行推理，而是通过直觉和表象，这在皮亚杰对儿童认知研究的结论中早有论证。这种相通性我们可以理解为，人类思维的发展在种族进化的维度上离不开原始思维的发展阶段，从原始思维发展到现代思维，原始思维的充分发展为现代思维奠定了基础。对于儿童也是，就个体从发生学和生物学意义上来讲，儿童思维的发展必须经过直觉思维阶段，甚至可以说，直觉思维的充分发展将有利于儿童抽象逻辑思维的后续发展。直觉思维的产生依赖于感官，即在感觉神经的末端形成的感块，由感块导出的思维叫"直觉思维"，直觉思维是指对一个问题未经逐步分析，仅依据内因的感知迅速地对问题答案作出判断、猜想、设想。比如，你看到一个人，马上就可以看出他的基本特征：高矮、胖瘦、美丑等等，这种"看"就是感觉。同时，你可以轻松辨别狗和猫，这些都是感觉思维(也可以叫直觉思维)②。通过感官教育，可以让儿童的观察力更加敏锐，而观察力敏锐的人，其直觉出现的几率更高。因此，感官教育将夯实儿童的直觉思维，更有利于儿童后续逻辑思维的发展。

第二节 自然环境中的各种感官教具

一、大自然是感官生长的沃土

大自然蕴含着丰富多彩的现象和无限的美，自然环境的复杂性和多样

---

① ［法］卢梭. 爱弥尔(上卷)［M］. 李平沤，译. 北京：商务印书馆，2002：161.
② 名词界定来源 360 百科 https：//baike. so. com/doc/5700914-5913628. html.

性比任何刺激物都更能引起儿童的条件反射。卢梭认为通过与"天然自然"的亲密接触能提高儿童感官的敏感度，进而加速其感官教育的发展。在这个过程中虽然会有影响儿童自由活动的因素出现，如难闻的味道，但自然可以凭借其自动净化能力消散这种味道，并不会对儿童造成任何影响。"天然自然"不仅满足了儿童学习所需要的"纯自然"的环境，同时保证了他们的身心处于自由、自然的状态。① 这就是卢梭在对爱弥儿进行教育时，在他未满 15 岁时，提倡他到乡村中去学习的原因，因为农村在很大程度上保留着其原有的"自然"成分，即接近于"天然自然"。儿童的触觉、听觉、味觉、嗅觉等各种感官都需要在大自然中得到发展，而对自然的发现和认识又离不开感官"自然的景色的生命，是存在于人的心中的，要理解它，就需要对它有所感受"。"花儿的香、叶儿的美、露珠的湿润，在草地上软绵绵地行走"②，所有这些都需要儿童的感官去感受，尤其是自然美，是不能通过教授的，必须通过感受。只有当这些感官得到充分的发展之后，记忆力、想象力的后续发展才会被激发得更好。

二、大自然中蕴藏的感官教具

再精密设计的感官教具都无法和大自然这一天然的感官"教具"相媲美。试想，有哪一种视觉教具能像大自然的色彩那样绚丽多彩，又有哪一种听觉教具能有大自然的声音那样瞬息万变。玩具厂家为儿童设计了各种刺激其感官发展的教具，特别是婴儿时期的感官玩具可谓琳琅满目，但家长们忽视了大自然蕴藏着最真实、最富有生命力的感官教具。五彩缤纷的花朵、形态各异的树木、千变万化的云朵，儿童目之所及皆是活的视觉教具，更不谈一年四季大自然的外衣都在变化。色彩、形态每个季节都完全不同，要是再去观察七星瓢虫、蚂蚁、蚯蚓这些细小的动物，大自然的丰富性真是难以一一细数。大自然的视觉教具不仅能保护儿童的视力，而且

---

① ［法］卢梭. 爱弥尔(上卷)［M］. 李平沤，译. 北京：商务印书馆，2002：191.
② ［法］卢梭. 爱弥尔(上卷)［M］. 李平沤，译. 北京：商务印书馆，2002：218.

能让儿童从大自然细微的变化中观察力变得更加敏锐，如不同叶子的形状，同一朵花色的变化都能锻炼儿童观察的能力。大自然的风声、雷声、雨声、山泉声、虫鸣鸟叫声皆是听觉教具，如果让儿童区分大海声和瀑布声、乌鸦叫声和喜鹊叫声、蝉鸣声和蛙鸣声，大自然的声音足可以让儿童的听觉变得越来越灵敏。大自然不仅有视觉和听觉教具，粗糙的树干、光滑的沙子、清新的野草、芳香的花朵、甘甜的泉水、美味的水果，触觉、嗅觉、味觉在大自然中都会打开，大自然如同一个宝库，蕴含了儿童感官发展的所有教具，如，具有芳香气味的迷迭香、薰衣草、洋甘菊、岩兰草、依兰花、桂花、玫瑰花、栀子花等数不胜数的芳香类植物都是大自然隐藏的嗅觉教具。当然，我们不能把大自然割裂开来，当我们在大自然的时候，我们本身就是全感官投入其中的，只能说在不同感受活动中所需要的感官略有不同。

第三节　自然环境中全感官教育的实施

如前所述，当儿童在大自然中时是多种感官共同参与感受大自然的，为了更有针对性地锻炼儿童的多种感官，教师专门设计一些感官锻炼活动，这些活动中儿童可能会更多地使用某一感官来获取信息或解决问题，为了方便活动实施，我们分不同感官来设计活动。这些活动与游戏相融合，但不是儿童完全自发产生地游戏，是经由教师设计的游戏活动，也可以说是游戏教学化的方式。

一、视觉自然游戏精选

（一）树叶拼一拼

游戏材料：不同形状的树叶、纸张、笔
游戏玩法：
（1）把树叶从中间对称剪成两半，选取一半分发给参与者。

（2）参与者需要根据手上的一半树叶在纸上上画出树叶的另一半。

（3）画完后在手帕上找出自己树叶的另一半，看看是不是一样的。

（二）自然之"眼"

游戏玩法：让孩子们躺在森林或草坪的空地上，仰望天空，想象自己是大地的一部分，用树叶等东西盖住孩子的身体并让他们闭上眼睛，在他们感到不耐烦时，给他们一个信号。可以让他们互相帮忙盖树叶。

注意点：要用自然万物的眼睛看周围的自然生命。

（三）我做石头小探长

游戏玩法：带上小筐找寻形形色色的石头，比较不同石头的质感是否相同。

石头寻宝清单：锋利的石头，扁平的石头，坑坑洼洼的石头，掉渣的石头，粗糙的石头，光滑的石头，闪光的石头，带斑点的石头，带条纹的石头，多彩的石头……

（四）多彩种子罐

（1）材料准备：各类种子，不同大小的玻璃罐或透明盒。

（2）活动内容

① 收集各形各色的种子，装入玻璃罐或透明盒中。若是采集会腐烂的种子，例如浆果，可以把果肉去除，再把种子晒干收藏。

② 在容器上标明种子采集的地点与日期，最好的做法是记在笔记本上，并观察和记录种子颜色的变化。

（五）大地寻宝

（1）材料准备：笔、纸、养乐多罐（或吸管）、透明胶带。

（2）活动内容

① 选定几个自然区域，让参与活动的学员熟悉周围的植物。

② 活动设计者选定几个不重复的寻宝路径。

③ 在每个寻宝路径中，配合周边环境和植物种类，设计 4~5 个寻宝指令(每组各不同)例如：

指令1：请你走向东边的小路，找到第一棵杨柳树。

指令2：往红色凉亭的方向走，在凉亭旁的树丛里。

指令3：在离你最近的一棵果实可生吃的植物上。

指令4：你完成任务啦，请带上 4 张指令和养乐多罐(或吸管)速回基地，领取奖品。

④ 将画好或写好的寻宝指令分别塞入小瓶子中，再藏于指令上标示的地点。藏的地点很重要，太容易找到会减少寻宝的刺激感；太隐秘又容易让寻宝者失去信心，所以难易程度要搭配妥当。

⑤ 将所有学员分好组，拿到第 1 张寻宝指令就可以分组出发了。

二、触觉自然游戏精选

(一)找到我的树叶

游戏材料：手帕或神秘袋、叶子、蒙眼布

游戏玩法：

(1)蒙上眼睛，用手触摸不同的叶子(三片)，触摸时提醒参与者注意叶子的形状、摸起来的感觉。

(2)睁开眼睛，在手帕上找出刚才触摸的三片叶子。

(3)帮找出来的三片叶子找到她们的大树妈妈。

(二)学狐狸走路

游戏玩法：

(1)选择安全的草坪或者落叶地，或者泥地(可以光脚)。

(2)重心放在一只脚上，慢慢抬起另一只脚，抬高膝盖，让脚悬在空中，放松，然后前移，慢慢迈下步子，让脚和地面自然紧密贴合，完全落地后再把重心放在这只脚上。

（学习狐狸悄无声息的走路方式）

（三）神秘袋

游戏材料：蒙眼布、神秘袋、自然物品

游戏玩法：

（1）围坐一圈，蒙上眼睛，从神秘袋中摸取自然物，仔细用触觉感知物品的大小、粗糙、形状等。

（2）每个人描述自己手中感知的自然物，然后感觉和同伴是拿着一样自然物的举手，两人碰对，打开面罩看看是不是一样的自然物，只要是属于同一类型的物品就为获胜（两人可用放大镜继续比较一下细微的区别）。

（四）蒙眼毛毛虫

游戏材料：蒙眼布

游戏玩法：

（1）每人发一个眼罩蒙上眼睛，一个人做毛毛虫的头不用蒙上眼睛，一个人做毛毛虫的尾部也不用蒙上眼睛。

（2）毛毛虫的头带领大家慢慢在一段路上前进，每一个人摸摸所经过的路上的东西。

（3）毛毛虫停下来大约走10分钟后，让蒙眼睛的同伴去找寻刚才走过的是哪一段路。

（五）遇见一棵树

游戏材料：蒙眼布、树

游戏玩法：

（1）两人一组，分为甲乙双方，用布把甲的眼睛蒙起来。

（2）先让甲转圈失去方向感，然后乙小心翼翼引导甲走向附近的一棵树。

（3）让甲自己探索这棵树。比如：树皮摸起来粗糙吗，能摸到树根吗，树干有多粗，能够得着树枝吗，树上有苔藓吗等等。让乙退后，鼓励甲独自完成这一过程。

（4）当甲完成探索后，乙上前将甲引导回出发点，取下蒙眼布，让甲在脑海中想象树的样子，然后找到刚才触摸的那棵树。在寻找过程中，乙可以提示"更近了""更远了"这些词语。

（5）找到正确的树后互相庆祝，然后互换角色，继续游戏。

三、听觉自然游戏精选

（一）蒙眼扔松果亲子游戏

游戏材料：沙包（软的小布球）、蒙眼布、绳子

游戏玩法：

（1）用绳子圈出游戏范围。

（2）家长扮演大松鼠，宝宝扮演小松鼠，一个家庭为一个小组。小松鼠的眼睛蒙起来扔沙包，大松鼠指挥小松鼠朝哪个方向扔球去砸中别的小组的大松鼠或小松鼠。

（3）小松鼠手中的两个球如果被扔掉，大松鼠要指令小松鼠去捡球。

（4）如果大松鼠被砸中，就只能出去，在圈外指挥松鼠宝宝躲避球和扔球。

（5）如果松鼠宝宝被击中，一组家庭就要出局。

（二）小鹿追踪

游戏材料：蒙眼布、手帕

游戏玩法：

（1）一人扮演小鹿蒙上眼睛，在小鹿的身旁放一块手帕。

（2）其他人扮演自己喜欢的动物，悄悄向小鹿靠近，尝试在小鹿不发现的情况下拿走手帕。

（3）小鹿一旦听到有人靠近，就指出来靠近人的方向，如果正确，这个人就出局。

（三）狐狸抓兔子

游戏玩法：

（1）教师扮演兔子背对着狐狸吃草。

（2）其他小朋友扮演狐狸在距离 5 米远的地方准备去吃兔子。

（3）狐狸要尽量蹑手蹑脚不让兔子发现，兔子一旦发现有狐狸靠近就转身面向狐狸，这时候狐狸停下来不能动，兔子继续吃草，狐狸想法前进。

（游戏中兔子原地吃草不能动，狐狸在被兔子盯着时也不能动，兔子盯着狐狸的时间不能超过 1 分钟。）

（四）树的心跳

游戏过程：选一棵直径至少 15 厘米并且皮比较薄的树来听心跳。落叶树通常比针叶树听得清楚，某棵树的心跳声可能比较大。把听诊器紧紧贴在树干上，不要动，以免产生杂音。多试几个地方，你会找到最佳"听点"。让孩子们感受到声音节律变化的美丽动人。

（五）搜集大自然的声音

游戏玩法：蒙上眼睛，席地而坐，静静聆听大自然的声音，5 分钟后摘下眼罩，把自己收集的自然声音分享给同伴。

四、嗅觉自然游戏精选

（一）小熊做警官

（熊被认为地球上所有动物中有最强烈的嗅觉，让我们向熊学习它的高超本领）

游戏场地：场地有各种不同味道的花草树木、事先准备好的不同形状的木块做宝物。

游戏方法：

(1)游戏者将宝物藏在不同味道的花草树木底下，记住木块所藏地方的树木味道。

(2)带领游戏者离开藏宝物的场地，然后扮演小熊蒙上眼睛原地转圈，3分钟后开始找寻刚才藏好的木块宝物。

(3)找到木块最多的小熊获胜。

(二)灵敏的獾鼻

獾喜欢夜间活动，视力不行，但有着灵敏的鼻子，靠嗅觉寻找食物。

游戏玩法：

(1)选择味道强烈无害的精油，在游戏开始前提前将精油滴在树上或石头上，根据游戏分组数量设置几条"气味小路"。

(2)在每一条小路的终点埋一颗土豆，埋好后上面插一个木棍，木棍上滴几滴精油。

(3)每组游戏者蒙着眼睛，沿着气味寻找"食物"，挖出土豆后再回到出发点。

(如果条件许可，把找到的土豆就地烤熟庆祝游戏获胜。)

(三)大自然的美食

游戏场地：选择有可以制作食物的植物场地，如有玫瑰花、桂花的地方，有薄荷、鱼腥草、榆树、槐花树等场所。

游戏玩法：

(1)根据教师提供的植物的图片寻找可以吃的植物并采摘。

(2)根据采摘回来的植物特点分组进行美食制作。

(3)完成美食制作后，游戏者蒙上眼睛，根据味道找到自己刚才采摘的植物做成的食物。

除了视觉、听觉、触觉、嗅觉等游戏活动，大自然还能提供味觉、平衡觉等感官锻炼机会。事实上，在真正的大自然活动中往往多种感官是同时得到锻炼的，在具体活动中我们更需要引导幼儿运用多种感官提高自己的自然感受力和观察力。如"微观之旅"的活动，儿童在观察的过程中，他们对缩微森林世界全神贯注如痴如醉，集中了注意力。在孩子们穿越绳索的过程中，通过提问也会激发孩子的想象力。

案例 7-1　微观之旅

步骤：

1. "微观之旅"就是沿 1 米至 1.5 米细绳走得极短的"远征"。一开始就告诉孩子们他们是"旅行者"。"旅行者"趴在地上沿着路线一点点向前爬，观察神奇的自然。但是眼睛距地面不能超过脚的长度。

2. 在孩子们穿越绳索的过程中，让他们把线放在他最感兴趣的地面上。

3. 给每个孩子一副魔术放大镜，让孩子把自己想象成蚂蚁大小。

4. 提问孩子：你现在到哪个国家了？你的近邻是谁？你们友好吗？他们工作努力吗？那只蜘蛛想要干吗？是要吃掉你，还是带你去兜风？当一回绿色金属光泽的甲虫会是什么滋味？它是怎么打发日子的呢？

自然教育中的感官活动在实施过程中往往和其他活动融合开展，综合提高儿童感官的敏锐性，将会让儿童对周围人、事、物保持一种好奇和关心态度，也会提高儿童的观察力、判断力和独立思考能力。

冬天的雪化了，夜晚越来越短——春天终于来了。雪莲花最先开放，呼唤着更多美丽的花朵盛开。小鸟在树上鸣叫，小羊在田野中玩耍，蝌蚪在清澈的小溪中摇摆着尾巴。你看到的都是新生命，不可思议的一年开始了。

——《大自然的一年》

第八章　自然环境中的生命教育

第一节　自然与生命教育

一、自然与生命相通

狄尔泰认为生命是一种活力，一种能动的创造性力量，大自然是生命体现自身的工具。柏格森则认为宇宙的本质不是物质，而是一种生命之流。就具体生命而言，生命具有个体性、自觉性、创造性。[①] 因此，"自然"和"生命"都是代表了一种勃勃生机和内在源泉的气象，特别是大自然，本身就是万物之母，在四季更替中无不散发着生命的光芒。自然中蕴藏着生机，《易传·系辞上》说，"生生之谓易，成像之谓乾，效法之谓坤""易变"之理在于以"生生"即生命的生长演变为基础，中国古代《易经》思想中体现了自然与生命之间的密切关系。卢梭曾说，"教育是随生命的开始而开始的，孩子在生下来的时候就已经是一个学生，不过他不是老师的学生，而是大自然的学生罢了"。这句话本身就暗含了生命、教育与自然的三者关系。从这个意义上来说，自然环境是最好的生命教育场所，同时在自然中的教育也是顺应人类生命发展的教育。

二、大自然是生命教育的活教材

大自然时刻散发着生命颤动的气息，严冬刚过，初春来临，在广袤的

---

① 王晓虹. 生命教育论纲[M]. 北京：知识产权出版社，2009：8-10.

大地上，各种各样的花草树木就争先恐后地发芽、长叶。在南极海上的浮冰中，乍看起来是没有生命能忍受的地方。然而，浮冰中其实充满着装有融化的海水的孔洞，里面经年长满了单细胞藻类，它们能吸收二氧化碳、磷酸盐以及其他来自海底的养分。当南极洲的夏季来临，浮冰融化侵蚀后，藻类便沉入海中，成为蛲足类动物和磷虾的美食。① 看似没有生命迹象的地方竟也涌动着生机，而且每一种生物都是另一生物的依存，正所谓"生生不息"。大自然中的万物蕴藏着生存的智慧，牵牛花在夜间开花，白天闭合，是为了适应夜间觅食昆虫给它们的授粉；茎蜂的身体上拥有像锯条一样的工具能帮助它吃到最幼嫩的茎；有一种叫滇叶㷭的昆虫，身体薄薄的像树叶，形状、颜色都与周围环境一样，这是为了迷惑敌人伪装的造型和颜色。大自然还时刻上演着生死大战，森林里一群红蚂蚁和黑蚂蚁在上演"蚂蚁大战"，红蚂蚁在劫掠黑蚂蚁尚未孵化的蛹作为未来的工蚁。野地里一只小动物死去，昆虫来了、鸟儿来了、鼠、貂也来了，小动物的死亡，变成了其他生物的庆典，大自然时刻蕴藏着生命回归尘土、滋养大地万物的奥秘。大自然教我们学会看待生命的无处不在，生命的顽强坚毅；大自然也教我们学会用平常心来看待死亡，大自然各种动植物之间的捕食，这是大自然的连续剧，没有所谓的对与错，大家都忠实地照着剧本，尽职地演好自己的角色。庄子曰"方死方生"，生命的此消彼长时刻在大自然上演，一个生物的死亡滋养着另一群生物，大自然生命的消长转换与生生不息，这就是生命的可贵。而大自然的活力靠着不断地摧毁与新生，也引发了生命的多样性。走进大自然，翻开大自然这本活教材，你会看到波澜壮阔的一幅生命涌动、流转的画卷，你会感叹再没有比这更生动的生命教育素材了！

三、生命是自然教育的原点

泰戈尔说教育的目的应当是向人类传送生命的气息。自然界由于有了

① ［美］爱德华威尔逊. 生命的未来［M］. 杨玉玲，译. 北京：中信出版集团，2016：22-23.

生命的存在才变得如此美妙而动人，生命是世界存在与发展的基础，关怀生命也是教育必须承担的责任。"生命是教育的原点，教育因生命而产生，教育源于生命，促进生命的发展乃教育之本。"①动物虽然也有自然生命，但人的生命具有未特定化、开放性的特点。人的成熟期漫长，是自然界中最柔弱，处于最不利地位的一种生物，除人类外，胎生的动物幼稚期都很短，羊只有两个月，马只有一年，而人直到18岁才算进入成年。但正是这种自然赋予人的未特定化和"幼态延续性"，让人的生命具有其他动物所不具有的可塑性，也为人类接受教育提供了可能，或者说，教育就是因人这一生命体的特性而产生的。因此，教育源于生命，更应该回到生命的原点，这是教育的本真所在。生命是教育的原点，更是自然教育的原点。自然教育是顺乎儿童天性发展的教育，走进自然的教育本身就是对生命发展的回应，是教育回归本源的体现。马克思认为，作为人来说，同一切动植物一样是有生命力、有感觉和欲望的自然存在物。他说："人直接地是自然存在物。人作为自然存在物，而且作为有生命的自然存在物，一方面具有自然力、生命力，是能动的自然存在物；另一方面，人作为自然的、肉体的、感性的、对象性的存在物，和动植物一样，是受动的、受制约的和受限制的存在物。"因此，与其他生物一样，人类的自然生命需要在大自然中获得生存的养料，人类的精神生命需要在大自然中得到滋养。自然养育万物，也是人类的生存之地；同时人类的灵魂栖所需要回到自然，诗意地栖居于天地之间。

第二节　自然环境中的生存教育

一、自然环境中的安全防护与急救

大自然蕴藏着生机，也时刻暗流涌动。自然环境中不仅有美丽的花

---

①　冯建军. 生命化教育[M]. 北京：教育科学出版社，2007：99.

朵、温顺的绵羊，还有带毒的植物和凶猛的野兽，大自然也不是每天都风和日丽、和风细雨，她也会大发雷霆，带来可怕的地震、暴风雪和海啸。除此之外，自然环境的地面坑坑洼洼，山水林木等不同自然情境中都隐藏着不同的风险，既要防止蚊虫叮咬，还要避免摔伤擦破，更要谨防中毒受伤。因此，当我们走进自然与她亲近的时候，需要提前做好安全防护和进行急救教育。

（一）自然环境中的风险排查

公园、花园、农场或学校校园内的自然场地相对风险较小，这些场地都有专人维护清理，我们只需要给儿童提前做好安全防护教育就会避免很多问题。茂密的森林、高山瀑布或完全陌生的野外环境相对来说风险较高，需要提前了解场地内是否有毒蜘蛛、马蜂、蜈蚣、毒蛇之类的动物出没，是否有过多的有毒植物，这种场地可以作为科普探索，不适宜作为长期的自然教育场地，如果偶尔前往探究，需要采取更多的安全防护措施。当然，在自然环境中活动蚊虫叮咬和跌倒擦伤非常正常，我们要在做好防护的同时正确认识环境中的风险问题，适度的风险挑战有助于促进儿童的身体发展，培养儿童的耐挫能力和自信心，这也是自然环境所具有的独特魅力。自然活动中所需要进行的风险排查是要尽量降低不必要的危险，比如防止儿童攀爬腐朽的树木、玩耍锋利的树枝、采摘有毒的植物等，但是不能完全去除自然中存在的客观危险，我们所能做的就是掌握适当的急救方法。

（二）安全防护教育

1. 认识危险的动植物

通过事先搜集视频、图片或阅读相关图书，让儿童提前了解自然界中哪些动植物可能是有毒的。如，常见有毒的植物有：蓖麻、水仙、曼陀罗、风信子、相思豆、毒蘑菇、接骨木、马钱子、紫藤等；带刺的植物有：仙人掌、凤尾兰、刺梨、仙人球、玫瑰花、刺梅花、月季花、锦鸡儿、金樱子、龙舌兰、蔷薇花等；可能会遇到的危险动物有：大黄蜂、非洲蚂蚁、跳蚤、疟蚊、接吻臭虫、蜈蚣、狼蛛等。一些大型动物出没的地方通常我们也不会选择前往，自然教育活动中需要了解的恰好是这些常规身边自然情境中可能出现的危险动植物，特别是蚊虫、黄蜂、蚂蚁等是每次自然活动中都需要防备的。因此，自然活动前需要准备急救药箱和防蚊设备。急救药箱中包括防叮咬药物、防止中暑、治疗中毒以及常用的绷带、止血用药和治疗拉肚子等药物。

2. 学会预判危险的场地

自然环境复杂变化，儿童在自然中探究游戏时需要了解哪些场地更容易隐藏危险，哪些场地可以去玩，哪些场地不能贸然前往，不同场地玩的时候需要有哪些注意点。如，茂密的丛林中容易隐藏一些有毒的昆虫，捉迷藏时不能打扰到这些昆虫；草坪上奔跑时要注意不能踩到蚂蚁和一些隐蔽的泥坑；爬树时要注意有些树枝容易折断，还要防止树皮蹭破皮肤；泥沙中踩踏要小心翼翼，防止有咬人的虫子或一些尖锐的石子；布满青苔的石头尽量避开不要去踩，防止湿滑；冰面玩耍要有专业人员带领；下坡奔跑要学会判断山坡底面是否安全，有无障碍物。随着儿童在不同自然场地活动经验的丰富，他们对危险的预判能力和应付危险发生的能力也会越来越强，儿童的判断力、抵抗力和身体的灵活度会得到很大的提高。

3. 常用的急救方法①

自然环境中开展活动或多或少增加了危险发生的几率，我们不能因为有危险而害怕亲近自然，而是在预防的基础上掌握简单的急救方法，这样我们的生存能力就会得到更多的锻炼。在户外活动需要掌握的一些急救方法主要有：

（1）如何处理小外伤

儿童在游戏中可能会有各种意外伤的发生，处理不同的外伤需要采用不同的方法。

---

① 常用急救方法主要参考张兰香、潘秀萍主编的《学前儿童卫生与保健》一书。

皮肤擦伤是最常见的一种，此时应先观察伤口的深浅和污染程度，如果伤口较浅，仅蹭破表皮，没有出血，只需将伤口处的泥沙清洗干净；如果伤口较深，有出血，此时应用生理盐水或凉开水清洁伤口，再用碘酒自伤口内向外消毒，然后使用酒精脱碘，处理后如不再出血，不用包扎；若出血较多，伤情较重，加压包扎后再送往医院治疗。

如果儿童不小心被带刺的花木刺伤，先用生理盐水或凉开水清洗伤口，然后用消过毒的镊子或针顺着刺的方向把刺全部拔、挑出来，不应有残留，挤出淤血，再用酒精消毒伤口。

如果是被尖锐的石块或一些植物切割，先用无菌纱布按压伤口止血。然后沿着伤口用75%的酒精由内向外消毒，最后敷上无菌纱布，用绷带包扎。如果是玻璃扎伤，则需要先用镊子清除碎玻璃，消毒后加压包扎。

如果儿童被某一重物击中受伤，要先局部冷敷止血，用七厘散或活血止痛散调敷伤处，如果砸伤部位在头、胸等重要部位，需要立即送往医院救治。

处理常规的扭伤，需要判断是否骨折，如果无骨折或脱臼，先冷敷，限制活动，一天后改为热敷或按摩。

（2）如何处理动物咬伤

蛇咬伤：捆扎伤口上方（距离受伤位置5厘米处），阻止蛇毒扩散；以伤口牙痕为中心，用刀片划十字切口，用力挤压伤口，使毒液通畅流出；口服相关解毒药，同时将药片用温水溶化后涂于伤口周围。

黄蜂（马蜂）蜇伤：先用橡皮膏将皮肤中的刺粘出来，再将食醋涂于患处。

蜜蜂蜇伤：先用橡皮膏粘出皮肤中的刺，再将肥皂水、淡碱水涂于患处，注意一定要区别是蜜蜂还是黄蜂，两种毒液性质不同。

（3）如何止血

止鼻血：安慰幼儿不要紧张，用口呼吸，头略低。捏住鼻翼10分钟，同时用湿毛巾冷敷鼻部和前额。

加压包扎止血法：用于动脉或大静脉出血。用无菌纱布或干净毛巾等，折叠成比伤口稍大的垫子盖住伤口，再用绷带或三角巾加压包扎。

指压止血法：用于紧急抢救动静脉出血。用手指或手掌将出血的血管上端(近心端)用力压向相邻的骨骼上，以阻断血流，达到暂时止血的目的。

适用于大血管破裂出血，尤其是动脉出血。常在使用加压包扎止血无效时使用。要准备的器械有：橡皮管、绷带、三角巾等。上止血带前，先抬高伤肢，以帮助静脉回流。找准出血点，在止血带与皮肤之间垫上垫子，将止血带扎在伤口的近心端接近伤口处，但禁止缚在上臂的中间1/3段，以防损伤桡神经。止血带捆扎的松紧应适度，以摸不到远端脉搏为宜。扎上止血带后，每15~20分钟放松一次，每次30秒至1分钟。

一般止血法：用生理盐水冲洗局部，涂红药水，在创口盖上无菌纱布，再用绷带加力包扎，包扎松紧以不出血为度。

(4)如何处理晕厥

让晕厥者平卧，松开衣领、腰带，头部略放低，脚略抬高，改善脑部供血，不久即可恢复，清醒后，可适当补充热的糖盐水或热饮。

(5)如何处理中毒

如果在户外误食有毒东西，第一步需要催吐、洗胃，尽量减少有毒物质吸收。用干净筷子或其他替代物刺激咽部，引起呕吐。反复喝水、催吐，就近到医院洗胃。

(6)如何处理溺水

如果不慎落入水中，要利用现场一切条件，尽快水上救护。若落水者意识不清，口内有淤泥杂草，则应迅速清除溺水者口鼻内的淤泥杂草；松解溺水者内衣、裤带、领口、袖口；若溺水者呼吸心跳已停，迅速施行人工呼吸和胸外心脏挤压术。

(7)如何实施人工呼吸法

通畅呼吸道：清除口鼻中的淤泥、杂草和痰涕；将病人颈部垫高，使其头部后仰，舌根抬起，保持呼吸道通畅。

进行吹气：救护者深吸一口气，捏住患儿鼻孔，嘴紧贴患儿的嘴，向里吹气。吹完一口气，嘴离开，放开患儿鼻孔，轻压其胸部，帮助其呼气。若是婴儿，需要用嘴衔住婴儿的口鼻，往里吹气，吹完一口气，轻压其胸部，帮助呼气，这样有节奏地进行，2~3秒间隔一次。

（8）如何实施胸外心脏挤压术

让患儿仰卧，背部有硬物支撑，开始挤压心脏。对婴幼儿，左手托其背，右手手掌根按压其胸骨偏下方，使胸骨下陷2厘米左右，如此不断进行，直至幼儿自主呼吸恢复；对较大儿童，救护者把右手掌放在胸骨偏下方，左手压在右手上，呈垂直交叉式，便于用力，每分钟60~80次。直至儿童自主呼吸恢复。

二、自然环境中的生存教育

（一）学会在自然环境中生存①

1. 学会辨识方向

通常在自然中开展活动我们会携带指南针，一旦林中迷路，如果有指南针和地图，要让儿童学会如何使用指南针和地图。如果没有指南针和地图，首先需要考虑能否原路返回，其次让儿童学习利用太阳分辨方向，正午时分，北半球的太阳在天顶靠南，南半球太阳则正好相反。通过观察树干或岩石上的苔藓辨别方向，通常苔藓长在背光处。根据蚂蚁的洞穴辨别方向，蚂蚁的洞穴大部分都是朝南方向。

2. 学会野外取火、生火、用火

随着现代燃气、电气能源的产生，儿童很少能在生活中学到自然的生火方法，也没有必要一定用原始的方法去生火做饭、产生热量。因此，在自然教育中让儿童学习野外生火主要是让儿童了解更多产生火的方法，学会在极端情况下的一些生存技能。

---

① 生存教育的方法部分参考了英国玛瑞娜·桑德拉·罗柏等著的《学伴自然》一书，部分参考了网络百度经验。

（1）学习生火

材料和工具：生火工具有很多，可以选择火柴、打火棒、火钢、打火石或凸透镜等；准备火引、干草、干柴、炭布或棉花团。

生火过程：

① 收集生火需要的全部材料，火引和各种粗细不同的木棍、树枝（提醒儿童收集干燥易着火的木柴）。

② 学习如何用打火棒或者其他引火工具打出火花。

③ 用干草、炭布或者纸片引火，产生火苗后放在木棍上，不断向火引吹气，让火苗更旺盛。

④ 添柴火要慢慢添加上去，形成一个聚拢型的火堆，要让火堆下方架空利于空气流动，上方有充足的燃烧物。

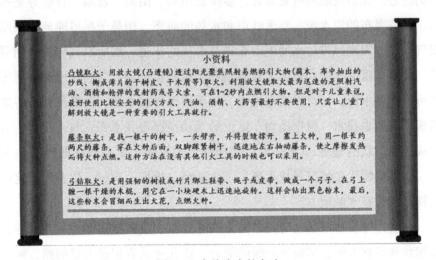

小资料

凸镜取火：用放大镜（凸透镜）透过阳光聚焦照射易燃的引火物（腐木、布中抽出的纱线、撕成薄片的干树皮、干木屑等）取火。利用放大镜取火最为迅速的是照射汽油、酒精和枪弹药的发射药或导火索，可在1~2秒内点燃引火物。但是对于儿童来说，最好使用比较安全的引火方式，汽油、酒精、火药等最好不要使用，只需让儿童了解到放大镜是一种重要的引火工具就行。

藤条取火：是找一根干的树干，一头劈开，并将裂缝撑开，塞上火种，用一根长约两尺的藤条，穿在火种后面，双脚踩紧树干，迅速地左右抽动藤条，使之摩擦发热而将火种点燃。这种方法在没有其他引火工具的时候也可以采用。

弓钻取火：是用强韧的树枝或竹片绑上鞋带、绳子或皮带，做成一个弓子。在弓上绕一根干燥的木棍，用它在一小块硬木上迅速地旋转。这样会钻出黑色粉末，最后，这些粉末会冒烟而生出火花，点燃火种。

图 8-1　自然取火的方法

（2）注意用火安全

➢ 儿童必须在成人指导下才能学习生火。

➢ 生火地方不能是茂密的森林，也不能在特别干燥的环境中生火。

➢ 要确保距离生火点一段安全距离。

➤ 不要站在生火点的上风口。

➤ 不允许将火堆中的柴火拿出来。

➤ 确保带有随时灭火的工具。

➤ 生完火一定要将未燃尽的树枝和水充分混合，确保不留火种。

3. 学会野外安全用水

当我们在户外活动时饮用水用尽了口渴难受，该怎么去获得所需的水呢？据统计，人离开水的极限时间约为 150 小时(受环境温度影响)。水是生命之源，在自然环境中寻找水源，并学会净化水、煮沸水，用水烧煮食物是非常重要的生存技能。

(1)寻找水源

教给儿童常用的寻找水源的方法，在野外需要凭借我们的感官去寻找水的踪迹。凭借灵敏的听觉器官，多注意山脚、山涧、盆地、谷底等是否有山溪或瀑布的流水声，有无蛙声和水鸟的叫声。用鼻子尽可能地嗅到潮湿气味，或因刮风带过来的泥土腥味及水草的味道，然后沿气味的方向寻找。凭着丰富的经验和知识去观察动物、植物、气象、气候及地理环境等也可以找到水源。如可以根据地形、地质情况寻找水源，在低洼处、谷地及缓坡斜地去找水。根据动物、昆虫的活动情况寻找水源，蚊虫聚集，且飞成圆柱形状的地方一定有水；有青蛙、大蚂蚁、蜗牛居住的地方也有水。根据植物生长情况寻找水源，三角叶杨、梧桐、柳树、盐香柏，这些植物只长在有水的地方。

在设计寻找水源活动时可以充分锻炼儿童的逻辑推理能力，并培养儿童细致观察和大胆尝试解决问题的能力。让儿童试着记录走过的路，画一幅地图，并标出水源。在一定的自然活动场域中想办法去收集水，或者标出自己认为可能有水的地方，尝试解决没有水的问题。

(2)安全用水

当我们无法直接获取安全的饮用水时，生命就会受到威胁，而饮用不干净的水会出现拉肚子或中毒的现象，因此有必要让儿童学会简单的过滤水和煮沸水的方法。

对寻找到的水源进行净化处理有几种简便可行的方法①：

渗透法：当你找到的水源里有漂浮的异物或水质混浊不清时，可以在离水源 3~5 米处向下挖一个大约 50~80 厘米深，直径约 1 米的坑，让水从砂、石、土的缝隙中自然渗出，然后，轻轻地将已渗出的水取出，放入盒或壶等存水容器中，注意：不要搅起坑底的泥沙，要保持水的清洁干净。

过滤法：当你找到的水源泥沙混浊，有异物漂浮且有微生物或蠕虫及水蛭幼虫等，水源周围的环境又不适宜挖坑时，可找一个塑料袋（质量好、不容易破的）将底部刺些小眼儿，或者用棉制手套、手帕、袜子、衣袖、裤腿等，也可用一个可乐瓶，去掉瓶底后倒置，再用小刀把瓶盖扎出几个孔，然后自下向上依次填入 2~4 厘米厚的无土质干净的细砂、木炭粉、细砂、木炭粉、细砂 5 至 7 层，压紧按实，将不清洁的水慢慢倒入自制的简易过滤器中，等过滤器下面有水溢出时，即可用盆或水壶将过滤后的干净水收集起来。如果对过滤后的水质不满意，应再制一个简易过滤器将过滤后的水再次进行过滤，即可满意。

沉淀法：将所找到的水收集到盆或壶等存水容器中，放入少量的明矾或木棉枝叶（捣烂）、仙人掌（捣烂）、榆树皮（捣烂），在水中搅匀后沉淀 30 分钟，轻轻舀起上层的清水，不要搅起已沉淀的浊物，这样，你便能得到较为干净的水了。一般说来，除泉水和井水（地下深水井）可直接饮用外，不管是河水、湖水、溪水、雪水、雨水、露水等，还是通过渗透、过滤、沉淀而得到的水，最好都应进行消毒处理后再饮用。

让儿童学习净化水的方法主要是让儿童了解水对生命的价值和保护水资源的重要性，真正在野外需要净化水质的时候，可以随身携带一些简易轻便的净水器，如饮水净化吸管，体积小效果好，能在较浑浊的液体中过滤出可饮用的纯净水。

---

①　野外如何将水源过滤为饮用水 https://jingyan.baidu.com/article/c275f6baf70a19e33c75677c.html 2017-10-10.

4. 学会野外获取食物

大自然是我们获取一切生存物质的根本来源，是我们人类真正的家园。我们的古人非常擅长在自然中寻找可以食用、药用的植物、果实，虽然不同地域所能获取的野外食物不太相同，但是寻找野生食物并采摘和实用确是非常重要的自然体验活动，是难得的自然生存教育活动形式。在寻找野外食物的过程中儿童的观察能力和感官能力得以提高，学习采摘食物、处理食物的过程也是一种生存技能。而野生食物蕴含天然的营养元素，也是人造加工食物所不能相比的。因此，带领儿童到大自然探寻一些野果、野菜，并制作出美味食物，这种食育形式有着重要的教育价值。

（1）寻觅美味野菜

采摘野菜、制作野菜美食的过程是体验自然，感悟自然赐予人类食物、维持生命的重要过程，更是一种在自然中收获，迎接希望的心灵之旅。因为大部分可食用的野菜在春天出现，因此，经历严冬后在温暖的春天能感受到生命的诞生和自然收获的喜悦，无疑是人类情感充盈的美好经历。喜欢快餐面包还是野菜野果的清香，全在于童年的味觉经历，对于那些习惯于大地美食的人们，哪怕是野菜，也能让他们欢欣鼓舞，而享用天然的美食可以防止过度现代化带给人类的异化风险。因此，让儿童在童年期喜欢上野菜野果的味道是一种养成健康味觉的教育过程。

① 挖苦菜

苦菜适应性强，在我国南北地区都广泛分布，是最常见的一种野菜。苦菜营养价值丰富，据研究富含蛋白质、糖、食物纤维、钙、磷、锌、铜、铁、锰等矿物元素，以及维生素 B1、维生素 B2、维生素 C、胡萝卜素、烟酸等。在居住的北方地区，苦菜是家家喝粥必备的小菜，据老一辈人说苦菜对哺乳期妇女还有催乳作用。挖苦菜和制作苦菜的方法都非常简便，无需多准备工具，只需要拿一个袋子，徒手就能从土里挖出苦菜，关键点是把苦菜和其他野草区别开来，因为有一种野草和苦菜非常相似，但是苦菜的叶片是光滑无毛的。

凉拌苦菜的方法：将苦菜去杂洗净，入沸水锅焯透，迅速捞出洗去苦味，挤干水切碎，放入盆中待用；将蒜泥、盐、味精、香油和醋放在小碗中搅匀，浇在苦菜上拌匀即可。

　　苦菜罐头的做法：和凉拌苦菜一样，也需要将苦菜去杂洗净，入沸水锅焯透，迅速捞出洗去苦味，挤干水切碎，然后加入比较多的盐，腌制在玻璃器皿种密封，可以随时拿出来拌在稀饭或粥里面食用。

图 8-2　挖苦菜、制作苦菜罐头

　　② 摘榆钱

　　榆钱是榆树的翅果，因其外形圆薄如钱币，故而得名。据测定，每

100 克榆钱含碳水化合物 8.5 克,蛋白质 3.8 克,脂肪 1 克,膳食纤维 1.3 克,矿物质 3.5 克,钙 280 毫克,磷 100 毫克,铁 22 毫克,维生素 B1、B2 各 0.1 毫克,烟酸 1.4 毫克等。春天的时候在很短的一两个星期内是摘榆钱吃榆钱的最佳时节,错过了就需要再等一年。采摘榆钱需要适当准备工具,比如一个带长柄的钩子或者梯子,因为榆树还是比较高的,需要轻轻将树枝钩住采摘。

榆钱粥:将葱花或蒜苗炒后加水烧开,用大米或小米煮粥,米将熟时放入洗净的榆钱继续煮 5~8 分钟,加适量调料即成。宋代大文学家欧阳修吃罢榆钱粥后,留下了"杯盘粉粥春光冷,池馆榆钱夜雨新"的诗句,可见,榆钱粥的鲜美可口。

榆钱窝头:准备洗净的榆钱、玉米面、白面适量,将所有食材全部放入面盆,加入适量发酵粉、糖,将面和好后捏出窝头形状放入笼屉,醒发约 40 分钟到 1 小时,然后开火蒸出来就行。注意在醒发面的时候笼屉下面要放上 40 多度的温水,便于面团醒发。

③摘槐花

槐花在全国各地都有普遍种植,是一种常见的可食用花。槐花的颜色淡黄乳白,看上去有一种晶莹剔透之感,像是玉一样。春季开放时一定要抓住花蕾初开未开的那种时候赶紧采摘。春季采摘槐花时,绽放的槐花闻起来清香无比,味道入口有淡淡的甜味。有些槐树相对低矮,可带领孩子去采摘非常方便,无须特别的工具,准备一个袋子即可。槐花可以制作的美食很多,槐花饼、槐花蒸鸡蛋,但最喜欢的还是我们北方的槐花不烂子。

槐花不烂子的制作方法:将槐花洗净去掉杂质,用面粉将槐花搅拌裹起来,放入笼屉蒸熟,大约蒸 10 分钟左右即可。蒸好的槐花不烂子可以用各种调料拌着吃,也可以用油炒一下吃,可口美味。

除了苦菜、榆钱、槐花,不同该地区习惯采摘的野菜也有很大区别,比如,野蒜、香椿、荠菜、蒲公英、金银花、鱼腥草等也是容易在野外发现并适合采摘的野菜。大部分野菜都有清热解毒功能,因此生吃要注意适

图 8-3　摘榆钱、做榆钱窝头

量，脾胃较弱的人群要少食用，或者在制作美食的时候也可通过一些方法减弱野菜的寒凉性质。

（2）采摘可口野果

在大自然漫步游戏时如果能遇到野果，是一件非常有趣的事情，最能

图 8-4　摘金银花

图 8-5　挖鱼腥草

激发儿童采摘的兴趣。野果的价值并不在于营养丰富能满足食用的需求，而在于采摘野果的过程是一个赏心悦目的审美过程，儿童采摘野果更能满足其动手操作的游戏需求，那可是买来的水果所不能比的，采摘野果的美妙过程可以说是一种对果实更高层次的享用。不仅如此，采摘野果可以与本土食物资源近距离接触，能了解到自己所处周围自然对人类的馈赠，更能激发儿童对自然的热爱之情。正如梭罗所说，"它们（野果）启迪我们的心智，它们适合生于斯长于斯的我们。对我们来说，野草莓胜过菠萝，野苹果胜过橘子，栗子和山胡桃胜过椰子和杏仁，不在于味道，而在于其在我们的教育中起到的作用"。① 梭罗认为不加任何激素在大自然中完全野生的果实才是大自然真正的果实，人类应该学会享用这种符合自然规律长熟的果实，而不是去吃一些反季节的催熟的水果。"病弱者被非自然的生活带到坟墓边缘，不去吸纳自然的非凡力量，而是只喝某种特定草药泡的茶。饮下每一季的精髓如药，这才是专为你练就的灵丹。自然的琼浆，不是装在羊皮或猪皮酒袋里，而是装在无数美丽浆果的果皮里。让自然为你的佳酿装瓶，还有你自己的采摘和贮藏。因为每时每刻，自然都在尽力令我们健康。她的存在只为这一个目的"。②

我们不仅可以享用采摘野果的美妙感受，还可以欣赏野果的自然之美，更可以收获野果带给我们的健康元素。很多野果色彩绚丽，而且果皮和种子的色彩搭配完美，颜色还会随成熟过程发生变化。

图 8-6　颜色艳丽的野果(红李子、沙棘果、覆盆子)

如果我们仔细欣赏，就会惊讶果实与花萼、果皮与种子之间的色彩搭配，不得不赞叹大自然是最完美的调色师。比如，红黑色相配的假苹婆，果皮鲜红色，种子黑褐色，搭配在一起非常艳丽醒目；海州常山属植物虽然叶片具有特殊的气味，花却是香的，等花朵凋谢后，果实成熟，花萼的

① ［美］亨利·梭罗. 野果［M］. 梁枫，译. 北京：文化发展出版社，2017：4.

② ［美］亨利·梭罗. 野果［M］. 梁枫，译. 北京：文化发展出版社，2017：288.

颜色会由绿色转为红色，与蓝黑色的果实形成蓝黑与红的配色。还有很多植物都会在不同成熟时期颜色不断发生变化，如由绿色转变为淡紫色最后成熟时变成蓝色的杠板归，由绿到黄再到红色的刺茄。

假苹婆　　　　　　　　　　　海州常山

杠板归　　　　　　　　　　　刺茄

图 8-7　会变颜色的野果

案例 8-1　采摘红李

我们小区的马路边、附近的公园里有很多野生的红叶李子树，每到夏天，红紫色的李子就挂满了枝头。野生红李树的叶片暗红色，与果实的颜色区分不大，不仔细看很难发现。每次经过李子树，我们总要看看李子是不是成熟了，终于看到李子颜色完全变成红紫色，个头大大的压低了枝条，地上也掉落了一些李子，有一些上面留下了小鸟

图8-8　摘李子做冰糖李子罐头

吃过的痕迹。凡是被小鸟咬过的李子定是最好吃、最熟的那个。孩子们开心地采摘李子，他们踮起脚尖把长在枝丫低的李子摘到小袋子里面。怎么够得着长在高处的又大又红的李子呢？孩子们纷纷想办法，有的说准备捡树枝当作钩子去够，有的说可以爬树去摘。笔者会建议他们铺一块塑料布在李子树底下，然后稍微晃动李子树，李子就会掉落下来。果然，那些非常熟的李子晃动后纷纷掉落，大家开心地把果子捡到袋子里。回家后迫不及待地享受酸甜的野生红李。在我的帮助

225

下，孩子们又用冰糖和李子一起蒸了李子罐头，这样红李的酸度会略微减少，甜度相应增加不少。

虽然大部分野果在口感上会稍微涩一些，但是采摘野果的乐趣主要不在享受美味，而是一种沉积在人类精神深处的原始本能的释放。

（二）领悟自然万物的生存智慧

自然教育是走进大自然与自然万物为友，与自然万物游戏、交流、互动的过程。大自然中每一个活生生的生命不仅是物竞天择的结果，也是生命顽强努力的结果。在"师法自然"中欣赏自然的生命之美，领悟自然的生命之道，才能更好地珍惜生命、尊重生命，爱护生命，这也是自然情境中生命教育的独特价值。为什么北极熊是白色的？青蛙是绿色的？色彩是动植物保护自己或繁衍后代维系生命时常用的生存技巧。为了生存，动物的皮毛通常会长着特别的斑点、花纹或颜色，雄鸟的羽毛靓丽，目的是吸引雌鸟，而雌鸟的羽毛暗淡主要是为了在哺育下一代时更好地与周围环境融为一体，这将有效保护雌鸟不被天敌或其他捕猎者发现。保护色是大自然帮助各种动植物适应和融入周围的环境，让它们在不断寻找猎物的同时，避免自己成为其他动物的美食。这就是大自然赋予自然万物的生存智慧。

科学家们发现海洋中的杀人鲸长着黑白相间的花纹，背部的黑色保护它们在海面游动的时候不容易被其他动物从上面发现。肚子上的白色帮助它们在阳光照射到海面下面时，它们不会被其他动物从下方发现。植物为了适应环境、繁衍后代，也进化出各种各样的生存本领。美丽的色彩就是很多野果的生存智慧，大多数色彩斑斓的野果是通过鸟兽来传播种子。多肉多汁的野果一般色彩鲜艳，更容易吸引小鸟食用，达到帮助其传播种子的目的，比如紫色的瓜子金、杜虹花，红色的蛇莓、虎杖，还有白色、绿色、橙色、蓝色、褐色等不同色彩的野果。我们在欣赏绚丽花朵的同时了解植物开花所肩负的使命，即结出果实、繁衍后代、延续生命。要了解每一种生命为了生存的顽强。

第三节　自然环境中的生命教育

一、自然环境中生命教育的目的

自然环境中的生命教育不仅仅有生存教育，生存教育是仅就人作为自然人的自然生命而言的，但人是自然生命和超自然生命的统一体，自然生命使人保持了动物的肉体和生理规律，但人具有超生命的一面，即"追求人生的意义、价值、自由、人格、理想、未来等"。自然环境中的生命教育要让儿童在与大自然各种生命的互动中认识生命的有限性、脆弱性，体验生命的顽强性、美好性。不仅保护肉体生命，还要珍爱精神生命，学会彼此欣赏，学会同情，富有爱心。

(一)珍爱生命

中国道家思想主张"贵己重生""轻物重生"，老子认为名利得失乃身外之物，唯有生命才是最重要的、最值得珍视的，以生命或身体为代价去追逐身外之物是不明智的。生命孕育过程是一个伟大的过程，是大自然最令人惊奇、最伟大的现象。生命受之父母，成于社会，是一切智慧、力量和美好情感的载体。生命对人包括自然万物而言都是最宝贵的，如果没有生命，一切奋斗努力都将毫无意义。但是，任何自然生命都是有限的、脆弱的。在人的一生成长中可能会遭遇自然灾害、意外事故、身心疾病等不可预知的伤害，而自然界的其他生命会面临更多的生存挑战，如蚂蚁随时可能被人类踩死、兔子一不小心就会被老鹰吃掉。儿童在观察自然、体验自然的过程中要有意识地启发儿童感受生命的瞬息变化，理解生命的可贵性，从而学会珍惜生命，保护生命。

(二)享受生命

享受生命最基本的一个方面是享受健康，哲学家伊毕鸠鲁说"你有一个健康的身体，一个宁静的灵魂，你就是快乐的，你就是一个幸福的人"。① 人不仅有自然生命还有精神生命，所以生命教育不单是保护身体，还要有心灵的滋养。只有让自己内心丰富起来，才能够享受情感体验的快乐。儿童在大自然中不仅能提高其生存技能，学会生存，而且能让儿童的精神自由飞翔，享受生命带来的快感，体验大自然所有生命蓬勃生长的快乐，从而领悟生命的真谛，寻求超自然生命的意义和价值。儿童的生命应该是灵动的，充满生命力和创造力的，儿童需要在大自然中放飞自己的思想，与多样性、变化性的环境不断融合互动，在思维的活的源泉中想象力、创造力不断进发，而不是用统一化、单一化的形式去圈养儿童，禁锢儿童的想象、创造，最终成为一个个读死书、死读书的"书呆子"。人人皆知散养动物的好，圈养动物的劣，却在儿童教育中不知道散养儿童的好，偏要用圈养的方式"饲养"儿童。儿童在大自然中享受生命才能成长为具有灵动、丰满、独特人格的个体。

（三）尊重生命

自然界的每一个生命都蕴藏着神秘的、独特的生命密码，不管是动物、植物、健康的人还是有生理缺陷的人，所有生物的生命都是平等的。同时，每一个人都具有独特性、差异性，尊重个体的生命就需要尊重个体的独特性，尊重生命的差异性，允许个性化的发展。学会彼此间尊重、宽容、和谐相处，在自然教育中创造一种人与人、人与自然和谐的境界。儿童在大自然中通过游戏、体验、体悟自然的生命智慧，这本身就是一个个性化的过程，也是儿童构建自己独特的认知体系的过程。因此，让儿童走进自然，让每一个鲜活的生命和充满生命气息和活力的大自然互动交融的过程本身就是对个体生命的尊重，也是真正意义上的生命教育。

（四）敬畏生命

法国思想家阿尔贝特·史怀泽在《敬畏生命》中说："善是保存和促进

---

① 周国平. 让教育回归人性[M]. 武汉：长江文艺出版社，2017：196.

生命，恶是阻碍和毁灭生命。如果我们摆脱自己的偏见，抛弃我们对其他生命的疏远性，与我们周围的生命休戚与共，那么我们就是道德的。只有这样，我们才是真正的人；只有这样，我们才会有一种特殊的、不会失去的、不断发展的和方向明确的德性。"①人之所以区别于其他动物，就是人不仅是为了生存，更是为了生活，人不仅要延续自己的自然生命，还要充实自己的精神生命。在大自然中学会尊重、欣赏、敬畏、珍惜所有的生命，包括自己在内，不断追寻生命的完整发展的意义，让儿童走进自然，与天地万物对话交流，其善心自然萌发，那种博大深沉的情怀也会自发得到滋养，从而使生命得以完整的发展。

二、自然环境中生命教育的活动

当前在教育中唯分数至上，导致儿童漠视生命、情感淡漠，这是反生命的教育结果。让儿童走进大自然，观察、体验自然生命的成长变化，尤其是和小动物交流互动能丰富儿童对其他生命的体验经验，激发儿童热爱生命、同情生命、敬畏生命的情感。

(一)设计生命教育游戏活动

为了让儿童对生命的意义、本质有深刻的认识，教师可以带孩子玩一些与认识生命本质和意义有关的游戏。通过游戏让儿童了解不同生物的生存方式、生存智慧，同时体悟自然万物之间息息相关的生存关系。

游戏1：编织生命之网②

游戏过程：

参加游戏者围成一圈，教师提问"谁能说出一种你身边熟悉的植物？——蒲公英！好，蒲公英小姐，你抓住线头。附近生活的哪个动物以

---

① 阿尔贝特·史怀泽. 敬畏生命[M]. 陈泽环, 译. 上海：上海社会科学院出版社, 1992：18

② [美]约瑟夫·克奈尔. 与孩子共享自然[M]. 郝冰, 译. 北京：九州出版社, 2016：50-51.

蒲公英为食呢？——兔子先生！哈，真是一顿丰富的大餐。兔子先生，抓住线的这头，因为你的食物是蒲公英。现在，有谁需要拿兔子先生做午餐呢？"就这样，根据剩下孩子们的相互关系用线把他们连在一起。

教师假设情境，去掉网中的某个成员、制造一场森林火灾或砍掉一棵大树，网中的所有成员将受到影响。

　　生命之网的教育价值：万物是彼此关联的，不同形式的生命通过一个令人惊叹的平衡系统连接在一起，这张网上的每一根线都会牵动整个生态系统。帮助儿童理解万物之间的息息相关，学会与自然和谐相处。

游戏2：松鼠找食物①
游戏准备：松鼠头饰、可能有松果的林地
游戏过程：

➤ 让孩子们寻找松果，每人可以捡5~6个松果。

➤ 扮演松鼠藏匿松果，把松果藏在岩石、树洞、草丛等地方，不能让其他"松鼠"知道。

➤ 开始寻找别的"松鼠"藏匿的松果，看谁能找到的最多。

➤ 最后返回自己藏松果的地方，找找看自己的松果有没有被别的"松鼠"拿走。

　　松鼠生存智慧的启示：松鼠会在秋天把食物储存好，以便在冬天享用。为了防备可能出现的窃贼，松鼠会把自己的食物藏在许多不同的地方，为此它们要跑很多路，埋藏食物时会背对着偷看的动物，甚至会留下什么都没有的假地窖。当冬天来临，它们会凭借记忆和灵敏

---

① [美]比特·洪顿，珍妮·沃伦. 带孩子去森林[M]. 刘海静，译. 北京：九州出版社，2016：22-23.

的嗅觉来找出埋在地下的宝贵粮食。

游戏3：大型表演游戏：公园的大自然生活

游戏材料：柳树、梅树、柿子树的图案头饰；小鸟、蝴蝶、蜜蜂、蚂蚁、螳螂、蝉的图案头饰；道具小刀、弹弓、蒲扇、纱巾、小鼓、烟蒂；消防员头盔。

游戏场地：空旷的草坪

游戏过程：

角色分配：分组扮演不同的角色，分别选一名儿童手持小刀，一名儿童手拿弹弓，一名儿童头戴消防员头盔，4名儿童手拿蒲扇、纱巾和小鼓、纸团火苗扮演风、雨、雷电、火、雪等自然现象。

教师讲解游戏规则：请不同的"树"找自己最喜欢的一个场地蹲下来不动，其他角色围坐在教师身边，仔细听游戏指令，不同的角色扮演者需要根据老师的指令作相应的动作。

表演游戏台词：

场景1：春天来了，春风吹动，树木伸了伸懒腰，开心地扭动着吐出了嫩芽。梅树开心地舞动开了小花，柿子树开心地舞动抽出了嫩芽，春雨绵绵，洒落在柳树的叶子上，沙沙沙就像唱歌。（扮演春风者挥舞着蒲扇煽动树木，树的扮演者做生长的动作）

场景2：小朋友们走来，在树木之间游戏玩耍。一个小朋友折断了柳树枝扔到了河里（柳树做疼痛动作）；一个小朋友闻了闻梅花，开心地笑了，梅树也开心地笑了（小朋友和梅树做笑呵呵的动作）。

场景3：小鸟飞到了树上开心地唱歌，蝴蝶、蜜蜂忙着在花上采蜜，蚂蚁和螳螂在树底下忙来忙去地工作。（扮演者做飞翔和爬行动作）夏天来了，梅树上长满了梅子，虫子们、小鸟们飞来了吃着酸酸的梅子，一些熟透的梅子掉落在了树底下，一群蚂蚁过来了，拖走了梅子。蝉在树上大声唱歌，蝉生完宝宝后从树上掉下来死去了。蚂蚁等许多小昆虫开心地围着死去的蝉，它们有了美味的食物。

场景4：夏天的雨说来就来，狂风暴雨中，小树苗被吹倒了，蚂蚁等昆虫惊吓地躲了起来。（扮演者做相应的动作）

场景5：秋天来了，柿子长满了树，小朋友们摘了柿子吃，开心地笑着；有一个小朋友用弹弓打伤了小鸟，小鸟受伤了，哇哇大哭；一个小朋友用小刀在树上划着，大树疼得叫了起来；一个抽烟的男人扔了一个烟蒂到树丛里，起火了，消防车和消防员赶来了，火终于被扑灭。

场景6：冬天来了，树叶纷纷落下，树苗们冻得瑟瑟发抖，小鸟藏了起了，其他小动物也都藏了起来。公园里非常安静。雪姑娘披着纱巾下起了雪，雪把所有的树木、草丛都盖住了，大树笑了，小草也笑了……

公园自然生活的教育价值：通过角色扮演进行表演游戏，让参与者了解人类与自然之间、自然界不同生物之间息息相关的生存关系。蝉的死亡，成为其他生物的盛宴，提示我们要从生的角度去看待死亡。表演四季的更替，自然万物生命的变化，启发参与者了解生命成长的过程，不同小插曲的发生让儿童理解人与自然和谐共处的重要性，学会同理与尊重，在生命教育中培养爱心和善心。

(二)设计生命教育专题活动

大自然是生命教育的宝库，让儿童走进自然、亲近自然生命，通过有意识地组织一些生命体验活动，让儿童在与大自然生命互动的过程中了解生命、体验生命、享受生命。

案例8-2　记一次赶海弄潮活动①

人类与大海有天然亲近的本能，在海水中嬉戏畅游是夏天最开心

_____

① 本次活动选自笔者自创公众号"禾美自然教育"中的原创文章。

的事情，当海水退潮后在沙滩上挖螺捡贝则是赶海中最有趣味的一种活动。我们根据潮汐表预报选择一个合适的赶海时间就出发了，要到达海边总是要有一段距离，不过大人和小孩的赶海热情却非常高涨，一路上欣赏着沿途美景，感受着海岸线两边的自然风光。海天一色的感觉壮观美丽，滩涂上的水不似想象中浑浊，也是那样的清澈见底。退潮后的海滩上，泥螺在蠕蠕爬行；泥沙下，蛤贝在滋滋喷水。睁大眼睛仔细观察，你才会看到跳跳鱼从这边跳到那边，小小的跳跳鱼就像一个壁虎，颜色和泥土完全一样，不仔细观察很难发现。海滩上到处是彩色的小海螺，就像蜗牛的壳一样，一圈圈好看的螺纹。不仅要看，还要仔细听滋滋的吐水声，软软的海泥中是不是会有一些动静，每一个跳动的泥土下面都有可能藏着一只蛤蜊或者一只小螃蟹。泥沙中的宝贝不仔细看很难发现，有时候只能凭借脚底的感觉或丝丝冒气的小洞来判断。

图 8-9　海水落潮后赶海

大家忙着抓泥螺、捡彩贝、挖蛤蜊，赶海的乐趣还在分享收获的喜悦，劳动收获的这种内在喜悦，大约就是人类在进化中沉浸下来的集体无意识吧！

你会看到张开贝壳如白色美玉般的蛤蜊，在阳光下闪闪发光。人们喜爱它在黄沙中的吐泡，欣喜它张开贝壳的蠕动，就如同听到新生

图 8-10　赶海的收获

婴儿的啼哭，那是生命的绽放。这难道不是一种生命给予另一种生命的惊喜吗！

赶海活动可以观察海滩里各种生物的活动形式，了解不同海生物的生活方式，有利于儿童了解生命、体验生命。特别是在退潮后，不同形状的小海螺缓慢地在泥沙里爬行，软软的海泥下面突然会冒出一只螃蟹或蛤蜊，那种惊喜是生命的灵动所赋予人类的一种特殊情感。

案例 8-3　Fluffy 之死

在美国学习期间，有一只蓝色的美丽小鸟总是停留在我们的邮箱上面，起初不太在意，过段时间发现邮箱里面竟然有一窝鸟宝宝，这只飞来飞去的 Blue Bird 原来是鸟妈妈，每天忙着喂鸟宝宝呢。我们不敢打扰她，邮箱取件也是小心翼翼。

但不知什么原因，鸟妈妈好久不来了，邮箱里的鸟宝宝竟然只剩

图 8-11　邮箱上的鸟妈妈

下一只活着。于是我们赶紧把这唯一幸存的鸟宝宝收留起来，养在一个小纸箱里，每天给鸟宝宝想办法喂一点点肉丝。

图 8-12　刚收留回来的鸟宝宝

235

孩子们给鸟宝宝起了个名字叫 Fluffy，天天给它喂水喂肉，带它到后院练习飞翔，盼望着小鸟快快长大。Fluffy 成了孩子们的好朋友，也给我们带来了无穷的乐趣。

图 8-13　Fluffy 在慢慢长大

也许是因为这种野生的小鸟只能在大自然中成长，很难在人工喂养下长大，一天早上醒来，我们发现 Fluffy 竟然死了。孩子们非常伤心，不禁大哭起来。我们还在幻想着它长大像鸟妈妈一样有着漂亮的蓝色羽毛，没想到短暂的一个月相处，终究是人鸟殊途。安慰了孩子们悲伤的心情，大家决定将 Fluffy 埋葬在我们的后院，期待它尽快回到大自然的怀抱。我们将 Fluffy 埋葬在一株月季花的底下，让孩子们用木块为它做了一个墓碑，上面写了 Fluffy 的名字，又在白纸上写了简单的告别语。

图 8-14　月季花底下 Fluffy 的木块墓碑

庄子说"方死方生"，死亡是非常自然的一件事，但是要让儿童领悟死亡的概念却并不容易。小鸟的死亡是由一个偶然事件引发的生命教育活动，从收留鸟宝宝到照顾鸟宝宝最后到鸟儿的不幸死亡，这一切都是自然而然地发生的。当鸟儿突然死亡后，我们引导孩子为自己的小鸟朋友立墓碑，举行简单的告别仪式，目的就是让孩子懂得如何面对失去和缺失。了解死亡，学会面对死亡也是生命教育的重要内容。

照顾小动物是培养儿童对生物和美好事物善意的良好途径，一旦善良的情感在儿童期扎根下来，同情之心、仁爱之心这些美好的人性就会随着儿童年龄增长慢慢发展起来。

儿童生命教育中应"以自然为师"，即"师法自然"。师法自然能"自主化生"的奥秘，体悟自然所蕴含的万物之"道"。"师法自然"是中国古代先哲们的常用方法，老子说"上善若水。水善利万物而不争，处众人之所恶，故几于道"（《道德经》第八章），老子从"水"中体悟"道"，甚至直言"道法自然"。《周易》中讲"仰则观象于天，俯则观法于地，观鸟兽之文，与地之宜，近取诸身，远取诸物，于是始作八卦，以通神明之德，以类万物之清"。（《周易·系辞下》）这也是古人向自然问道的方法。在生命教育活动设计中要有意识地引导儿童学会观察自然，因为观察不是简单的感官活动，而是有目的、有计划的知觉活动，是知觉的一种高级形式。因此，有意识地设计一些观察活动，有利于儿童更好地体验自然、体悟生命之道。

活动1：观察身边的昆虫

观察材料准备：放大镜、事先设计好的观察表格（或白纸用来画图）、笔。

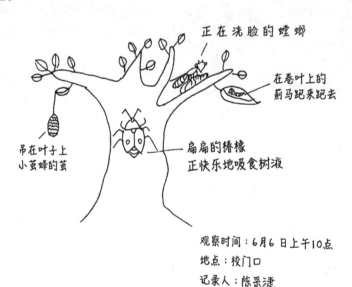

图8-15　绘图观察法①

---

①　洪琼君. 与孩子共享自然的60个游戏[M]. 贵阳：贵州教育出版社，2018：131.

观察任务：找一棵自己熟悉的树，观察树上及树周围住着哪些昆虫，并把你的观察记录下来。（提醒儿童观察中注意昆虫的形态和颜色，了解昆虫的保护色）

观察记录法：可以使用表格或绘图来记录所观察到的事物。

活动2：观察小鸟

观鸟的意义：与其他自然观察活动相比，观鸟活动比较适合儿童，是儿童亲近大自然的一种理想方式。在大自然中虽然昆虫种类较多，也最便于观察，但其观赏性不如鸟类，叫声没有鸟类悦耳，而大型动物人类不容易接触到，也有一定的危险性，比较适合专业研究人员观察。相形之下，鸟类是自然界中最容易看到而且最具观赏性的生物，它们外形色彩斑斓、形态各异、种类丰富、声音悦耳。不仅如此，鸟类也很聪明，有很多鸟类的智慧经常令人惊叹不已。观鸟不仅是一项户外运动，而且在观鸟过程中可以培养儿童的观察力、专注度、辨识力、记忆力和反应速度。

观鸟的准备：鸟儿是自然界灵动的生命，它们大部分时间都在飞来飞去，因此，观鸟拍鸟没有好的装备是很难捕捉到美丽的瞬间。带孩子观鸟需要准备望远镜、专业相机，教师或家长可以使用专业相机，孩子们使用望远镜就能很好地观察小鸟的动态美。

观鸟活动的注意点：观鸟时要保持安静，要善于运用自己的听力捕捉鸟的动态。在树林里观鸟，常常是叽叽喳喳，只闻其声，不见其影。所以观鸟、拍鸟需要灵敏的听力和敏锐的视力，关键还要有细致的耐心。

发现小鸟的窍门：多数的鸟儿喜欢在低矮的灌木丛中跳跃捉虫，鸟儿们喜欢在林间嬉戏欢唱，仔细观察树枝的摇动，斑斑驳驳、绿意葱茏的枝叶间，小鸟的影子就在这中间隐约闪动，它们隐藏在树叶之间，与绿叶一起舞蹈。在辨认鸟儿在哪棵摇动的树枝上落定，需要在快速的几秒内调整焦距，按下快门进行捕捉拍摄。观鸟真是提高专注力、观察力的户外活动，如果孩子经常注意力不集中，可以尝试一下观鸟、拍鸟活动。

　　观鸟、拍鸟的目的：观鸟的目的不是为了研究小鸟的形态特征、生活习性和分布范围等生物学知识，而是重在欣赏小鸟的形态美、色彩美，学会体悟小鸟生活世界的乐趣。远远地欣赏小鸟的生活世界，看它们觅食、飞翔，听它们欢唱、交流，享受那种在林中突然发现小鸟的乐趣，千辛万苦终于捕捉拍摄到小鸟灵动神态的喜悦。随着观鸟时间增长，儿童会不自觉地关注鸟类的生存状况，会不知不觉思考和接触生态学问题，爱护小鸟、保护小鸟的情感也就由此产生。

图 8-16　正在聊天的两只小鸟

　　图中这只红色的小鸟不知道是在夸夸其谈什么，还是在指点江山，灰褐色的另一只小鸟垂头聆听，一脸严肃。

　　图 8-17 中是一对热恋中的北美红雀，观鸟中记录了两只红雀在后院里的日常生活，雄鸟和雌鸟每日形影相随地散步、叽叽喳喳呢喃耳语、亲吻喂食的浪漫场面。

　　图 8-18 中是正在南瓜花上采蜜的蜂鸟，体积非常小，在观鸟中不经意拍到，那种灵动的身姿让人陶醉。

图 8-17 热恋中的北美红雀

图 8-18 正在采蜜的蜂鸟

图 8-19 是小鸟一家，左图中三只鸟宝宝簇拥在一起正在愉快交流，鸟爸爸和鸟妈妈时刻观察准备着出去觅食，右图中觅食回来的鸟爸爸正在给鸟宝宝们喂食。

上面系列观鸟图片就是在一段时间持续观鸟后的收获，你会透过图片

图 8-19　小鸟一家五口

体会到当时观鸟的愉悦心情。在观鸟活动中，你看到了小鸟活灵活现的神态，感受到了小鸟多彩多姿的美感，仿佛融入了小鸟那灵动的生命世界，这正是观鸟活动中所蕴藏的生命教育价值。

那些感受大地之美的人，能从中获得生命的力量，直至一生。

——蕾切尔·卡森

第九章 自然环境中的审美教育

第一节 自然审美的发展与特点

一、自然美的学术之争

(一)自然并非真正审美意义上的美

从西方美学发展史来看，最早的美学观念是古希腊的"客观论"，认为大自然呈现着秩序、匀称和明确，比例适当。可见，美最初是来自大自然的。18世纪美学著作大量探讨自然的美，而艺术的探讨则处于第二位。但是在18世纪中叶后，自然美越来越被忽视，尤其在20世纪中期后，美学被许多美学家定义为"艺术哲学""批评哲学"，美学被等同于艺术哲学，艺术美在审美经验中处于较高位置，自然美被排除在美学之外。美学家们认为回答大自然何以使我们感动、自然现象何以让我们产生一种美的享受要比回答人类行为何以使我们感动、艺术作品何以使我们产生一种美的享受等问题更为困难。由于古典美学热衷于对美的本质进行思辨，近代美学侧重对艺术审美经验的分析，而美学领域长期以来大多运用德国古典哲学体系中席勒、黑格尔和康德等人的理性主义审美理论，因此，自然美长期被排除在美学领域，艺术哲学则一直是西方美学的主导性范式。

弗里德里希·冯·席勒(Friedrich von Schiller, 1759—1805)批判工具理性下人的异化，主张用艺术取代宗教，直言"艺术是自由的女儿"，希冀通过游戏性审美达致人性和谐，这一思想奠定了艺术教育在审美教育中的重要地位。黑格尔（G. W. F. Hegel，1770—1831）认为"美是理念的感性"，艺术、宗教和哲学都是表现绝对精神的，因此，他忽视自然美，将美学称为"艺术哲学"。英国形式主义美学家克莱夫·贝尔（Clive Bell，1881—1964）认为美是"有意味的形式"，自然风景、山水花鸟虽然美，但不是"有意味的形式"，因此并非真正审美意义上的美。现代匈牙利美学家卢卡契（Georg Lukács，1885—1971）的美学建立在大量艺术现象研究的基础上，认为花草树木不符合他所强调的整体、客观性、典型性、党性等美学范畴，自然美毫无疑问被排除在美学研究的范围。我国著名美学家朱光潜先生说"不是认为自然无美，美只是人类主观意识加上去的"。李泽厚先生也直言"就美的本质说，自然美是美学的难题"。① 自然美问题不仅淡出美学家的研究范畴，而且生活在现代都市的人们也不再像 19 世纪以前的人那样热爱和欣赏自然，自然环境的恶化，更进一步阻碍了人类与自然的审美关系和精神交流。

（二）环境美学的"自然全美"观

随着现代社会对自然环境和生态保护问题的高度关注而形成的美学倾向，自然美向传统的以艺术为中心的美学体系提出诘难和追问。自然并不是因为它自身而被人欣赏，而是因为它是人的"产品"，或者说是将自然类比于艺术品来欣赏，这实际上等于取消了自然美的本质特性。诚如法国现象美学家杜夫海纳所说："仍然是人在向自己打招呼，而根本不是世界在向人打招呼。"

与理性主义审美论对自然审美价值的忽视所不同，环境美学关注自然在审美教育中的独特价值。环境美学将艺术以各种方式融入环境，如新兴的"大地艺术"、景观艺术以艺术的形式呈现环境状况，引起人们对环境问题的关注。环境美学模糊了艺术与环境的边界，拓展了艺术审美的界域，

---

① 李泽厚. 美的历程［M］. 合肥：安徽文艺出版社，1994：478.

提醒人们不要再把自然天地排除在审美之外。不仅如此，环境美学反对自然人化的价值观，倡导人们关注自然本体价值，甚至提出"自然全美"观。英国哲学家约翰·洛克说"完全遗弃给自然的土地，没有被放牧、耕作或种植改良过的土地，被称为荒地（它的确就是这样）；我们从中发现的益处几乎等于零"。① 这是一种典型的人类中心主义的环境观，而加拿大环境美学家艾伦·卡尔松却提出和洛克完全相反的观点，"所有自然世界都是美的。自然环境只要未经人类改变，它就主要具有肯定性审美特性（positive aesthetic properties）"②。卡尔松认为西方传统的自然审美中存在着一种把自然当作艺术来欣赏的艺术化途径。卡尔松将这种艺术化途径概括为"对象模式"（object model）和"景观模式"（landscape model）。所谓"对象模式"，是指将自然物从其所处的环境中分离出来，作为孤立的对象进行欣赏的模式。所谓"景观模式"，则是指像欣赏一幅风景画那样来欣赏自然的模式。卡尔松指出，传统的自然欣赏中的这两种模式，实际上都是直接地联系到艺术的鉴赏模式，它们"都没有完全实现严肃的和恰当的对自然的欣赏，因为每一种模式都歪曲了自然的真实特征"。③ 但是，卡尔松的环境美学受科学认知主义理论的影响，从根本上并没有完全摆脱主客二分的思维模式。

"环境美学的目标在于寻找一条适合人类的生存方式和生存途径，一种理想化的环境与人的生活相互协调发展的文化模式与生活模式"。④ 环境美学家们呼吁人类接触自然、接触土地，接受自然美的安抚，认为自然并不是为了顺应人类的愉悦而存在的，确立了自然独立的审美教育价值。

① John Locke. Second Treatise of Government[M]. Indianapolis：Hackett Publishing Company, Inc., 1980：26.

② Carlson, Allen. Aesthetics and the Environment：The Appreciation of Nature, Art and Architecture[M]. New York：Routledge, 2000：73.

③ 赵奎英. 论海德格尔对自然审美模式的诗性超越[J]. 南京社会科学, 2015 (6)：130.

④ 杨平. 环境美学的谱系[M]. 南京：南京出版社, 2007：75.

（三）生态美学的"生生、共生"自然审美观

20世纪80年代后，面对工具理性盛行、人与自然关系的恶化以及人的类化与物化、人类审美创造力的丧失等精神领域所存在的危机，生态美学研究开始在西方兴起。美国野生动物管理教授奥尔多·利奥波德批判了西方自然审美中的"如画"美学，扩大了自然审美的范围，倡导一切自然环境都是潜在的审美对象，而绝不是只有自然环境中优美风景才具有自然美，这种美学思想开创了"大地美学""生态美学"的研究。生态美学认为传统存在论美学建立在二元论与机械论哲学思想上，只承认人具有独立的审美价值，而否定自然界具有独立的审美价值，是一种"人类中心主义"的体现。生态美学观以深层生态学、环境伦理学和荒野哲学为理论基础，阐释生态整体主义的内涵，打破了传统哲学二元论的理论樊篱，坚持认为自然界万事万物，无论是动物、植物等有生命的物体，乃至于山脉、大河、岩石等无生命的物体，统统具有自身的"存在价值"，包括自身内在的"审美价值"。与环境美学相比，生态美学不仅关注自然环境的审美教育价值，而且不限于将自然作为审美对象，而是运用生态系统整体性、系统性方法，从人与自然和谐共生、生生的角度观照自然审美的问题。"生态美学所关切的是人的生活本身，体现着一种生命层面、情感层面、精神层面的享受观和自由观。追求真正属人的体验、属人的自由、属人的快乐，应当是生态美学的核心所在、精髓所在"。① 生态美学主张人们应该敬畏自然，带着爱、尊重和赞美去对待生态系统，爱，让人们以纯净的心灵迎接自然。生态美学的提出倡导视觉之外的其他多种感官无不综合参与审美体验，生态审美的主要任务是将日常审美惯性所遮蔽的丰富之美重新发掘、展示出来。正如利奥波德所言，建立生态审美观不是"修建通向乡村的公

---

① 仪平策. 从现代人类学范式看生态美学研究［A］. 曾繁仁，谭好哲. 生态美学的理论建构［C］. 北京：人民出版社，2016：27.

路，而是修建依然丑陋的人类心灵的感受力。"①

　　中华民族作为古老的农耕民族，对自然有着质朴本真的理解，而对自然与人的关系的认知，古代先哲们早就有"天人合一"的生态式审美解读。澳大利亚环境哲学家西尔万(Richard Sylvan)和贝内特(David Bennett)认为："道家思想是一种生态学取向，其中蕴涵着深层的生态意识，它为顺应自然的生活方式提供了实践基础。"②曾繁仁教授在《生态美学的理论建构》中专门论述了中国古代的生态美学，他指出在《易经》中认为卦象所包含的"美"在于阴阳乾坤各安其位，充分发挥自然之道。当人与万物生命力都能蓬勃生长，于是"畅于四肢，发于事业，成为至高之美"。我国古代的这种中和之美从根本上说就是万物繁茂昌盛的生态与生命之美。因此，中国古代哲人重视自然美，重视人与自然和谐的美。《周易》的"生生为易""中和之美"的生态美学智慧已经作为一种人的生存方式表现于中国人生活与思维的方方面面，当然也决定了中国人的审美方式的特点，并渗透于整个中国美学与艺术的发展过程之中。③我国学者袁鼎生教授提出天生论美学，认为"人类初始阶段的美学，就有了生态化的根基，就有了自然化的向性，就是一种生态性美学"。④他认为自然的本性也是美的本质，人与自然在长期相处中所形成的和谐共生是人类哲学美学的第一种生态。自然的美不是因为人类的产生才具有的，"智慧生命出现之前，大自然在自发的超循环中，呈现出自在的超循环美生……形成了大自然自为的审美整生范式，形成了天为的审美生态"⑤。生态美学最高的发展阶段是天生论美学，最终的发展目标是由天然完形的美生之学。

　　天地之大美不在人自身、也不在对象，而在"天人合一"的境界之中。

　　① Leopold Aldo. A Sand County Almanac: With Essays on Conservation[M]. New York: Oxford University Press, 2001: 176-177.
　　② 转引自余谋昌. 生态哲学[M]. 西安: 陕西人民教育出版社, 2000: 201.
　　③ 曾繁仁. 试论《周易》"生生为易"之生态审美智慧[A]. 曾繁仁, 谭好哲. 生态美学的理论建构[C]. 北京: 人民出版社, 2016: 113-115.
　　④ 袁鼎生. 天生论美学[M]. 北京: 科学出版社, 2017: 42.
　　⑤ 袁鼎生. 天生论美学[M]. 北京: 科学出版社, 2017: 103-104.

生态美学启发我们思考人与自然如何形成一种"生生、共生"的审美关系，如何恢复人类被遮蔽的自然天性美，在保留自然天成之美的基础上达到人与自然的美美与共，和谐共生状态。

二、自然美的特点

（一）自然美具有自然性

自然美的获得离不开自然事物及其自然属性，自然万物的自然条件、自然因素、自然特征是自然审美和自然美产生的物质前提和基础。画中的花再美，也是有色无香。再美的画也不可能表现出真实的声音。自然美就美在天然性和生动性。康德在《判断力批判》中论述了自然天成的自然美优于人工介入的艺术美，康德通过大量举例来说明，与大自然真实的花、鸟和鸟鸣比起来，即使是模仿得惟妙惟肖的人造花、人工雕刻的鸟或人为模仿的鸟鸣也要黯然失色得毫无价值。因为构成自然天性之美的自然美的基础"那必须是自然，或被我们认为是自然，以便我们能对美本身怀有一种直接的兴趣"。① 自然性是自然美的先决条件。月明风清的静美，长河落日的雄浑，芳草茵茵的绿地，烟波浩渺的江海，大自然的美蕴藏在自然万物所具有的物质属性中。如果在黎明前登泰山观日，你会看到云海翻腾，雾霭霞蔚，天空的云朵红紫交辉，瞬息万变，漫天彩霞与茫茫云海融为一体，这种变化瑰丽的泰山美景与泰山所处的地理位置，观日的时间，山、云、光线本身的物质属性和运动变化规律有关。《桂林山水》中作者有一段对漓江自然美的描写令人难忘："漓江的水真清啊，清得可以看见江底的沙石；漓江的水真绿啊，绿得仿佛那是一块无瑕的翡翠……桂林的山真秀啊，像翠绿的屏障，像新生的竹笋，色彩明丽，倒映水中；桂林的山真险啊，危峰兀立，怪石嶙峋，好像一不小心就会栽倒下来。"漓江水的静、清、绿，桂林山的奇、秀、险，这样独特的自然美景无不与桂林喀斯特地

---

① ［德］康德. 判断力批判［M］. 邓晓芒，译. 北京：人民出版社，2002：145.

形的先天自然条件有关，这样的山水美首先离不开它的自然物质属性。因此，对自然物自身及其相关特征的依赖性构成了自然美的首要特征。

图9-1　葡萄的自然美与艺术美

（二）自然美具有生命性

大自然的美，美就美在生命的灵动，这是其他审美对象所没有的特点。自然以最直观的形式与自由的生命形象，给予人类无限的美感丰富性体验。大自然充满生命的灵动，所以它具有生化运生的活力美，自然万物的独特性生命都是天生具有原创性的美。自然之所以产生独特的美，与自然具有生命性环境特征有密切关系，大自然与其他审美对象最大的区别就是自然是有生命的，审美与自然生命力有着密切的关系，对于蓬勃生命力的亲和是人的天性之一。绿意葱茏的勃勃生长态势常常激发人们内在的欢心，大自然所具有的生命性特质，对于人类的审美有着原型的意味。"绿色美生风范，有着原型的意味。绿色，是生命与生态的本色与底色，天韵十足；悦绿和绿悦，是谓生命的本然趋求，是谓一切生命的本然趋求"。①可见，喜爱大自然是人类的天性，而对大自然中生命的欣喜愉悦之情是自然审美的原型。生命性是大自然之所以具有审美性的本源。生命性这一自

---

① 袁鼎生. 天生论美学[M]. 北京：科学出版社，2017：180.

然审美原型，以其生生不息，遒劲的审美原动力令大自然这一审美场散发着无限的美的魅力。大自然的这种生命性特质也让它"具备了自组织、自控制、自调节、自增长的机理与机制，并凭此强化了素质天然与格调本然的自然美生向性"。①

绿水青山、蓝天白云，美丽的大自然总是带给我们无限的快感，而污浊的空气、污染的河流总让我们厌恶不快。美丽的蓬勃的生命必然给人以生命的美感，在自然审美中更多的是一种对生命的感受或者准确地说徜徉于自然美景中是一种寻找身心家园的审美之旅。"人的生态审美本性的表现就是人对自然万物蓬勃生命力的一种审美的经验。其内涵包含人对自然的本源的亲和性、人与自然须臾不分的共生性、人对自然生命律动的感受性以及人在改造自然中与对象的交融性"。② 著名的环境美学家艾伦·卡尔松提出外在的形式之美是一种"浅层次的美"，而"深层含义"的美则为"对象表现生命价值"。生命性与生命力是自然作为审美对象给予我们的最强情感震撼。"当我们综观整个生命界，看到生命在一切优雅、宏伟和美丽的事物中无所不在的时候，我们马上可以懂得人的存在的真正目的"。③ 康德认为"生动的自然与自然的形式美感，与生命本身内在的德性美可以建立最丰富的联系，它是我们美学想象的基础"。④ 诗人们也讴歌自然美的生命特性，"首先紧跟自然，她是永远正确的规范，按照她的规范作出你的判断。自然从不失误，永远清正神明，她是宇宙之光，绚丽而永恒，赋予万象以力和美和生命"。⑤ 一旦对大自然繁茂生长状态形成了美的认识，也会逐渐去保护自然的勃勃生机。

①　袁鼎生. 天生论美学[M]. 北京：科学出版社，2017：180.
②　曾繁仁. 发现人的生态审美本性与新的生态审美观建设[A]. 曾繁仁，谭好哲. 生态美学的理论建构[C]. 北京：人民出版社，2016：96.
③　[英]鲍桑葵. 美学史[M]. 张今，译. 北京：商务印书馆，1985：139.
④　李谱曼. 康德的自然概念及其自然美学奠基[J]. 文艺争鸣，2021(5)：72.
⑤　[英]拉曼塞尔登编. 文学批评理论：从柏拉图到现在[M]. 刘象愚等，译. 北京：北京大学出版社，2003：78.

图 9-2　自然的生命美

（三）自然美具有外显性

同社会美、艺术美相比，自然美多半内涵稀薄、缺乏确定内容，但其形式却清晰鲜明、具体生动，侧重于形式美。因此，线条、形状、色彩、声音、质料等形式美的因素，成为自然美欣赏中最重要和压倒其他的部分，自然物往往以它鲜艳的色彩、悦耳的音响、生机盎然的姿态等感性形式直接唤起人的美感。在直观审美过程中，自然事物和现象以自身的色彩、线条、形体、声音等形式因素，与人的视觉、听觉、触觉、嗅觉等活动相谐和，使人获得或适心随意、或悦目悦耳的审美享受。

我们在欣赏小鸟美的时候也总会首先被那些羽毛艳丽的小鸟吸引，而善于运用自己的外形美来吸引异性也是雄性鸟常用的求偶策略。除了我们熟悉的孔雀，主要分布在新几内亚岛的一种极乐鸟也是大自然色彩运用的高手，雄性鸟羽毛颜色瑰丽，在求偶时将翅膀饰羽展开成优美形态引诱雌鸟欢心，据研究，极乐鸟身披美丽的羽饰主要是为了在繁殖季节里炫耀。可见，自然的形式美也是一种生物进化的优胜选择。

梭罗在《瓦尔登湖》中曾对松果的自然形式美进行了栩栩如生的描述，"脂松的松果十分美丽——新鲜时是皮革色，固然很美，待到已无生命力时，灰色的松果反而格外的美，在松针的覆盖下，松果的鳞片规规整整，一枚松果，放在室内有三天了，已全然绽开。先从上半部微微张开。十分规整而美丽；每张鳞片的末端为浅浅的三边新月形，尖端朝下，上方多已

图9-3 正在跳舞求偶的雄性极乐鸟

打开，在松果的基底处则向内收敛，鳞片紧密贴合，几乎成为平面，或与梗形成一适当角度，像布满铁鳞的盾牌，十三条弯曲的松针放射而出，形状十分规则而完美"。① 通过梭罗的描述，仿佛这个松果就在读者的眼前，这不仅是作者语言艺术的魅力，也体现出了自然所具有的形式美的魅力。

（四）自然美具有变化性

大自然中的一切，无论是有生命的，还是无生命的，它们本身无不包含着运动、变化、发展、生长等因素，这些因素表现出自然界活跃的生气。大自然总是充满着变化和不确定性，四季、阴晴、朝暮、云雨，自然物的运动变化让自然美在每时每刻都可能发生着变化，而丰富与变化也正是自然生命力旺盛的标志。即使是日出的那一瞬间也会有多种色彩的变

---

① ［美］亨利·戴维·梭罗. 瓦尔登湖［M］. 潘庆舲，译. 武汉：长江少年儿童出版社，2014：275-276.

化，再加上审美者所处的位置，欣赏美景时的情感态度等因素，让同一自然物在不同情境、不同季节、不同气候中会呈现出不同形态的美。我国诗人王维在《山水论》中描绘了自然美的变化性，"早景则千山欲晓，雾霭微微，朦胧残月，气色昏迷。晚景则山衔红日，帆卷江渚，路行人急，半掩柴扉"。北宋画家郭熙在论述山水画创作时也谈到了如何在绘画中展现出山水的自然变化美，"真山水之云气，四时不同：春融怡，夏蓊郁，秋疏薄，冬黯淡。画见其大象，而不为斩刻之形，则云气之态度活矣。真山水之烟岚，四时不同：春山淡冶而如笑，夏山苍翠而如滴，秋山明净而如粧，冬山惨淡而如睡"。① 自然的丰富性、开放性、不确定性，造就了自然美的变幻莫测，也更增加了自然独特的审美意趣，审美者多元的感官体验和认知经验又促成了"横看成岭侧成峰，远近高低各不同"的变化美景。

三、自然审美的独特性

对自然的审美，准确地说置身于自然情境中的审美活动与艺术审美是不相同的，自然审美具有独特的审美特点和方式方法。

（一）自然审美是全感官"介入式审美"

自然之美不是传统的凭借视听的静观之美，而是以人的所有感官介入的"结合美学"。自然审美面对的是活生生的自然世界，不仅有画面，而且有声音和气味。自然是动态的，是与人互动的。秋天香山红叶扑面而来清新的山林气息，鸟儿美妙的啼鸣，红叶的灿若烟火，这是所有感官参与后获得的一种美好的享受，所以我们的自然美欣赏首先是整体的、全感官的，然后才是具体的。当代美国环境美学家阿诺德·伯林特倡导的"参与美学"对自然情境中的介入式审美有详细的解读。他认为当审美者处于大自然中就需要有一种场所意识，这种场所意识"比其他的情景更为强烈的

---

① 郭熙《林泉高致》全文欣赏 may2019-02-27 http：//www.360doc.com/content/19/0227/00/26949_817779847.shtml.

图 9-4　九寨沟自然美景的春夏秋冬变化

是，通过身体与场所(place)的相互渗透，我们成了环境的一部分，环境经验使用了整个的人类感觉系统。因而，我们不仅仅是看到我们活生生的世界；我们步入其中，与之共同活动，对之产生反应。我们把握场所并不仅仅通过色彩、质地和形状，而且还要通过呼吸、通过味道、通过我们的皮肤、通过我们的肌肉活动和骨骼位置、通过风声、水声和交通声。环境的主要的维度——空间、质量、体积和深度——并不是首先和眼睛相遇，而是先同我们运动和行动的身体相遇"。① 自然审美超越了艺术审美的静观，是一种全感官参与在内的动态审美。笔者曾写过一篇"观鸟散记"，文中记录了不同情境中的小鸟，雨中的小鸟，清晨的小鸟、黄昏的鸟鸣声，鸟儿在后院的各种形态美，这些审美经验都需要作者的亲身参与，也倾注了作者对鸟儿的独特情感和思想。自然审美不仅是一种在场的介入，甚至于是

———————————

① ［美］阿诺德·伯林特主编. 环境与艺术［M］. 刘悦笛等，译. 重庆：重庆出版社，2007：8.

一种融合式审美。大自然不是一个确定的整体，也不是关于自然的知识，当我们经常走进自然的时候，某一处经常被光顾的自然就会变成我们熟悉的老朋友，久而久之，我们和自然之间就会形成一种密切的关系。尤其是童年时期经常光顾的自然场所，往往成为成年后的精神家园。

（二）自然审美是互动性"体验式审美"

自然审美超越了艺术审美的静观，是一种体验式的动态审美。英国学者罗纳德·赫伯恩（Ronald W. Hepburn）认为当一个人欣赏自然对象时，自己也常常处于自然的审美环境之中。"有时，他可能作为静止的、旁观的观赏者面对自然对象，然而更为典型的是对象在各个方面笼罩他。在一处森林之中，树木环绕他；他被山环绕，或者伫立在一处平原中间。如果景色在变化，观赏者本身可能处在运动中，同时他的运动可能成为审美经验的重要因素"。① 在自然环境中，人与环境互动，环境影响了人，人也在环境中留下了自己的独特痕迹。自然万物与人一样皆有生命、皆有情感，正是这种本质的同源性，让人在自然环境中有了审美互动的可能性。人在真正投入于审美活动状态时，他不是认识美，而是体验美、感受美，审美活动成为一种情感陶醉的过程，人与自然之间的互动交流本身构成了审美经验的一部分。对自然美的感受无法通过思索、理性推理去表达，直觉体验、直观感受到的美是无以言说的。在审美中情感体验性是首要的，认识性是次要的，也正是从这一点来说，儿童自然教育首先属于儿童审美教育的范畴而不应划分为科学教育领域。

（三）自然审美是整体性"生态式审美"

大自然中的审美不是孤立的、个体的、主客分离式的对象性审美模式，当我们置身于自然中的时候，总是同时置身于一种生态关系中，我们

① Ronald W. Hepburn. Contemporary Aesthetics and the Neglect of Natural Beauty[M]. In James O. Young(ed.). Aesthetics: Critical Concepts in Philosophy, Vol. III. [C]. London and New York: Routledge, 2005: 344.

不可能只看到一朵花而没有看到花周围的绿叶、蚂蚁、蝴蝶和蜜蜂。大自然的万物往往形成了一种"稳定的特定的共生关系……像蜂鸟，个头很小，喙十分尖长，钻进一种细长的喇叭筒形的花朵中，吸食底部花蕾上的蜜，并为之授粉。这成了审美生态的独特建构，两者之间，似乎在相约相成中，共生共建里，有了一种十分默契的专属性的审美生态制度"。① 自然界这种共生的审美模式，也是人与自然相处中应当"师法"的。自然美是一种系统论的存在美，而不是个体美。正是这种自然万物之间的和谐性、共生性和互惠性才让我们感受到自然独有的崇高美。自然审美要去除人类中心主义，站在整个生态系统的视角去看待自然。就如在儿童教育中我们必须去除成人中心主义，站在儿童的视角去理解儿童。我们不仅欣赏色彩艳丽的鲜花和外形优美的鸟儿，我们还要学会欣赏癞蛤蟆、蛇和各种形态怪异的昆虫，学会从生物多样性和生态整体性的视角去衡量自然的美丑。大自然中各种生物之间是相互依存的生产性审美关系，"植株越优异，花朵越艳丽，越能吸引漂亮的昆虫采蜜，凭此实现良性授粉，以其形成优生与美生的统一，生发审美生态；灵巧的动物，喜欢吞食繁茂之树的硕丽果实，并通过排泄果核广泛播种；这就形成了两种审美性的生产活动的组合"。正是这种相互依存、互惠共生的关系才构成自然的和谐美感，而人类所需要的正是在大自然中学会与自然"和谐共生"的审美相处模式，进而形成人与自然"美美与共"的审美机制，才能真正诗意地栖居于大地之上。

第二节　儿童自然审美的特点

一、审美是儿童的自然本能

"爱美之心，人皆有之"，审美是人类的天性。柏拉图说"自从爱神降生了，人们就有了美的爱好，从美的爱好就产生了人神所享受的一

---

① 袁鼎生. 天生论美学[M]. 北京：科学出版社，2017：274.

切幸福"。① 法国美学家杜夫海纳认为审美活动是人类身上的一种对美的渴望，"在人类经历的各条道路的起点上，都可能找出审美经验，它开辟着通向科学和行动的途径。原因是：它处于根源部位上，处于人类在与万物混杂中感受到自己与世界的紧密关系的这一点上……"②马斯洛把审美需要看作一种人类必不可少的心理冲动。人类需要审美，不仅如此，审美也是人类进化过程的必然选择。"当生命从无机世界中脱颖而出的同时，审美之美也便因生命的产生而从本体之美中脱颖而出"。③ 人类生命在从混沌到有序的发展过程中按照秩序、规律自觉地选择美，而审美的器官也早已在人类进化中以遗传的形式得以形成。"声响、运动、旋律，这些音乐的基本因素，远在出生之前就已印入胎儿的感觉器官"。④

审美是儿童的自然本能。蒙台梭利认为儿童具有秩序的敏感期，这种对秩序的敏感就是儿童本能行为层面的审美表现。"对于儿童来说，审美活动像他们得吃饭、睡觉一样，是他们不可缺少的一种最为原初、最为本真的充分自由的生命活动，是儿童的一种存在方式"。⑤ "成熟艺术家跳动的生命力和创造潜能，与儿童没有理性保护网的无所顾忌的游戏和永不满足的好奇心，存在着不可分割的天然联系……儿童和艺术家有着同一血脉，他们都是缪斯本能的承载者，他们都本能地感受到能够激起缪斯天性的内在迫切冲动"。⑥ 儿童对大自然的感受是审美的直觉表现，"儿童对于自然的那种连续性的生态学的感受，并不像人们通常知道的那样很神秘。我相信，这在根本上是审美的，具备了一种既了解又可以化身进入的力量

---

① [古希腊]柏拉图. 柏拉图文艺对话集[M]. 朱光潜，译. 北京：人民文学出版社，1963：249.

② 杜夫海纳. 美学与哲学[M]. 孙非，译. 北京：中国社会科学出版社，1985：8.

③ 刘晓东. 儿童精神哲学[M]. 南京：南京师范大学出版社，1999：205.

④ [挪威]让-罗尔·布约克沃尔德. 本能的缪斯[M]. 王毅，等，译. 上海：上海人民出版社，1997：2.

⑤ 孔起英. 儿童审美心理研究[M]. 南京：江苏教育出版社，2004：46.

⑥ [挪威]让-罗尔·布约克沃尔德. 本能的缪斯[M]. 王毅等，译. 上海：上海人民出版社，1997：273.

而充满欢乐"。①

美国美术教育家罗恩菲尔德认为儿童生来就有艺术潜能，儿童的美术创作是其自然展开的过程。儿童美术发展所经过的涂鸦期、前图式期、图式期、写实萌芽期和拟写实阶段期都来自遗传的知觉程序自然展开的结果。英国美术教育家赫伯特·里德也认为艺术潜能是儿童生而具有的，他运用荣格的分析心理学理论研究了大量的早期儿童的"心画"，发现其中有很多是"曼陀罗"的式样。所谓曼陀罗是荣格心理学中的重要原型，意指一个圈式的魔环，引申为一切向心排列的图像，这些图像都有一个圆形或正方形的轮廓，呈现放射状、球状、花朵状、十字架状、车轮状等。"儿童'心画'中的曼陀罗图形具有先天的形式，甚至具有先天的内容。它之所以被儿童描画出来，是因为它与蜂巢的规则六边形及其规则组合之被蜜蜂构筑于蜂房是有可类比之处的。虽然曼陀罗图形亦属潜意识中的东西，但我依然把这种原型秩序的表现看作本能行为层面的审美。"②

儿童的生命成长是独立于成人世界之外的生物物种自然发展的过程，儿童的原发性审美活动是由本能萌发出来的，而不是通过外在的教育训练。儿童最擅长的是直觉和想象思维，通过直觉和想象，儿童将感觉的经验与智力的经验转化为一个审美的统一体。儿童不为大人，而是真正为自己本身要求、意愿和梦想的实现进行绘画、创作。儿童审美是天性审美、本能审美，不是成人的那种意识审美。因此，要尊重儿童表达美的稚拙感、童趣性，而不是成人眼中的审美标准。

二、儿童自然审美的特点

(一)具有游戏性

游戏是真正意义上的审美，柏拉图主张要严肃地对待我们的游戏，

---

① 转引自[挪威]让-罗尔·布约克沃尔德. 本能的缪斯[M]. 王毅等，译. 上海：上海人民出版社，1997：2.

② 刘晓东. 儿童教育新论(第二版)[M]. 南京：江苏教育出版社，2008：233.

"游戏与教育是我们这样的生灵最严肃的工作。因此我们应当在和平中度过一生中的大部分时间，而且要过得幸福。那么，我们的正确办法是什么呢？我们要在玩游戏中度过我们的一生——我指的是某些游戏，亦即献祭、唱歌、跳舞——由此获得上苍的恩宠，并且在我们不得不与敌人战斗时，驱逐敌人和征服敌人"。① 在这个意义上，柏拉图是把游戏与审美活动等同起来的。席勒继承了柏拉图关于游戏性质的界定，认为它是无功利性、无目的的一种活动，它能够给人带来愉悦感，游戏是真正的审美活动。挪威学者让-罗尔·布约克沃尔德的研究表明，缪斯性的核心在许多语言的对应语词中都能找到与游戏有关的表述，如英语的 play，德语的 spiel，法语的 jeu 和德语的 igra，这些词都是既与游戏有关，又与音乐有关的。"孩子们在游戏中所找到的正是叔本华和巴塞思各自用自己的方式在音乐中所领悟到的那种自由。'本能的缪斯'正是音乐和游戏的源泉，它们是一种我们或许可以称之为'缪斯式突破'的范例"。②

　　人通过实践使得周围世界所有的现象与人本身发生关系。对于儿童来说，这种实践就是游戏或活动，儿童通过与自然的游戏、交往，在这个过程中通过多种方式观察、体验自然，获得对自然的更深入了解。这也符合杜威的审美经验观思想，杜威反对审美是简单的鉴赏，主张在经验中获得对周围环境的理解。"不知道土壤、空气、湿度与种子的相互作用及其后果，我们也能欣赏花。但是，如果不考虑这种相互作用，我们就不能理解花——而理论恰恰就是理解。……我们日常对景色和情境的欣赏怎么发展成特别具有审美性的满足的？"③杜威认为美只有与一个经验相联系时，美的意义才能呈现出来，当经验不断完善，形成完整、连贯的行为和体验时，我们就有一个经验。海德格尔"复魅"色彩的语言观打破了人类中心主

---

① ［古希腊］柏拉图. 柏拉图全集第三卷［M］. 王晓朝，译. 北京：人民出版社，2003：561.

② ［挪威］让-罗尔·布约克沃尔德. 本能的缪斯［M］. 王毅，等. 译. 上海：上海人民出版社，1997：39.

③ ［美］约翰·杜威. 艺术即经验［M］. 高建平，译. 北京：商务印书馆，2005：11.

义的独白话语，重建了语言与自然的原始关系，表达出天地人神四方世界
自由游戏的"生态审美栖居"的呼唤。"在融入自然时，作为欣赏者的我既
是演员又是观众，融合在风景之中并沉醉于这种融合所引发的各种感觉，
因这些感觉的丰富多彩而愉悦，与自然积极活跃地游戏，并让自然与我游
戏、与我的自我感游戏"①。

（二）具有泛灵性

儿童自然审美不同于成人，成人往往以特殊自然景物来比喻人的德
性，以自然的优美特性来参照人的道德修养。比如中国古人参照君子的道
德人格而喜欢松、竹、梅等自然物，这种审美的比德模式，在儿童自然审
美中并不出现，儿童不以自然万物具有德性而喜欢，儿童对自然景物的喜
爱更多是一种生命共振的体验模式，儿童的审美体验冲动基本来源于大自
然万物的感官刺激，对自然的泛灵化比喻模式，给自然万物赋予生命和神
秘力量。

原始思维是人类童年时期的思维，儿童思维是通过浓缩的方式，在个
体中再现的原始思维。种族的发展沉淀为个体的发展，历史的进化演变过
程的逻辑形式保存于个体发生发展之中。因此，从进化论的角度看，正像
胎儿的胚胎发育是从原生物到人类的历史重演一样，儿童思维从某种意义
上讲是原始思维的历史重演。儿童和原始人一样，对世界的理解往往具有
泛灵性特点。② "原始人类"按照自己的观念，使自己感到惊奇的事物各有
一种实体存在，正像儿童们把无生命的东西拿在手里跟他们交谈，仿佛它
们就是些活人'。这就是一种以自然为'同类'的生态审美思维"。③ 儿童对

---

① Ronald W. Hepburn. "Wonder" and Other Essays: Eight Studies in Aesthetics and
Neighbouring Fields[M]. Edinburgh: University Press, 1984: 12-13.

② 周建达. 关于原始思维发展的几个问题[J]. 北京师范大学学报(社会科学版).
1994(1): 25.

③ 曾繁仁. 发现人的生态审美本性与新的生态审美观建设[A]. 曾繁仁, 谭好
哲. 生态美学的理论建构[C]. 北京: 人民出版社, 2016: 100.

自然的审美类似于原始人的思维模式，儿童不靠推理去亲近自然，他们凭借生而有之的强烈感官系统和生动的想象能力和自然对话交流，儿童不用像成人那样刻意追求，他们天然地就能与自然环境形成一种虚静无为、纯朴自由的精神状态，成人所追求的那种"物我同一"的审美境界在儿童身上却本能地具有了，因为儿童的泛灵性思维模式让他们更容易达到物我不分的境界。

儿童"主客不分"的思维特点让儿童拥有与自然万物交流的神奇本能，"在村童心中，菜园是永远喝不够的水怪，野草是斩不尽的妖精。想象力丰富而与大自然天然合一的儿童，往往用灵异的方式与自然交往"。① 而这正是成人所缺失的能力。人类拼命发展"科学的动机原本是要把人朝着四面八方延展，直至进入大自然，直到他的双手能够触摸到星辰，他的两眼能够透视地球，他的两耳能够领悟到野兽和鸟儿的语言以及风的含义；直到他能与世间万象心心相印，天空和大地都能与他交谈"。② 结果却南辕北辙，人类成了科学理性的奴隶，也难怪老子说圣人之境界乃是"复归于婴儿"的状态。当人与自然能共生融合时，自然审美就呈现出一种完善状态。"'当世界上的空气使树与人说话，使所有的森林、植物的森林与诗人的森林，交相呼应时，人怎能不生活在物我荟萃的顶峰呢?' 用庄子的话说，'身与物化''万物与我为一'"。③ 中国古人"天人合一"的思维方式在美学上表现出"情景交融""物我两忘"的特点，这与儿童的思维方式在某些地方是相通的。可见，儿童自然审美中表现出的泛灵性特点有利于达到自然审美的完善状态。

(三)具有想象性

想象是审美中不可缺少的心理因素，"一朵普通的小花，一个迷人的微笑，一条乡间的小路，几片飘落的红叶，都可能引发一个长长的故事，

---

① 徐仁修. 村童野径[M]. 北京：北京大学出版社，2014：76.

② 袁鼎生主编. 教育审美学[M]. 桂林：广西师范大学出版社，2001：37.

③ 杨平. 环境美学的谱系[M]. 南京：南京出版社，2007：45.

一幅隽永的图画，一首激情的诗歌……这里都体现着联想的力量和作用。因此说联想、想象展现了一个深远、丰富、生动、活跃的审美世界"。① 想象"毫无疑问地成为幼儿审美的第一要素"。儿童审美，其实就是想象。儿童期的审美有时候是非常简单的，比如孩子们在自然中的想象游戏，他们想象白云、想象大树、想象树丛中的各种精灵，并且互相游戏着，这其中获得一种游戏的乐趣，一种快乐的想象，这个过程就是他们的审美。儿童的精神世界与成人完全不同，"他们需要在游戏或游戏性的审美中发展自己的情感和想象"。② 自然审美的过程是儿童想象力绽放的过程，儿童在给周围世界增添各种幻想形象的时候，不仅能发现美，还能发现真理，想象性是儿童在自然审美中表现出来的重要特点。

在《村童野径》一书中作者描写了只有村童们懂得欣赏的"空中的野台戏"——"夏日午后的大云山，神仙聚会的殿堂，你这空中的楼阁，酝酿雷雨及童话的故乡，布幕缓缓拉开，大鼓隆隆作声，这是诸神的野台戏，只有村童懂得欣赏"。书中所描写的"空中的野台戏"实际上是村童们在午后休闲的时光中望着天空的云朵想象出来的"戏剧"，这种想象的过程正是村童们在大自然中对蓝天白云的审美过程。作者写道，"只有经常与大自然嬉戏玩耍的儿童，只有经受过大自然滋养的儿童才能懂得欣赏这自然之美"。③ 确实如此，只有经常在大自然畅游的孩子们想象力、审美力才能如此敏锐。那些整日埋头苦读，"一心只读圣贤书"的学童们怎么能欣赏得了大自然所蕴藏的神秘之美！苏霍姆林斯基提到快乐学校的学生经常去山岗上在白云间"游览"，所以孩子们的想象力非常丰富，"朵朵蓬松的白云成为他们作出种种奇妙发现的一片新天地。孩子们从那些光怪陆离、变幻无穷的云朵中看出各种走兽、童话里的各类庞然大物。孩子们的幻想犹如飞快地小鸟飞向九霄云外，飞向碧蓝地大海和森林，飞向遥远地无名国度。

---

① 袁鼎生主编. 教育审美学[M]. 桂林：广西师范大学出版社，2001：228.
② 刘绪源. 美与幼童[M]. 南京：江苏凤凰少年儿童出版社，2017：160-163.
③ 徐仁修. 村童野径[M]. 北京：北京大学出版社，2014：78.

正是在这种翱翔中鲜明地显露出孩子个人的意识境界"。①

(四)具有浪漫诗性

意大利启蒙思想家维柯创立了"诗性智慧"这一范畴,通过对原始人类文化的研究,论证了人类文化起源于原始人的诗性智慧。"这些原始人没有推理的能力,却浑身是强旺的感觉力和生动的想象力。这种玄学就是他们的诗,诗就是他们生而就有一种功能(因为他们生而就有这种感官和想象力)"。② 维柯所强调的"生而就有""强旺的感觉力和生动的想象力"等生命的本性特质是原始人在与自然万物交流时的一种诗性思维表现。这种人与自然带有强烈情感的、感性的、诗意的相处方式早已通过进化的方式沉积在儿童的本能意识中,成为儿童与自然相处的主要方式。因此,诗性是人类与生俱来的天性,诗性伴随着人的生命而生,处在生命之初的儿童是最富诗性的。与原始人相似,当儿童面对大自然的时候,也总是以诗性的方式来感受和表达审美情感。经常在自然美景中漫游的孩子,其语言表达总是充满了艺术表现力。苏霍姆林斯基记录了快乐学校孩子们的诗性语言,当儿童看到清晨露珠挂在野蔷薇花上,滴滴露珠在果粒间的银白细丝上颤动时,他们被这一自然美景所迷住,脱口而出"太阳把露水喝掉了""夜里落下露珠,落入银白色的蛛网""琥珀色的珠粒,颤抖起来了,战栗起来了"。③ 儿童面对自然美景不由自主地用有节奏的言语表达,这些鲜活的、充满灵性的语言是从自然环境中激发产生的诗。儿童用诗一般的语言表达他们对世界的认识:"我是小草呀,妈妈是太阳,她能让我长大!我是小鸟呀,妈妈是云朵,她能陪我飞翔!"这是我记录女儿在公园玩耍时吟唱的儿歌,儿童自发的这种歌曲吟唱难道不是充满诗性的审美表现嘛!在儿童浪漫诗性的审美表现中,我们往往看到了童心的清新、可爱、活泼自

---

① [苏]B. A. 苏霍姆林斯基. 育人三部曲[M]. 北京:人民教育出版社,2003:40.
② [意]维柯. 新科学[M]. 北京:人民文学出版社,2008:161-162.
③ [苏]B. A. 苏霍姆林斯基. 育人三部曲[M]. 北京:人民教育出版社,2003:48-49.

由，这种稚拙的美也是儿童审美创造中最为可贵的价值。

案例9-1　冬季森林的自然美育

冬季我们去两次森林，一次坐汽车，一次乘马拉雪橇。微微寒风刺着面颊，但谁都没有叫冷。在冬季森林里度过的日子永远留在了孩子们的记忆里。我们聆听过冬季森林的音乐，观察过禽鸟的生活。在森林峡谷里找到一眼未封冻的水泉。围着篝火取过暖，煮过粥。欣赏过美丽的晚霞，我们眼看那覆盖白雪的树木的色彩变幻；它们时而呈淡淡的粉红色，时而变为橘红色，一时又呈绛红色，继而则变为紫蓝色……我们在这里编了短诗，孩子们在诗句中表达了他们对冬季森林的印象。卡佳边欣赏披着冬装的美丽的松树边说："松树睡了。"济娜描述了一个更鲜明的形象："松树熟睡到夏天……"。"松树熟睡到春天，"谢廖扎说。大家随即感到了这些词语音韵的和谐。"松树熟睡到春天，连连美梦现"，男女孩子们都唱了起来，由于自编了歌词而感到自豪。①

在冬季森林中的自然学习，处处体现着儿童在自然情境中的审美特点，经过大自然审美场的浸泡，儿童的审美表达自然流露，在诗词、歌唱、童话幻想中，我们看到了儿童审美中的泛灵性、想象性和浪漫诗性的特点是交融在一起的。

第三节　自然环境中儿童审美教育的方式

一、自然环境中儿童审美教育的困境

与其他美育形式相比，在自然中开展美育活动，以自然作为审美对象

---

① ［苏］B. A. 苏霍姆林斯基. 育人三部曲［M］. 北京：人民教育出版社，2003：79.

有一定的难度。长期以来的美学体系是一个以艺术为中心的体系，这个体系在处理艺术问题上得心应手，在处理自然美的时候就显得捉襟见肘。

首先，从审美对象来说，自然物作为审美对象是变动的，艺术作品的审美对象是相对固定的。自然之物本身是变化无常的，而我们自身的活动也会引起自然的变化，更重要的是我们无法将我们自身同自然区分开来。

其次，从审美经验来看，自然审美与艺术审美也有着重要区别，迄今为止艺术审美更多集中在视觉和听觉，这样对艺术作品的欣赏更需要从现实的世界中超拔出来，进入一个由想象构成的非现实世界，即艺术世界。在自然中，我们不仅看、听，而且用触觉、嗅觉甚至味觉。更重要的是，所有这些感觉是作为一个感觉整体而存在的，他们相互联系共同形成我们对自然的整体感受。

第三，从鉴赏或评价的角度看，自然美是无法估价的。欣赏艺术品则有一个评价。爱伦菲尔德说：可以说格列柯(西班牙绘画艺术家)是比洛克威尔(美国画家)更伟大的画家，但能说西尔各提的大草原比内华达的戈壁更有价值吗？

因此，自然全美、自然不具有美的两派观点长期存在，成为自然美育的难点之一。除此之外，儿童如何走进大自然，是否有时间？是否有场地？也阻碍了自然美育的实施。在当前城市化进程中自然的缺失，使儿童难以随时亲近自然，繁重的学业又挤占了儿童走进自然的时间，导致儿童既无走进自然的时间也无亲近自然的空间。加之，儿童美育实践中存在"以艺代美、重技轻美"的问题，忽视儿童的直觉、幻想等感性能力的培养，仍然存在把审美教育等同于科学理性教育或艺术知识的积累，忽视了美是纯洁道德、丰富精神的重要源泉，使儿童美育陷入从外向内的强迫性"非自然"困境。有学者就指出"审美作为一个感性的生存论范畴，美育作为一种特殊的感性教育是以人的感性存在的独立意义为前提的。但是，在中国当代美育理论和实践中，感性和个性相对被忽视。杜威指出，在当代中国美育理论中，人的感觉、情感、想象、直觉等感性方面发展的价值还得不到充分的重视,甚至未被列入美育的具体目标"。① 这些问题表明儿童自然美育实施的挑战性与迫切性。

长河落日、青松翠柏,疏雨梧桐、小桥流水,大自然或雄伟或秀美的景色,带给人们或开阔或静谧的心境。审美活动是感知、想象、情感、理解同时参与,人处于自由和谐状态的一种活动。自然环境实际就是一个审美的场域,儿童期是人类感性思维发展的主要阶段,当儿童处于自然场域的时候总是先通过感知、想象和情感与大自然游戏互动,这种游戏状态是自由的、畅快的。从这个意义上来说,儿童在大自然中的游戏活动从本质上具有审美的特质。自然美育也正是经由生动形象来传达,以融合善和真理、力量的美感形象开蒙启智、滋润心灵,从而培养道德、涵养精神。

二、自然环境中儿童审美教育的方式

在自然环境中如何开展审美教育,卢梭在《爱弥儿》中写道:"自然的景色的生命,是存在于人的心中的,要理解它,就需要对它有所感受。孩子看到了各种景物,但是他不能看出联系那些景物的关系,他不能理解它们优美的谐和。要能感受所有这些感觉综合起来的印象,就需要有一种他迄今还没有取得的经验,就需要有一些他迄今还没有感受过的情感。如果他从来没有在干燥的原野上跑过,如果他的脚没有被灼热的沙砾烫过,如果他从来没有受过太阳照射的岩石所反射的闷人的热气,他怎能领略那美丽的早晨的清新空气呢?花儿的香、叶儿的美、露珠的滋润,在草地上软绵绵地行走,所有这些,怎能使他的感官感到畅快呢?"②短短的一段暗含了儿童自然审美的核心思想,那就是必须走进大自然去感受,去积累审美经验,培养审美情感,用心去理解自然的"优美谐和"。在美育的过程中急于输出是我们最容易犯的错误,忽视了欣赏美的过程中感官的锐化和美感

---

① 曾繁仁,谭好哲主编. 当代审美教育与审美文化研究[M]. 北京:人民出版社,2016:95-96.

② [法]卢梭. 爱弥儿论教育(上卷)[M]. 李平沤,译. 北京:商务印书馆,2002:218.

直觉的滋养。事实上欣赏美、体验美、表达美根本是无法教的，美需要的是直觉和敏锐的感官。对于儿童尤其是如此，儿童具有天生的敏锐感官，这是美育的自然基础，而自然之美和艺术之美均需要和儿童融合才能达到美美与共。

自然审美教育不是在大自然中简单地画画、跳舞、唱歌，不是把艺术教育和大自然简单地叠加起来，大自然中的艺术活动可以是手段，是提高儿童审美判断能力的媒介，而绝不能等同于审美活动本身。自然审美教育面对的是活生生的大自然，是全身心融入自然的过程，我们要感受大自然内在本我的生机美、共生美，学习大自然外形美、生态美蕴藏的美的规律和美的法则，更要将自我置身于大自然和谐关系中寻求与大自然审美相处的方式。

（一）走进大自然"审美场"

长河落日、青松翠柏、疏雨梧桐、小桥流水，大自然或雄伟或秀美的景色，带给人们或开阔或静谧的心境，优美的自然环境蕴藏着潜移默化的审美教育价值。置身于大自然中，就仿佛置身于一个充满生机活力的审美大场域，自然美景天然地形成了一个"审美场"，有学者指出"审美场是一种氛围，是日常生活中弥漫着的有社会时代特色的情感、情绪的浓雾或小雨，是人们进行审美活动时的心理大气候……这种情绪氛围是特定时代审美活动的土壤和温床，它本身并不是一种审美活动，而只是特定审美活动的驱动素和染色体"。① 当人们置身于大自然时，情绪情感不由自主地处于愉悦状态。叽叽喳喳的小鸟，生机勃勃的绿树，奔腾流淌的溪水，一切都是充满灵动的，大自然形成了一种充满绿韵、天趣的审美氛围，让人处于通体快适与全心爱悦的美感情状。这是一种自然的情感流露，人的自然的爱悦和大自然天成的美融合相通起来。② 因此，在大自然中儿童自然地处

---

① 封孝伦. 人类生命系统中的美学［M］. 合肥：安徽教育出版社，1999：363-364.

② 袁鼎生. 天生论美学［M］. 北京：科学出版社，2017：163.

于一种审美的情状。也正是从这一点上，我们需要指出的是儿童自然教育首先是审美教育而不是科学教育。徐志摩在《我所知道的康桥》中描写了康桥的自然美景以及作者在自然情境中精神得以自由愉悦的审美体验过程。英国剑桥大学所在的康桥，无疑是一个充满美的教育场域，其自然风光的美景是天然的审美教育资源，从作者的描写中我们可以看到自然"审美场"为何能成为审美活动的"土壤和温床"。

徐志摩在《我所知道的康桥》中写道：康桥的灵性全在一条河上；康河，我敢说是全世界最秀丽的一条水。河的名字是葛兰大（Granta），也有叫康河（Kiver Cam）的，有上下流的区别，我不甚清楚。河身多的是曲折，上游是有名的拜伦潭——"Byron's Pool"——当年拜伦常在那里玩的；有一个老村子叫格兰骞斯德，有一个果子园，你可以躺在累累的桃李树荫下吃茶，花果会掉入你的茶杯，小雀子会到你桌上来啄食，那真是别有一番天地。这是上游；下游是从骞斯德顿下去，河面展开，那是春夏间竞舟的场所。上下河分界处有一个坝筑，水流急得很，在星光下听水声，听近村晚钟声，听河畔倦牛刍草声，是我康桥经验中最神秘的一种：大自然的优美、宁静、和谐在这星光与波光的默契中不期然地淹入了你的性灵。从徐志摩的描述中我们可以看出作者从康桥的河流、果子园和小雀子中感受到了别有一番的美感，听水声、晚钟、牛刍草声滋养了作者内心的灵性。

康桥的自然美又是如何滋养作者的审美情趣呢？散文中作者还描述了在康桥自然美景中生活学习的难忘情境，四季常青的草坪中的黄牛和白马，河上撑船人像翠条鱼一样的轻盈身姿，水面上漂浮的槐花香，无不让作者产生美的感受，这样的自然美景让作者最难忘康桥的日子。作者写道"我要没有过过康桥的日子，我就不会有这样的自信。我这一辈子就只那一春，说也真可怜，算是不曾虚度。就只那一春，我的生活是自然的，是真愉快的！（虽则碰巧那也是我最感受人生痛苦的时期）。我那时有的是闲暇，有的是自由，有的是绝对单独的机会。说也奇怪，竟像是第一次，我辨认了星月的光明，草的青，花的香，流水的殷勤。我能忘记那初春的睥睨吗？曾经有多少个清晨我独自冒着冷去薄霜铺地的林子里闲步——为听鸟语，为盼朝阳，为寻泥土里渐次苏醒的花草，为体会最微细最神妙的春信"。① 康桥这一自然审美场域充实了作者的内心世界，让作者体验到了真正生活的乐趣，这种审美经历成为作者终生难忘的精神财富。生活在康桥的日子是美的，就像梭罗生活在瓦尔登湖的感觉一样，在自然美景中人的精神是富足的，人所能感受到的是真正的生活。因此，让儿童走进优美的大自然中，通过亲近自然才能真正与自然建立最生动的美感体系。

图 9-5　美丽的康桥

优美的大自然也是构筑儿童真正生命力的场域，童年期自然的美景和难忘的情绪情感记忆将成为儿童未来创造力迸发的"酵母"。中国著名作家沈从文认为自己童年所处家乡的自然山水影响了自己的文学成长道路，乡村的优美环境也滋养了湘西农村这一群"真正的人"，"他们善良、诚实、勇敢且又单纯。天上纤云早晚皆为日光反照成薄红霞彩，树木叶子皆镀上各种适当其德性的颜色。在沈从文的自然教育实践设想中，要形成理想的

---

① 我所知道的康桥 2014-04-04. https：//www.docin.com/p-788367012.html

自然人性，就离不开牧歌山水这一教育环境的浸润和滋养"。① 法国音乐家德彪西据说经常一人去巴黎郊外散步，看看天边的白云蓝天、落日红霞，聆听树林中落叶的声响，在大自然的体验中创作了《云》《月光》《枯萎的落叶》等乐曲。

（二）激活儿童的自然审美感受力

感性体验比知性认识更为关键这一原则十分适合用来阐释儿童对大自然的体验。美国生态学家蕾切尔·卡逊（Rachel Carson，1907—1964）对此有深刻的认识，"我真诚地相信：对于一个孩子，对于想要指导孩子的父母，'知道'不及'感受'一半重要，如果事实是将来产生知识和智慧的种子，那么感受的情感和印象就是种子发芽需要的肥沃土壤。孩子的早期成长正是为这片土壤作准备。一旦唤起某种情感——美感、对新事物和未知的兴奋、同情、痛苦、尊敬和爱——他们就获得了相应的知识。如此一来，也就有了更长远的意义。为孩子铺路引发他们的求知欲比培养他们掌握知识更重要"。② 激发儿童对自然美的敏感性和感受性是自然审美教育的首要目标，只有儿童具有了对自然敏锐的审美感受性，他才能感受到大自然的美，才会享受那种大自然美所带来的愉悦感，也才具备了培养对自然美热爱的基础。"美学之父"鲍姆嘉通说"美学的研究对象就是感性认识的完善（单就它本身而言），这就是美"③。美育是一种特殊的感性教育，锻炼感官应是审美教育的重要内容。尤其是在自然审美中，感性更占据着重要的位置，因为环境包含了一切感觉体系，人与环境的互动就是所有感官系统参与的过程，因此，感官敏锐性的激活应放在自然美育的首位。

① 周晓敏. 沈从文文学自然教育及其当地意义［D］. 上海：华东师范大学，2018：36.

② 保罗·布鲁克斯. 生命之家：蕾切尔·卡逊传［M］. 南昌：江西教育出版社，1999：197-198.

③ 《美学原理》编写组. 美学原理（第二版）［M］. 北京：高等教育出版社，2019：3.

　　儿童经常接触自然，丰富的自然经验和自然感受力的提高将有利于"自然感性"的形成。"自然感性是人对自然的感性经验所形成的感知自然的敏感性，与自然保持密切关联的感应能力、由生命深处所生发的对于自然的亲近感以及人对自然的皈依感"①。儿童对自然敏感性的提高，就会自然而然地热爱自然，在"泛灵性"思维模式的催化下将自然中生物当作自己生活中的好朋友，将和自然万物的交往活动当作自己生活中的一部分，慢慢地这种与自然交往的模式就成为儿童生命的一部分。这种物我亲密的自然-生命的关系模式，能培养人的自然德性，达到审美教育培养健全人格的目的。

　　为了更好地发挥大自然锐化审美感官的价值，当儿童走进大自然的时候可以适当提醒儿童做自然的小小观察家。我们带儿童走进自然后，不要急于让儿童去观察和记录自然，而是首先从审美角度让儿童体验自然，然后过渡到感官的深入体验。观察记录虽是一个科学领域的活动，但是在自然游戏中也可以融合发生，比如儿童往往会自发地对小鸟感兴趣，在与小鸟的游戏中，他们自然地喜欢喂小鸟、看鸟窝和鸟蛋，然后围绕小鸟开展一些角色游戏或建构游戏。所以，观察和游戏往往会交织出现，但是细致入微地观察和有意识地记录却需要教师适当地引导。自然观察记录了儿童跟自然在一起时感知的点滴，来自儿童对自然的探究，来自儿童跟自然相处时真实的内心感悟。低年龄段的儿童与其说是写自然观察日记，倒不如说是一种自然观察故事，比如，幼儿记录小树林看到的喜鹊，她会加入自己的想象，特别是带有强烈的情感色彩。她看到喜鹊飞走了，她在描述中不仅会说"看，小鸟飞走了，她的尾巴左右颤动，多么可爱呀！"，而且会说"她(小鸟)去找她的爸爸妈妈了，她的爸爸妈妈正在树林里给她捉虫子呢！"可见，低幼儿童的思维是诗性的、文学的。

　　当儿童在大自然的熏染下能敏锐地感受到自然的天成之美后，他就会

　　①　刘锋杰. 重建人的自然感性[A]. 曾繁仁. 人与自然——当代生态文明视野中的美学与文学[C]. 郑州：河南人民出版社，2006：84.

自觉地爱护自然，与自然处于一种良性的互动互生中。反之，当儿童很少接触自然，而是沉迷于各种电子产品中时，他置身于自然中就无法感受到自然的美，面对自然美缺乏惊奇、愉悦和敏锐的感受力。有学者把对自然的热爱称之为"悦绿"，而"因自然美生而起的绿色快悦"。是一种审美情状，他进一步指出"悦绿形成绿悦，绿悦强化了悦绿的美生欲求和美生向性，强化了悦绿的美生趣性与美生天性，这就形成了互为因果的内共生关系"①。这意味着当儿童形成了一种对自然的审美情趣后，就有了与自然和谐相处，共创美好的审美趋向性。

(三)保护儿童自发生成的审美游戏

席勒认为美育的根本任务在于把人类从感性与理性的分裂、对抗，从工具化、片面化发展的存在状态拯救出来，恢复人格的整体性和感性与理性的和谐状态，促进人的全面发展。人的完整与否取决于其游戏程度，人的完整性一旦形成，我们便进入审美的自由王国。席勒的经典名句是"人应该同美仅仅进行游戏，人也应该仅仅同美进行游戏"。"只有当人是完整意义上的人时，他才游戏；而只有当人在游戏时，他才是完整的人"。② 游戏就是审美，儿童自由自在的游戏就是一种审美活动。

如前所述，游戏是儿童审美的本能表现，"儿童文化中自发产生的缪斯性表述在形式和功能上都更与游戏的概念接近，而不是与传统的成年人关于音乐的概念接近"，因此，在儿童自然审美教育中要重视儿童在自然情境中的自发的本能的带有节奏性的动作和语言等自发性游戏行为，保护儿童自发的审美游戏行为，而不是首先去讲述与艺术相关的概念。儿童的自然审美模式是互动型的，儿童对自然美的欣赏更希望是通过与自然万物的游戏互动形式展开，当然身体接触后的遐游也是主要的。自然游戏让儿童与自然融合，感受自然的千变万化，"从而进入与自然之道融合一体的

---

① 袁鼎生. 天生论美学[M]. 北京：科学出版社，2017：178.

② [德]席勒. 审美教育书简[M]. 张玉能，译. 南京：译林出版社，2009：48.

精神绝对自由的审美境界"。① 古人作诗或者作画，画或者诗词都有一种对现实的"替代性满足"功能，儿童在大自然中游戏和自由创作也应有这种功能的体现。

儿童在自然游戏中感受美、体验美，在忘我的自然游戏状态中达到了诗意般的审美境界。这种境界只有在儿童与大自然充分自由嬉戏的基础上才能产生，当儿童沉浸在自然游戏中的时候，他就和自然中的花花草草融为一体，泥土、石子、鲜花、绿树、蝴蝶、小鸟无不成为儿童的好朋友，在儿童的眼中活了起来，在儿童与他们的忘我游戏中，自然就达到了诗意般的审美境界。如《蓝天下的学校》中卡佳看到阳光照射在树木上不由自主地说"太阳在洒火花呢"；当孩子们沉浸在大自然看到落日时，拉丽莎说"太阳回去休息了"，丽达说"两个铁匠给太阳送来了银花冠"。儿童游戏性的审美方式和庄子所言的"游心之游"非常相似，"庄子认为人的审美人生境界是要经过两个阶段方能达到游心之游的最高境界，即游戏之游和游世之游，其中游戏之游是审美人生的第一个境界，审美人生境界的第三境界，也就是最高境界——游心之游。庄子认为游心是一种人类心灵的自由解放，心灵放空于尘世间，不被任何事物所左右，将自己的心灵与万物融为一体了，吾就是万物，万物就是吾"。② 从中可以看出"游心之游"非常贴近于儿童的游戏精神。

案例9-2 "冰琴"自然音乐游戏

冬天下雪后我们最喜欢去雪地里堆雪人，玩各种游戏，突然间我在一个屋檐下面发现了一根根垂挂着的冰凌，有的粗有的细，有的短有的长，最长的甚至从屋檐连接到地面……我好奇地捡起一根竹竿，

---

① 罗祖文. 生态审美教育研究[M]. 上海：上海交通大学出版社，2021：171.

② 武丽丽. 老庄"自然美学"观照下的中国当代设计研究[D]. 济南：齐鲁工业大学，2016：34.

在冰凌上划了一下，哈，那声音或尖细或粗犷，或洪亮或低沉，美妙
至极！当我把这个发现的秘密告诉了小伙伴们后，大家每人举着一根
竹竿，敲击冰凌，尝试着敲出不同的音符，或者几个人合作敲击低
音、高音。家里有乐器的小伙伴甚至把自家的笛子、二胡也拿到雪地
里来，我们完全像一个冰琴演奏乐队一样玩了起来。

这是《看见生命》一书中作者对自己童年户外游戏经历的描述，在案例
中作者描述了自己发现屋檐下冰凌的秘密，游戏中敲击出的美妙音乐被作
者称为天然的"冰琴"，敲击冰凌的演奏游戏是儿童在大自然中自发的音乐
游戏，是儿童文化中自发产生的缪斯性表述。

案例 9-3　"舞龙"自然舞蹈游戏

我们从一大片芦苇环绕的小路上穿过，突然眼前开阔起来，一片
墨绿色的草地像一床绿茵茵的地毯映入眼帘，傍晚的阳光透过草坪四
周的树木洒落在草坪上，草坪上的绿草叶闪闪发光，更增添了草坪的
自然魅力。孩子们飞奔而去，自发地在草地上围成圈跳起了舞，手中
拿着路上捡来的芦苇秆当作了舞蹈的道具。草地绿茵茵的色彩美、柔
软的质感美、开阔的视觉美、青草芬芳的味觉美……大自然的整体美
令儿童手舞足蹈。孩子们捡起一根废弃的草绳奔跑起来，不一会，他
们中的一个建议我们来玩舞龙游戏吧，于是，孩子们哼着节奏开始有
模有样地舞起了"草绳龙"。（记录于 2021 年 10 月 23 日下午盐城通榆
河生态公园）

儿童置身于自然美景中忘情的肢体动作，这大约就是舞蹈最初的形式
吧，可以说是舞蹈自然自发表现的审美形式。《本能的缪斯》中作者就提到
"无论是作为礼仪性的舞蹈，还是以身躯韵律性的摆动作为纯粹欢愉的精
神表达，舞蹈充分支配了原始人的生活，而使其他的艺术形式都从属于舞

图9-6 在大自然中舞动芦苇秆和草绳的孩子们

蹈。这种综合性的原始舞蹈正是'本能的缪斯'之显现，正是由韵律、节奏和运动所体现出来的人类生命的活力、人类生命本身"。①

(四)"坐忘"发呆也是自然审美必要的方法

虽然儿童生性活泼，在自然中更喜欢游戏活动，但如果要深入体验自然之美，静坐发呆有时是更好的方法，当然这个方法更适合年龄稍大的儿童。因为在安静的自然环境中人的身体更容易处于一种放松状态，这时候感官也会变得更加灵敏，更容易和大自然进行直觉交流。"沉默时，大脑可以对想法进行反思、思考、吸收或摒弃，然后把相关信息存储进去。很难说在一些非常大的、喧闹的空间里，儿童如何进入和保持平静的心态"。② 当孩子们静静地欣赏水面上游来游去的鸭子时，他们沉默不语，这时候如果教师提出一些问题可能会打断儿童的静默思考，打破他们与自然的联系。"我们坐在高岗上，周围是一片草虫发出的和谐的合唱，空气中

---

① ［挪威］让-罗尔·布约克沃尔德. 本能的缪斯［M］. 王毅等，译. 上海：上海人民出版社，1997：2.

② ［英］克莱尔·沃登. 自然幼儿园与森林学校［M］. 汪文汶、霍小雨，译. 北京：教育科学出版社，2020：31.

散发着沁心的野草清香。大家都不作声。无须对孩子们多说话，不要作填鸭式的过多讲述，孩子不仅需要听教师讲话，而且也需要保持沉默，在此时此刻他在动脑子，在思考所见所闻"①。

案例9-4　树的思考②

四个三四岁的男孩正坐在树林里的一根断木上，环顾四周，而后爬上树，树叶从树上掉落。他们谈论树叶的形状和颜色，并说很快就不会有树叶了。其中一个孩子问："你知道为什么叶子会掉下来吗？树根里的水分不足，叶子先变成褐色，然后枯死，最后掉落。"……讨论转向可能在树上的动物。"松鼠在秋天做什么？"有人问。"它们住在高高的树上。我们需要用望远镜才能看到。"男孩们躺在潮湿的草地上，抬头望着树。讨论仍在继续。"精灵们也住在那里，它们帮助动物们获取食物，因为冬天一旦下雪，动物就没有食物了。"孩子们在树下发现一个小蘑菇，其中一个注意到："看，那是一个精灵蘑菇，隐藏在狐狸和人身后。它的大小和精灵一般，狐狸和人要它飞到树顶上！"然后，四个孩子都安静地躺在那里，静静地望着树，就这样过了十五分钟。

这是一个自然幼儿园对孩子们在大自然中自发探索游戏的观察记录。案例中的四个小孩子之所以能对树进行比较深入的思考，一是孩子们有较长的时间和大树游戏互动；二是能静静地躺在树下，这种安静发呆中的时机，引发了儿童对树及其树的周围世界诗性、童话般的想象思考。

---

① [苏]B. A. 苏霍姆林斯基. 育人三部曲[M]. 北京：人民教育出版社，2003：34.

② [英]克莱尔·沃登. 自然幼儿园与森林学校[M]. 汪文汶、霍小雨，译. 北京：教育科学出版社，2020：26.

（五）突出自然的"生生"力量，以美育德

美育的根本目的是美善结合，"以美立德"。西方自古希腊亚里士多德以后，皆以美育为德育之助。康德、席勒、王国维、蔡元培等思想家都把美育当作人由自然走向自由的桥梁。王国维说"审美之境界乃物质之境界与道德之境界之津梁也"。首先，在自然审美中要突出自然的"生生"力量，在和谐共生中达到以美育德。"以自然为师"不仅学习大自然各种物种的生存智慧，而且明白大自然物种之间共生共存的道理。引导儿童在与大自然相处游戏中要领会大自然无私奉献、滋养万物的生命之源泉美，大自然生生不息的生命蓬勃之美，大自然本身万物和谐共生的生态之美。大自然万物之间合作共生、互惠和谐的道理可以迁移到人与人之间的相处，儿童从中领悟到只有彼此之间合作、互惠才是社会交往的最好技巧，儿童的社会性发展也就蕴藏在其中了。儿童在大自然中不是静止地欣赏自然，更多是在自然中体验、活动、游戏，是一种与自然互动的关系。在这种关系建构中要形成自然与人、人与人、自然中万物各种关系的和谐互动，也就是一种保持"万物各在其位"的自然美状态。这种理想的自然美状态就类似于海德格尔后期论述的人在"天地神人四方游戏"中获得的犹如在家的栖居。这种美是人与自然共生中的"美好生存"和"在家之感"，这是人与自然和谐美好相处中产生的情感体验。在自然审美创造中"虽由人作，宛如天然"的自然人化，是人与自然共生的完美范式。比如，云南元阳梯田，在人遵循自然的基础上形成了自然性和审美性同一的样式，达到了审美诗性自然化的境界。让儿童了解自然万物共生的秘密，欣赏人与自然和谐共生的杰作，这些都有利于儿童自然德性的养成。

其次，在自然审美中要从"自然"本身的角度去审美，也可以说从生态或物性的角度去欣赏自然美，而不是从"人类中心"的视角去审美。比如，人们往往觉得孔雀比乌鸦更美，牡丹花比喇叭花更漂亮，喜欢一只蝴蝶而讨厌一条蚯蚓，这是一种以人类审美视角为标准的审美表现。有学者批评这种仅从形式美的角度观照自然是一种肤浅的自然审美表现，认为人类应

该做自然的知音，真正深入了解自然更为丰富、严肃的内容。如何才能深度欣赏自然，就要将自然之真、自然之美和自然之善融通起来。虽然刺激我们审美器官的首先是自然的形式美，就和喜欢一个人一样，刚开始总是"始于颜值"的，但是不是真正的爱则是"忠于人品"。对自然的热爱也是如此，刚开始我们总是沉迷于自然缤纷色彩的外形之美，但是如果我们将自然审美建立在对自然的深入了解上，乌鸦和屎壳郎也许就有了内在的美，这就形成了一种"环境美德"，将自然之善与自然之美融合起来了，而这种有深度的自然审美恰恰要建立在对自然之真的深入了解中。薛富兴教授用形象的比喻来说明什么样的自然审美才是恰当和深刻的，"光欣赏长颈鹿的奇特身材是单调的，当我们能进一步从生物进化论的眼光意识到超长身材是该物种在无情生存竞争中所采取的一种生存策略，这样的奇特身材者方是智慧、有意义的。纯形式美地欣赏，我们会将鹤欣赏为一种优美：优雅的造型、闲适的步态，还有清脆悦耳的歌喉。然而，一旦我们将它放在地球生物进化史的洪流中，我们便见出它的精彩，见出它的伟大。于是我们意识到：将鹤欣赏为一种优美之物是极其不恰当的，相反，我们应当以崇高之美视之"。① 在儿童经常性地与自然接触了解的过程中一旦对大自然繁茂生长状态形成了美的认识，就会慢慢地去保护自然的勃勃生机。只有像对待朋友一样去深入了解一棵树，才能感受到大树的呼吸和脉搏，了解到大树对人类的恩赐，从而尊重、关爱、敬畏自然。

再次，在关爱生物和美的事物中唤起儿童的善良情感。"美不告诉我们善是什么，因为，作为绝对的善只能被实现，不能被设想。但是，美可以向我们暗示。而且美特别指出：我们能够实现善，因为审美愉快所固有的无利害性就是我们道德使命的标志，审美情感表示和准备了道德情感"。② 中国美育注重美与善的融合，持守"万物并育而不相害"的道德理

① 薛富兴. 环境美学视野下的自然美育论[J]. 福建师范大学学报（哲学社会科学版），2019（5）：90-91.

② ［法］杜夫海纳. 美学与哲学[M]. 孙非，译. 北京：中国社会科学出版社，1995：16.

念。在自然审美中审美主体常常"将道德德性迁移于山水形态，在山水的形质中感受人的本体存在与宇宙自然存在的融合，彰显人的自然德性"。① 但是对于儿童来说，儿童道德发展的局限性尚不能以道德迁移于山水之间，儿童通过与自然的对话交流，在自我生命与自然生命融合交往的过程中学会珍惜自然之美。儿童自然地用审美的方式与自然万物交流，中国古人在面对自然山川时，审美主体将之视为生命体，对之呵护有加。"纳生命情思、人格襟怀或本真存在于感性具象中，在天地山川虫鱼鸟兽花草树木等感性世界中参赞化育，体味宇宙生命创化的内在节奏与生机"。② 与之相对应，儿童在自然中何尝不是"纳生命情思"于感性世界！只不过，这种生命情思更加浓郁，是一种与自身完全同一的生命体进行灵性的对话，在自然中观察、游戏、体验的过程中感受自然的生命变化。

对活的、有生命的生物的爱护照料有助于培养儿童的爱心，这也是自然美育的独特地方。在苏霍姆林斯基的快乐学校，孩子们为受伤的小云雀建造了"小鸟医院"，为幼小的椴树包扎芦苇保暖，云雀、椴树成了儿童的好朋友。"孩子们把拯救小鸟的生命引以为荣，每个孩子都有了自己的'生物和美丽角'。云雀的形象、鸣响在阳光普照的田野上的独特旋律——这一切都永远融入了孩子们的精神世界"。③ 自然万物皆有生命，儿童通过种植花草树木，照料小鸟、小兔感受大自然蕴藏的生命力，体验生命成长的喜悦，这个过程是儿童以整个生命形式感应和同构大自然的过程，是一种人与自然诗性交往的形式。久而久之，周围世界的生命成了儿童生活世界中不可分割的一个部分，自然德性和道德德性的种子就会在童年期扎根，慢慢开花结果。

(六)欣赏经典的自然主题艺术作品

很多艺术作品都是对自然的反映，特别是一些与田园自然风光和自然

---

① 罗祖文. 生态审美教育研究[M]. 上海：上海交通大学出版社，2021：73.
② 罗祖文. 生态审美教育研究[M]. 上海：上海交通大学出版社，2021：81.
③ [苏]B. A. 苏霍姆林斯基. 育人三部曲[M]. 北京：人民教育出版社，2003：80.

动植物有关的绘画、音乐、舞蹈作品，经典的艺术作品可以帮助儿童在走进大自然之后感受到之前未曾察觉的自然之美。中国古代重视乐教，把音乐作为达到天、地、人三才相合的重要途径。经典的乐曲以直观形象的审美方式表达周围大自然经常能听到的声音，能使儿童的听觉更具审美的敏感性，音乐也能让儿童的情绪反应更加敏锐，增强儿童天性中诗性思维的能力。如，德彪西的《大海》、小施特劳斯的《维也纳森林的故事》、罗伯特·舒曼的《蝴蝶》、弗朗茨·舒伯特的《野玫瑰》以及柴可夫斯基的《云雀之歌》等；中国古典音乐中的《春江花月夜》《平沙落雁》《阳春白雪》等音乐旋律都有助于唤起儿童的自然感性，帮助儿童深入体悟自然之美。经典的风景画可以为自然美的欣赏提供一种审美视角，画家通常选择大自然中最美的景象，通过精湛的艺术手法再现大自然雄伟壮阔或宁静雅质的独有气质，这种经过艺术家高度审美凝练的作品可以让儿童在欣赏作品中更高层次地领悟自然美，达到和艺术大师交流对话的学习目的。跟随他们的画作，启发儿童从更美的视角去欣赏自然，感受自然之美，激发对自然美的热爱之情。

图 9-7　康斯太勃尔的《干草车》（图片来源于网络）

　　《干草车》是法国画家康斯太勃尔田园风光的代表作，描绘了一辆运干草的马车，正涉过一条潺潺的浅溪。色彩透明的云朵像天鹅绒似的在天际飘浮滚动，翠绿的草地上，古树叶沾满露珠，闪烁着白色的反光。溪边的农舍，洗衣的农妇，狂吠的小狗，整个画面清新自然和谐，有一种令人震撼的美！在《干草车》中，画家从审美的视角反映自然田园风光的美，村庄的一角露出在平原丛林中，装干草的马车涉水而过清浅的小溪，远处的丛林和彩云变幻的天空交相辉映，画家在描绘真实的自然风景时加入了对大自然丰富的光色变化的审美把握，色彩和光的变化在大自然中的美经过画家描绘后更能启迪儿童从美的视角去观察自然，学会发现自然之美，欣赏自然之美。

　　很多自然题材的经典画作都凝聚了艺术家对大自然独特美的表达方式。比如，我们欣赏印象派之父克劳德·莫奈的画作时，就能领略到莫奈对大自然欣赏时的审美视角，莫奈的画中人和大自然总是和谐地融为一体，画家对大自然光色的独特审美方式总是融合在他对自然景色的描绘中，色彩成了画家描绘壮丽的自然交响乐的音符。塞尚、凡·高、高更等

图 9-8　莫奈的《日出》

画家也都用自己独特的方式去展示自然的美，每一幅经典的自然画作都仿佛是一扇向大自然敞开的窗户，为我们去欣赏自然美提供审美灵感。因此，欣赏经典自然画作对儿童走进自然去感受美、体验美、理解美、表达美都有很大的帮助。

图 9-9　塞尚的《圣维克多山》

（七）通过多种形式让儿童感受自然美、表现自然美

儿童在自然中的审美活动范围很广，诗词、绘画、音乐、舞蹈、戏剧表演皆可成为儿童对自然美的表现和创造活动。和原始人一样，儿童对自然的声音、节奏、形状敏感，对自然万物有一种神秘色彩的感知理解。在婴幼儿时期就可以带领孩子去倾听大自然的声音，小鸟啾啾、树叶飒飒、流水潺潺，让孩子在聆听大自然声音的过程中培养他们对声音、节奏和韵律的敏感性。比如，有意识地倾听不同情境中流水的声音，大海的浪潮声、泉水的叮咚声、小河水的哗哗声，每一种声音都是有节奏的。小鸟更

是大自然的音乐家，聆听不同鸟叫的声音，有助于儿童乐感的启蒙。欣赏大自然声音中优美的旋律、节奏，提高听觉的敏感性，加强儿童对声音美感的判断力，这些都是音乐启蒙阶段应当关注的。

除了倾听自然之声锐化儿童的审美听觉器官，观察记录自然可以锐化儿童的视觉器官、田园劳作品尝自然可以锐化儿童的嗅觉、味觉。比如，带儿童去苹果园，孩子们不仅会用画笔描绘苹果树，而且会用诗性的语言创编苹果与月亮的故事，他们采摘苹果、品尝苹果、制作苹果浆，在自然的畅游劳作中用多种形式感受美、表现美。在自然中感受美、表现美是儿童舒发情感的一个自然而然的过程，但是很多学校把自然+艺术创作直接当作了自然美育。比如，有一个学校介绍他们的自然美育做法是利用粉红色的桃子作亚洲人或欧洲人的形象，利用黑色的罗汉果或黄色的土豆作非洲人的形象，利用绿白花纹的哈密瓜、小南瓜作青蛙，利用长满绒毛的毛丹果作雉鸟、猴子、熊等绒毛动物。诚然，用不同载体作为艺术表现的手段也是一种创意，比如我们小时候玩的玉米须跳绳、玉米皮娃娃等，但是自然美育中的审美创造并不是直接拿自然材料作为艺术素材就是美的创造，美的表现。土豆、哈密瓜、南瓜有其本身的自然审美价值，它们的外形色彩蕴涵着美，它们的收获成熟蕴涵着美，它们更美的是为我们提供了味觉美。依据人的审美标准来改造土豆南瓜的外形，恰恰不符合自然美育的特点。固然在自然教育中要有人化自然、自然人化的意识，儿童将自然物美化、欣赏自然的人化美也是一种美的熏陶。但是这种人化美仍要以自然物性为基础，与其用自然物做一些艺术造型，莫如感受自然物的自然变化，磨豆腐、榨果汁也许比用水果做一个娃娃的造型更具有美育价值，牵强的自然艺术化本身就是不自然的表现。

诗词是表达自然美的一种方式，成人常常用诗词来赞叹自然之美，如英国诗人华兹华斯经常在自己所居住的乡野寻找自然美的踪迹，他在大自然中听到大自然的呼吸声，从而教会人们如何用心去感受自然之美。如《咏水仙》中对水仙花的自然美描写"金色的水仙遍地开放。它们开在湖畔，开在树下。它们随风嬉舞，随风飘荡。它们密集如银河的星星，像群星在闪烁一片晶莹"。中国关于古诗中更有很多是与自然田园有关的，对自然的刻画描写生动形象充满画面感，诸如"碧玉妆成一树高，万条垂下绿丝绦"，"接天莲叶无穷碧，映日荷花别样红"；"小荷才露尖尖角，早有蜻蜓立上头"；"日照香炉生紫烟，遥看瀑布挂前川"。这些古诗词语言简练充满节奏感和韵律，而节奏感恰是儿童审美发生的原型图式。儿童可以自己创造充满幻想的诗词，也可以借鉴古人的优美诗句来抒发自己的情感。

另外，要保护儿童在审美创作中的自然性。自然美最独特的地方是蓬勃生命力的美。自然环境所具有的色彩的丰富性、形状的多变性、万物的灵动性都是自然这一审美客体独有的，会给人这一审美主体带来独特的情感体验，更不用说人与自然在基因进化中形成的亲近性本能所带来的另一种体验感。中国画讲究"气韵生动"的艺术理念，因为中国的诗画中大多以自然、山水、树木为描绘对象，这些艺术表达对象本身就是充满灵动的生命力，所以，儿童在自然中的审美体验和审美表达都应该注意到灵动性特点，尤其是儿童画的表达要体现出儿童的自然稚拙特点和自然事物生机勃勃的意蕴相结合的特点。

（八）自然审美教育的经典案例

案例9-5 云雀之歌

在四月的第一个阳光明媚的日子里，当古老冢冈在雾霭中颤动时，我们来到旷野聆听云雀歌唱。晴朗的天空中有一个小小的灰色生物在颤动，银铃般的轻柔声响传到我们耳边；忽而铃声静了下来，灰色的小生物向地面坠落；小鸟在嫩绿的冬麦田上空突然伸展双翅，好似紧牵着一根无形的琴弦又缓缓向高处生气，愈飞愈高。我要让这美妙的音乐沁入孩子们的心灵，使他们看到周围世界的美。于是我讲了一个关于云雀的故事。"他是太阳的孩子……神奇的小鸟——云雀在晴空高高飞起，向着太阳飞去，他飞啊，唱啊。太阳撒下银色的火花，云雀停留在天空往下看，看哪个火花最亮。看准之后，就团成一团冲向地面，一下子衔住那个火花，火花立刻变成细细的银线。云雀把线的一头引向地面，把线头挂在麦秆上，而把另一头向着太阳、向着蓝天拉动，越拉越高"。云雀的童话故事帮助孩子们理解大自然的音乐，为欣赏乐曲做了准备。我们回到学校，听了柴可夫斯基的《云雀之歌》。当孩子们从美妙的乐曲声中听出了响亮的银铃声和那连接绿色原野和太阳的细细银弦发出的悠扬婉转的声音时，他们无比欣喜。孩子们总是回忆起阳光四射的眉毛景色、蔚蓝的晴空、灰色的小小生命和一望无际的田野。孩子们画出了云雀的童话形象，银白色火花和从地上拉向太阳的银弦。我们用接骨木做了笛子，在大自然吹奏民歌曲调。

（案例选自《育人三部曲》作者苏霍姆林斯基）

在大自然中聆听云雀鸣叫，让儿童能直观地感受自然节奏和旋律的变化美感，感知世界蕴藏的生气蓬勃的美。教师创编的云雀童话故事帮助儿童理解大自然的音乐，为欣赏乐曲作了准备。在此基础上欣赏经典乐曲《云雀之歌》，让儿童对乐曲的旋律和美妙的琴声所传达的思想情感有了深刻的认识，孩子们用绘画表达云雀的形象美，用笛子吹奏展现大自然声音的旋律美。大自然活的源泉激发了儿童的音乐敏感性，乐曲的艺术魅力向儿童揭示了周围世界的美，音乐旋律唤醒了儿童从自然经验中获取的鲜明表象，进一步激发了儿童情绪情感上的共鸣，于是，儿童感受美、体验美、表现美就在这一系列的活动中自然而然地发生了。

案例 9-6　凤仙花染指甲

凤仙花又名指甲花，花颜色多样，有粉红、大红、紫色、粉紫等多种颜色，花瓣或者叶子捣碎，用树叶包在指甲上，能染上鲜艳的红色，非常漂亮。凤仙花成活率高，种植容易，可以在校园里种植一些凤仙花，在开放的季节带领儿童采摘凤仙花做染指甲活动。第一步，采集凤仙花和一些蓖麻大叶子，如果没有蓖麻叶，可以用其他比较大的叶子替代；第二步，把凤仙花的花瓣放入一个容器中，最好添加一两片凤仙花的叶子，再添加明矾和一点点大蒜后捣烂；第三步，把捣烂的凤仙花瓣放在指甲上，一定要多放一点，并让覆盖整个指甲，然后用蓖麻叶把手指头缠上，并用线缠紧，这样做是防止放在指甲上的凤仙花掉落。可以多染几次，颜色会不断加深。

图 9-10　美丽的指甲花

凤仙花染指甲注意事项：

1. 如一次效果不理想可再重复一次，捣好的花瓣可以放入冰箱保存，不影响下次使用。

2. 染一次至少要 5 个小时以上的时间，晚上包好，早上就全染红了。

3. 染好后，指甲的周围部分也会被染红，多洗几次手，3~5 天即可恢复正常颜色。

凤仙花染指甲是一个非常方便的人与自然互动的活动，通过活动儿童不仅可以欣赏凤仙花漂亮的花瓣色彩，还能体会到凤仙花与指甲融合后的神奇效果，体验到染指甲过程带来的愉悦感。

图 9-11　凤仙花染指甲的过程

案例 9-7　我的大树朋友

◆ 材料准备

笔、记录表格或笔记本、皮尺、透明胶带(粘贴叶子)刀子。

◆ 活动内容

1. 在校园、家或附近的公园，让孩子找一棵最喜欢、最有感情的树作为他的"朋友树"，并为它取一个小名。如果自家院子种树则更好。

2. 在不同季节不同时间，经常带孩子探访他的"朋友树"，看看树有没有长高、长粗？叶子变老了还是又抽出新嫩的叶？住在树上的朋友搬家了吗？有没有新的朋友搬进来？记得提醒孩子将这些观察结果记录下来哦!

3. 可利用表格帮助儿童逐项观察"朋友树"的生长情况。

4. 来到"朋友树"旁坐下,闭上眼以冥想的方式静坐。

5. 当心灵逐渐沉漫在宁静和喜悦的气氛中,与风、鸟、叶子树液、大地融为一体,你将可以听见万物的声音、万物的语言,诗就在此时进入心房。

6. 把你心里对大树朋友的诗(想象的语言)写成一封信,寄到班级树屋信箱。

(案例选自《与孩子共享自然的 60 个游戏》,作者洪琼君)

图 9-12　"朋友树"观察记录图①

----

① 洪琼君. 与孩子共享自然的 60 个游戏[M]. 贵阳:贵州教育出版社,2018:139.

在关心、爱护一棵树，和树做朋友的过程中，儿童学会从不同视角观察欣赏周围的自然，表达自己的情感，学会欣赏其他生命。在和树交朋友的过程中，儿童会体验到大树不同季节的变化，会为一株嫩绿的新芽而欣喜，会为一片飘零的秋叶而忧伤，儿童将自己的情感融入大树成长的生命中，对周围世界的爱与善良情感也会逐渐被唤醒。

案例9-8 草木染

草木染起源于史前时期，是一项古老的手工艺技术。新石器时代的人们在应用矿物颜料的同时，也开始使用天然的植物染料。人们发现，漫山遍野花果的根、茎、叶、皮都可以用温水浸渍来提取染液。经过反复实践，我国古人掌握了一套使用植物染料染色的技术。我国古代使用的主要植物染料有：红色类的茜草、红花、苏枋；黄色类的荩草、栀子、姜金和槐米；绿色类的冻绿(亦称中国绿)；蓝色类的蓝草(靛蓝)；黑色类的皂斗和乌柏等等，它们经由媒染、拼色和套染等技术，可变化出无穷的色彩。

活动方法：第一步，选择容易获取的植物染材，包括：花店废弃的玫瑰花、菊花、万寿菊；路边的鱼腥草、蓖麻、泽兰草；枇杷、桃树、柿子树叶子；废弃的荔枝、山竹等果壳。第二步，选择一种方便的植物染色方法并准备相应的工具。植物染色的方法很多，为了方便使用，儿童可以使用生叶染、媒染、敲拓染和煎煮染。生叶染，即将植物的染色部分榨汁提取色素进行染色。媒染即通过一些媒介让色素更持久，更利于附着于衣物，比如醋增加红色、紫色效果，盐能让染色更加持久，明矾的用量可以调整颜色的色度。敲拓染即通过锤子、石头敲击植物，将植物的颜色、形状直接染到织物上的方法。煎煮染将需要染色的织物和搅碎榨汁的染料放入锅中煎煮，使色素更好上色。

借助大自然本身的美来激活儿童内心的审美本能。植物染色是一种非常好的自然艺术活动，借助植物本身的力量，顺应自然四季变化，通过植物的色彩变化赋予织物彩色的生命与活力，从而体会人类在与大自然相处中的经验和智慧，体会大自然对人类的恩赐。植物蕴含着自然的精气，在浸煮染色的过程中融入天然布料的纹理，这个过程仿佛是植物的生命再次获得重生的过程，因此，植物染色更容易让儿童感受到大自然的奥秘，了解自然物之间互相依存的关系。

不管以何种形式开展审美活动，首先要让儿童走进大自然，孩子稚嫩的审美种子需要在自然美中浸泡才能生根发芽，"浸泡"是全方位的熏染和浸润。当儿童在大自然中体悟到自然生命的力量，感受到"河川是你的兄弟，他解你的渴，而芬芳的花朵是你的姐妹，你和树木及动物都分享同样的空气"时，儿童审美的种子就生根发芽了！也就开启了一扇通往自然大美，人与自然谐和共生，美美与共的审美大门！

参 考 文 献

[1]李存山注译. 老子[M]. 郑州：中州古籍出版社，2004.

[2]方勇译注. 庄子[M]. 北京：中华书局，2015.

[3][美]梯利著. 西方哲学史[M]. [美]伍德增补，葛力，译. 北京：商务印书馆，2015.

[4][德]海德格尔著. 形而上学导论[M]. 熊伟、王庆节等，译. 北京：商务印书馆，2014.

[5][英]柯林武德著. 自然的观念[M]. 吴国盛，译. 北京：北京大学出版社，2006.

[6]王中江主编. 老子学集刊第二辑[M]. 北京：中国社会科学出版社，2018.

[7]王中江主编. 老子学集刊第三辑[M]. 北京：中国社会科学出版社，2019.

[8]王弼释，楼宇烈校对. 王弼集校释[M]. 北京：中华书局，2018.

[9]王明编. 太平经合校[M]. 北京：中华书局，2014.

[10]康中乾. 魏晋玄学[M]. 北京：人民出版社，2008.

[11][美]约翰·杜威著. 艺术即经验[M]. 高建平，译. 北京：商务印书馆，2005.

[12][德]海德格尔著. 路标[M]. 孙周兴，译. 北京：商务印书馆，2013.

[13][美]理查德·洛夫著. 林间最后的小孩——拯救自然缺失症儿童[M]. 王西敏，译. 北京：中国发展出版社，2017.

[14]滕大春. 外国教育通史[M]. 济南：山东教育出版社，1989.

[15][捷]夸美纽斯著. 大教学论·教学法解析[M]. 任钟印, 译. 北京：人民教育出版社, 2006.

[16][法]卢梭. 爱弥儿[M]. 李平沤, 译. 北京：商务印书馆, 1978.

[17][法]卢梭. 论人与人之间不平等的起因和基础[M]. 李平沤, 译. 北京：商务印书馆, 2011.

[18][德]福禄贝尔. 人的教育[M]. 孙祖复, 译. 北京：人民教育出版社, 2001.

[19]任钟印主编. 西方近代教育论著选[M]. 北京：人民教育出版社, 2001.

[20][德]第斯多惠著. 德国教师培养指南[M]. 袁一安, 译. 北京：人民教育出版社, 2001.

[21][意]玛丽亚·蒙台梭利著. 有吸收力的心理[M]. 江雪编译. 天津：天津人民出版社, 2003.

[22][意]玛丽亚·蒙台梭利著. 蒙台梭利幼儿教育科学方法[M]. 任代文主, 译校. 北京：人民教育出版社, 2006.

[23][瑞士]裴斯泰洛齐著. 裴斯泰洛齐教育论并选[M]. 夏之莲等, 译. 北京：人民教育出版社, 2001.

[24][苏]B. A. 苏霍姆林斯基著. 育人三部曲[M]. 毕涉芝, 译. 北京：人民教育出版社, 2003.

[25]曾永成著. 文艺的绿色之思：文艺生态学引论[M]. 北京：人民文学出版社, 2000.

[26]刘晓东著. 儿童精神哲学[M]. 南京：南京师范大学出版社, 1999.

[27]冯建军著. 回归本真[M]. 北京：中国人民大学出版社, 2019.

[28]刘晓东著. 儿童文化与儿童教育[M]. 北京：教育科学出版社, 2006.

[29][英]克莱尔·沃登著. 自然幼儿园与森林学校——探索自然主义的学习方式[M]. 汪文汶、霍小雨, 译. 北京：教育科学出版社, 2020.

[30][挪威]让-罗尔·布约克沃尔德著. 本能的缪斯[M]. 王毅等, 译. 上海：上海人民出版社, 1997.

[31] [德]席勒著. 审美教育书简[M]. 张玉能, 译. 南京: 译林出版社, 2009.

[32] [美]约翰·杜威著. 杜威五大讲演[M]. 胡适, 译. 合肥: 安徽教育出版社, 1999.

[33] [美]约翰·杜威著. 实用主义[M]. 傅统先, 译. 北京: 商务印书馆, 2015.

[34] [德]马丁·海德格尔著. 存在与时间[M]. 陈嘉映、王庆节, 译. 北京: 三联书店, 2012.

[35] [法]列维-斯特劳斯著. 野性的思维[M]. 李幼燕, 译. 北京: 商务印书馆, 1997.

[36] [法]列维-布留尔著. 原始思维[M]. 丁由, 译. 北京: 商务印书馆, 2007.

[37] [德]恩斯特·卡西尔著. 人论[M]. 甘阳, 译. 上海: 上海译文出版社, 1985.

[38] [德]恩斯特·海克尔著. 宇宙之谜[M]. 郑开琪等, 译. 上海: 上海译文出版社, 2002.

[39] [英]彼特洪顿, 珍妮沃伦著. 带孩子去森林[M]. 刘海静, 译. 北京: 九州出版社, 2016.

[40] 骆桦, 黄向著. 自然教育理论与实践[M]. 长春: 东北师范大学出版社, 2020.

[41] 李妍焱主编. 拥有我们自己的自然学校[M]. 北京: 中国环境出版社, 2015.

[42] [印]泰戈尔著. 泰戈尔谈教育[M]. 白开元, 译. 北京: 商务印书馆, 2010.

[43] 徐仁修著. 村童野径[M]. 北京: 北京大学出版社, 2013.

[44] 范圣宇主编. 爱默生集[M]. 广州: 花城出版社, 2008.

[45] 丁海东著. 儿童精神, 一种人文的表达[M]. 北京: 教育科学出版社, 2009.

［46］［美］S. R. 凯勒特著. 生命的价值——生物多样性与人类社会［M］. 北京：知识出版社，2001.

［47］刘焱著. 儿童游戏通论［M］. 北京：北京师范大学出版社，2004.

［48］［美］保罗·布鲁克斯著. 生命之家：蕾切尔·卡逊传［M］. 叶凡，译. 南昌：江西教育出版社，1999.

［49］［荷兰］胡伊青加著. 人：游戏者［M］. 成穷，译. 贵阳：贵州人民出版社，1998.

［50］［印］泰戈尔著. 泰戈尔诗选［M］. 冰心等，译. 长春：吉林出版集团有限责任公司，2011.

［51］黄进著. 游戏精神与幼儿教育［M］. 南京：江苏教育出版社，2006.

［52］［英］伯特兰·罗素著. 教育与美好生活［M］. 张鑫毅，译. 上海：上海人民出版社，2020.

［53］邱学青著. 学前儿童游戏［M］. 南京：江苏凤凰教育出版社，2016.

［54］［英］玛瑞娜·桑德拉·罗柏等著. 学伴自然［M］. 田梦宁，译. 南京：南京师范大学出版社，2018.

［55］［美］德布·柯蒂斯，玛吉·卡特著. 观察的艺术［M］. 郭琼、万晓艳，译. 南京：南京师范大学出版社，2018.

［56］［美］爱德华·威尔逊著. 生命的未来［M］. 杨玉玲，译. 北京：中信出版集团，2016.

［57］冯建军著. 生命化教育［M］. 北京：教育科学出版社，2007.

［58］周国平著. 让教育回归人性［M］. 武汉：长江文艺出版社，2017.

［59］［德］阿尔贝特·史怀泽著. 敬畏生命［M］. 陈泽环，译. 上海：上海社会科学院出版社，1992.

［60］［美］约瑟夫·克奈尔著. 与孩子共享自然［M］. 郝冰，译. 北京：九州出版社，2016.

［61］［美］比特·洪顿，珍妮·沃伦著. 带孩子去森林［M］. 刘海静，译. 北京：九州出版社，2016.

［62］洪琼君著. 与孩子共享自然的 60 个游戏［M］. 贵阳：贵州教育出版

社，2018.

[63] 曾繁仁，谭好哲. 生态美学的理论建构［M］. 北京：人民出版社，2016.

[64] 袁鼎生著. 天生论美学［M］. 北京：科学出版社，2017.

[65]［英］鲍桑葵著. 美学史［M］. 张今，译. 北京：商务印书馆，1985.

[66]［美］亨利·戴维·梭罗著. 瓦尔登湖［M］. 潘庆舲，译. 武汉：长江少年儿童出版社，2014.

[67]［美］阿诺德·伯林特主编. 环境与艺术［M］. 刘悦笛等，译. 重庆：重庆出版社，2007.

[68] 孔起英著. 儿童审美心理研究［M］. 南京：江苏教育出版社，2004.

[69] 杨平著. 环境美学的谱系［M］. 南京：南京出版社，2007.

[70] 刘绪源著. 美与幼童［M］. 南京：江苏凤凰少年儿童出版社，2017.

[71] 罗祖文著. 生态审美教育研究［M］. 上海：上海交通大学出版社，2021.

[72]［英］克莱尔·沃登著. 自然幼儿园与森林学校［M］. 汪文汶、霍小雨译. 北京：教育科学出版社，2020.

[73]［法］杜夫海纳著. 美学与哲学［M］. 孙非，译. 北京：中国社会科学出版社，1995.

[74] Ruth Wilson. Nature and Young Children：Encouraging Creative Play and Learning in Natural Environments［M］. New York：Routledge，2018.

后　记

　　合上书稿之际，我的心绪不由地飞向了我最爱的蓝天白云间，凝望变幻无穷的白云，我的思绪徜徉在附近公园的梅树林，看梅树花开，看梅子一天天长大，摘梅子制作果酱的喜悦让我的心一下子宁静下来。有人说，"如果你能悟到一片落叶的神性，你的生活处处都是诗"。感谢大自然让我能时刻感受到大地之美，在追寻教育自然之路上，我创办了禾美自然教育公众号，坚信应该让儿童去大自然这一思维和美的源泉去体验、感悟、创造，最终达到"知行合一，和美人格"。感谢我的研究生导师刘晓东教授，他让我学会了从哲学的视角看待问题，认识到了儿童精神世界的独特之处。在对"自然"概念的文献梳理中，我从中西方哲学、人类学视角去寻求自然的原初内涵，与老子、卢梭、海德格尔等大师的对话令我对自然与儿童的秘密有了更深的认识。感谢教育部基金项目对本书出版的支持，这是教育生态走向自然的曙光。感谢我的两个孩子和他们的小伙伴们，他们在大自然中的出色表现不断给予我创作的灵感。姐弟两人在大自然中的对话常常令我震惊，深感儿童身上蕴藏着哲学的思想，闪耀着哲学的光芒，坚定我回归童心，向儿童学习的信念。记得有一次姐弟二人看到小鸟飞走后，就小鸟回家开始讨论"家"的问题。弟弟认为人住在房子里，房子是人的家，姐姐却说人的家也在大自然，大自然才是真正的家，因为家里的植物是种的，不是自己长的，大自然的花草是自己长出来的，不一样。

姐姐：看，好多蜻蜓，马上要下雨了呀。

弟弟：姐姐，快看有一只小鸟刚刚飞过去。

姐姐：小鸟回家了。

弟弟：嗯，小鸟回家找妈妈去了。小鸟的家在哪里呢？

姐姐：在大自然。

弟弟：那小草的家呢？

姐姐：也在大自然。

弟弟：那人的家也在大自然吗？

姐姐：人的家也在大自然呀，大自然是所有人的家。

弟弟：那我们不是住在房子里吗？

姐姐：小草长在哪里？小花长在哪里？家里有小草、小花、小鸟吗？大自然才是真正的家，房子是用来给我们暂时住的。

弟弟：那我们家里也有植物呀？

姐姐：家里的植物是种的呀，不是自己长的，大自然的花草是自己长出来的，不一样。大自然能长出苹果、桃子，家里能长出来吗？

"大自然才是真正的家"，大自然种的花草是自己长出来的，这是对自然何等富有哲理的理解，自然原本所具有的"生长、自发"的本质含义，一个孩童在长期和大自然交往的过程中领悟了。女儿的这句话太让我震惊了，我为她的感悟而吃惊，一个小孩子竟然知道大自然才是人类真正的家！这难道不与海德格尔的"此在"哲学思想有相通之处吗！

向儿童学习，让儿童回到真正"家"的怀抱，让教育回归本真的自然根系。"大山里凉爽的风和清澈的水让我康复了，生命又充满活力"。大自然教育才是儿童教育的本真所在，大自然才是儿童茁壮成长的沃土！